起信論講記

第二輯

——平實導師講述

ISBN 957-28743-6-5

自序

《大乘起信論》是聖　馬鳴菩薩所造，因爲論中義理極深，又宣示成佛之道精神所在之一切種智內涵，多屬佛弟子四眾聞所未聞之甚深法；而又言辭簡略，極難了達其意，是故自古以來，多有未具種智之愚痴人大膽謗爲僞論。更有愚痴初機學人不辨眞假，但見大名聲之法師居士謗之，便亦踵隨謗之；如是輾轉傳謗，常無已時，至今不絕。直至平實正式宣講此論以後，此謗方始漸絕於台灣，如今不聞有人再謗爲僞論矣！

殊不知聞所未聞法，雖有可能爲索隱行怪之外道論，亦有可能爲甚深極甚深之種智妙法；學人若無種智，無能分辨者，最宜忌口，萬勿輕易評論；否則，萬一誤評極妙種智深論正義，即成最嚴重謗法之地獄罪；舉凡種智妙法深義之誹謗者，皆是謗法中之最重罪故，所謗皆是三乘菩提之根本法故。

檢視《起信論》之引人諍論者，端在「眞如緣起」一法之說，謗者皆引此一言教而評破之，謗爲僞論，誣爲外道假借　馬鳴菩薩聖名而造此論；每每主張眞如本有，非可藉由緣起之法而修成之。然而彼說之言固有其理，而　馬鳴菩薩所言「眞如緣起門」之眞實義，並無否定眞如本有之意，只因其義甚深，兼述因地眞如轉變爲佛地眞如之妙義，古來少人能眞證知，今時更無何人能眞證知，誤會 馬鳴菩薩論中實義故，便認定爲外道假借 菩薩令名所造僞論，是故自古至今多有誤謗之人。

此論中妙法，主要有二：心生滅門與心眞如門。心生滅門者，始從七轉識之染淨熏習作用，進言法界實相理體之阿賴耶識，明言阿賴耶識心體自身乃是七轉識之根源，名爲如來藏。又倡言「一心唯通八識心王」之說，謂若主張「眾生皆唯有一心」者，則此一心唯可說爲阿賴耶識，將七轉識悉皆納入阿賴耶識一心之中。又言阿賴耶識一名者函蓋第八識如來藏與七轉識，將此不生滅之第八識如來藏與其所生之七轉識合爲一心，即名之爲阿賴耶識。是故自古以來，具有種智之人，常言「一心之說唯通八識」，謂阿賴耶識一心函蓋八識心王也！

然爲利樂初機學人，大益有情令得現觀八識心王體性迥異之處，使其易得證悟阿賴耶識心體自身，欲令因此而生般若實智，往往將此一心阿賴耶識分爲八識心王，並一一細說之，由是故有眼識、耳識……意根末那識乃至阿賴耶識之說。匪唯古來諸多證悟祖師如是說，我 佛世尊於《楞伽經》中亦如是說，即是假爲人悉檀而述第一義悉檀也！

佛地眞如之神用，微妙廣大，非諸等覺菩薩所能稍知；然而此一神妙難宣之廣大功德早已含藏於因地眞如阿賴耶識心體中，是故因地眞如阿賴耶識心體本已有之，馬鳴菩薩初未否定因地眞如阿賴耶識心體之本已存在也。然而因地眞如究非佛地眞如，差異極大，悟得因地眞如時仍無法獲得佛地眞如之廣大功德，是故佛地眞如實非初悟之時一蹴可幾，唯除最後身菩薩示現在人間一悟成佛，是故 馬鳴菩薩所言佛地眞如緣起之說，方是正說。

欲得成就佛地眞如所需之一切成佛種子，悉皆存於如來藏阿賴耶識心體中，皆屬本有未發之功德，又因阿賴耶識心體恆常顯示眞實性與如如性，故名因地眞如。然而佛地眞如所有之廣大功德，要由證悟因地眞如阿賴耶識心體之後漸次進修，藉心生滅門之修行緣起，歷經三大阿僧祇劫之進修內容與過程而後可幾，終得成就佛地眞如無垢識廣大功德，是名佛地眞如緣起之眞實義；是故眞如緣起方是眞正佛法，而且是最勝妙之佛法，謂佛地眞如要由因地之如來藏阿賴耶識心體所含藏之七識心王有生有滅之法修行成就；故說佛地眞如並非一悟可成，要由三大阿僧祇劫之累積福德，慈濟眾生，然後求悟般若，進修種智……等無量菩薩行之後，方可成就；由此證實眞如緣起之說方是正說；絕無省去菩薩階位修行無量難行能行之過程，而可在因地一悟即成佛道者，唯除最後身菩薩已經實修圓滿此一過程。

然而佛地眞如心體者，因地本即存在，即是眾生同等皆有之阿賴耶識心體也。此一心體又名如來藏、本際、實際、眞如、如、我……等無量名，馬鳴菩薩在論中說之爲如來藏心。並謂此心配合自己所出生之七轉識，則能直接、間接、輾轉出生萬法。由因此心能出生萬法故，所出生萬法必有生滅，如是而說此一實相心之生滅門，非謂第八識實相心體有生有滅也；少聞凡夫不知論中實義，便謗言：「《**起信論**》**說實相心體有生滅，必定是僞論**。」而不知論中所言「心生滅門」者實謂阿賴耶識心體所含藏之七識心王種種生滅現象，都由八識心王合爲一心之阿賴耶識而說、而攝，阿賴耶識心體自身則無生滅，故論中說：「**心生滅門者，謂依如來藏有生滅心轉，不生滅與生滅和合，非一非異，名阿賴耶識**。」是故誹謗此論者，皆是咎由自身之未解論中實義，誤會論中文字所表正義所致。

學佛之人，悟後必須了知：欲實證佛地眞如無垢識者，必須悟後漸次進修，經由心生滅門中所說之一切種智修習、性障之伏除、習氣種子隨眠之斷除、廣大福德之累積，然後始得成就佛地眞如心體無垢識之廣大功德。若不經由心生滅門，則無由達成心眞如門所欲實證之佛地眞如無垢識廣大功德。是故 馬鳴菩薩於論中說明「心生滅門與心眞如門各攝一切法」，又說佛地眞如之緣起，意在此也！

心眞如門，乃由橫面說明第八識如來藏在因地之時即已是具足眞如性相，但因七轉識相應之無明、煩惱種子覆障故，唯顯自體之眞如性相，而不能發起佛地眞如心體無垢識之無漏有爲法上之廣大功德，難以廣大的利樂有情；所以要由心生滅門中下手修行，悟後進修內門六度萬行，以及種種菩薩十度萬行，逮至一切種智圓滿、煩惱障習氣種子隨眠及無始無明隨眠皆悉斷盡，復又歷經百劫勤修極廣大福德之後，方入佛地，方始圓成佛地眞如所應有之極廣大無漏有爲法：四智圓明、廣大神通、十號具足……等法。

是故，馬鳴菩薩所言心生滅門一法，甚深極甚深，當今之世無人能知；自古以來知之者亦少，非有大善根、大福德者，難以聞知其中密旨，何況能自行知之？由於論中文字極爲簡略，所陳義理又復倍極甚深，學人難知難了，是故誤會之者所在多有，自古不絕如縷，迄今仍多。

鑑於台灣廣大佛弟子眾，數十年來恭敬供養三寶，廣積福德、慈濟眾生、興善止惡，欲遏止人欲之橫流、惡業之擴散，欲令眾生同得解脫生死流轉之大苦；其福不可謂小，其智不可謂無，然而終究未能發起出世間智，更難發起世間、出世間智，唯有世間小智而誤以為實是出世間智；此非具有福德之佛弟子所應得之果報。有鑑於此，起心欲作廣利有福佛子之事與業，乃決定將本為會中同修宣講解說之 馬鳴菩薩妙論實義，梓行天下，以報台灣寶地廣大佛弟子，兼及大陸未來福德成熟者，庶幾不沒 菩薩造論初衷，亦得消解古今誤謗本論之流毒，更兼防止後人再犯誤謗妙論之地獄業，用是緣故，乃倩我正覺同修會編譯組人員，整理成文，略加修飾，即以成本價流通天下；欲得藉此建立正法大纛，兼以廣利因緣成熟之廣大佛弟子。今以此書出版在即，乃述緣起，即以為序。普願廣大福德具足佛子，悉得藉此書中妙義成辦見道知見，乃至有日終得證悟般若實智，共護我 佛世尊遺法，令得長劫廣利有情！

佛子 平實 謹識

公元二〇〇四年初暑

第二輯：

論文：【二、眞實不空大義、如虛空明鏡，謂一切法圓滿成就、無能壞性，一切世間境界之相皆於中現，不出、不入、不滅、不壞，常住、一心，一切染法所不能染，智體具足無邊無漏功德爲因，熏習一切眾生心故。】

講解：「眞實不空」的究竟道理是什麼？眞實不空又好像虛空、好像明鏡一樣，也就是說一切法本來就是圓滿成就的，本來就沒有能壞之性。但是，一切法明明是生滅變異的無常性，爲什麼在這裡　馬鳴菩薩卻說一切法都是圓滿成就而又都是不壞性呢？這是因爲一切法其實都是自心如來藏的體性，不生不滅的自心如來藏中含藏著無明種子、含藏著業種、含藏著七轉識的種子，但是也同時含藏著無漏法的種子。因此，世間法及出世間法所有的法，都含藏在如來藏「心眞如」裡面，都附屬於心眞如，所以因爲心眞如能生一切法，一切法即是心眞如，所以說一切法常住不壞、無能壞性，所以說一切法在心眞如中統統圓滿成就。

無能壞性——沒有能壞之性。在大乘菩提法的修證過程中，佛說所能壞的、所應壞的只有一種：把有爲法當中的有漏種子消除掉，讓有爲法的種子還能繼續存在，轉變成純無漏的有爲法，並且在未來佛地時發揮所有的無漏有爲法來廣利眾生。因爲有無漏的有爲法繼續存在，所以 佛才能在人間受生、利樂有情。如果無漏法圓滿具足了，而無漏的有爲法卻要破壞掉，不允許有「無漏有爲法」繼續存在，那麼 佛就不能在人間受生，也不能示現化身、莊嚴報身了，因爲那些都是有爲法呀！由於 佛把有爲法當中的有漏種子除掉了，成爲純無漏的有爲法：成爲清淨意識、清淨末那以及種子清淨的心眞如，所以 祂可以從這個世界捨報，又到另一個太陽系裡去示現受生成佛，又度另外一批眾生。在這裡捨壽以後，對這邊的娑婆世界， 祂就用化身來示現、教導、囑累、託付， 祂可以這樣子作啊！所以，無漏有爲法種是不可壞的，也是佛菩提道中所不應該滅除的。

所以說，「一切法圓滿成就、無能壞性」，就是在講這個道理。有爲法的種子是不可能把它斷除掉的，除非你是定性聲聞，決定進入無餘涅槃中，也只是把無漏有爲法的現行滅掉而已，也無法滅掉種子；所以，大乘菩薩可以斷除的是有爲法當中的有漏法，而不斷除有爲法中的無漏法。阿羅漢只是把有爲法當中的無漏種子熏習一部分成就——也就是解脫道的部分成就——之後，把有爲法當中的有漏法的一部分，也就是煩惱障的現行除掉，而不修除習氣種子，就可以出離三界分段生死，但是有漏有爲法種並沒有究竟除盡，所以阿羅漢的第八識裡仍然有異熟性種子，原因就在這個地方。

「一切法的圓滿成就、無能壞性」，也是從世間法上來說的；也就是說一切世間境界的種種境界相，都在這一個如來藏——心眞如中如實的顯現。今生你是當人，人類所應該要觸受的境界相就統統會在你的心眞如心體上面出現。但是有人對此產生了懷疑，當他接觸到人所應該獲得的那一些境界相，而沒有天的境界相在人身上出現時，他說：「天的境界相既然並沒有在我的人類身上現行，怎麼可以說是一切法圓滿成就呢？怎麼可以說一切世間境界相都在我心中出現呢？」但是，並不是說沒有出現就沒有那個功能，而是因爲你現在的異熟果報和狀況，是適合人間的這種境界相，而不適合天人的境界相。如果你早已證悟了，後來你又修學禪定，在五蓋修除或修伏的時候，有一天忽然在剎那間證得初禪的遍身善根發，那麼初禪天身的境界相就在你的欲界人類的色身中出現了；出現的時候，你就知道：果然初禪天的天身境界相還是可以在我的「心眞如」中出現。如果你捨報了，比如說，你斷了五下分結，生到五不還天的下四天，那五不還天的境界就在你心中出現。如果有個人，因瞋或因爲別的緣故而謗法、誹謗賢聖，入了地獄，地獄的那一種境界相就在他的心眞如中出現了。

所有的境界相都可以在我們的如來藏——心眞如——裡面出現，讓自己受苦樂報。因此不可能說，這個人是從天道下生來人間，他卻體會不到人間的境界相。不可能的，只要生到人間來，他就可以體會到；這個人如果生到地獄去，他就可以體驗到地獄的境界相。因爲自心如來藏就是有這種圓滿出現一切世間境界性、境界相的功能差別。就是說祂一直都有那個「界」、有那個種子，是本來就能圓滿成就一切諸法的，所以說心眞如是一切法圓滿成就的，而這種圓滿成就諸法的體性也是不可能被毀壞的。

這種一切法圓滿成就的體性，而且是「無能壞性」，是無法把它毀壞的。這裡所說的各類種子，或叫界、或叫性，都是不出不入的、不滅不壞的。這種境界性，這種功能性是常住的，而且單單是你的一心所出現——由你的如來藏所出現，不需要別人來幫你出現。別人要幫也幫不上忙，別人所能幫的是，比如說，你眼根有缺漏，眼科醫生來幫你處理；耳根有缺漏，耳科醫生來幫忙你，裝助聽器，幫你手術。但是境界性、境界相的現前，還是要靠你自己本身的心眞如呀！所以聞聲境界相的功能性，還是你的自心所有的。所以說，誰都不能把它滅掉，誰都不能把它壞掉，而這種境界性——種子——是不出不入、不增不減的，是永遠常住的。如果是有間斷的時候，那才是有出、有入的法性，但因爲這種功能性永遠常住，所以是不出也不入的。而且是你自己的一心——絕不是另有第九、第十識——之所現前，也是一切染法所不能染污的，因爲祂的這種無漏有爲法所攝的清淨體性，是永遠都不會改變的，所以說是「一切染法所不能染」。

「智體具足無邊無漏功德爲因，熏習一切眾生心故。」這是講：般若實智所依的理體，具足了無邊的無漏有爲法上的功德，能夠作爲眾生熏習佛法的所依因，因爲這個般若實智所依的理體——心眞如第八識——有其眞實不壞性與如如自在的體性，因爲所有眞實證悟而有智慧的人，都能夠以這種眞如法性來熏習眾生的心性的緣故。

第八識心眞如有「眞實不空」的大義，也就是說祂有如如自在而眞實運作、並且能出生萬法的體性，不是虛妄建立的唯名無實的法相，也不是臆想所得的性空唯名的無實體法；因此，心眞如第八識心體有不出不入、不滅不壞、常住一心、一切染法所不能染等種種的體性；並且也說祂是般若智慧所依的本體，祂具足了無邊的無漏有爲法上的功德，以及可以受熏習而轉變七識心種子的第八識心體，作爲眾生熏習一切善惡法種的根本因，所以說祂的眞如法性可以熏習一切眾生心，只要眾生能夠證悟祂而現觀祂的清淨自性、不生不滅性⋯等。

這個清淨心是一切染污的法所不能染污的，所以這個第八識心體自身的體性是永遠清淨自守的；但是卻含藏著七識心王的煩惱種子、染污業種⋯等，這個部分的體性有很多人無法加以理解。《勝鬘經》中既然說如來藏——心眞如——是自性清淨心，但是卻又同時說祂「心有染污」，心有染污又爲什麼會是自性清淨心？這似乎是自相顚倒的說法，在理論上與現實上似乎是不能成立的。因此，有很多人在閱讀經典的時候，認爲某些經典互相之間「確」有矛盾、有衝突，所以就產生了對某些經典的不信受乃至產生誹謗與毀法等不好的說法，也就是藏密黃教應成派中觀的邪見與毀法的事情。

但實際上這個自心眞如——第八識如來藏——確實是自性清淨心，第八識自身的體性一向如是；並且這個自性清淨心，一向含藏著眾生自無量劫以來所熏習得來的染污種子和業種；可是眾生一直都無法瞭解這個眞實的法相，只能相信說：「佛這樣講，一定有其道理，是我們還沒有開發出智慧，所以不懂這個道理。」因爲這種實相境界太深奧、太微妙了，很難以證解。這種因爲不能理解、實證而產生誤會的情況，並不是現在末法時代才有的現象，而是自古以來就已經是這樣子了，而且是很普遍存在著的一個現象。所以，自性清淨心而有染污，並不是一般人所能理解的，這得要透過中國禪宗的禪觀去修證，去親證第八識如來——阿賴耶識——心眞如；證得之後，你才能如實的信受、如實的了知祂的眞實義。

所以，在 佛住世的時候，因爲有 佛的教導，人天導師的智慧畢竟不比尋常，所以 佛陀在世的時候，證悟這個道理的人相當的多，幾乎是佛弟子中多數都已證知。愈到末法時代，能夠證悟這個道理的人就愈來愈少；在古時候聞 佛開示而證悟這個道理，幾乎是天經地義的常事；但是到了今天，證悟這個道理的時候，不管你去到哪裡，你都會變成異類——跟人家不同類——人家都會這樣說：「覺知心如果能住一念不生的境界中，就是眞實心，偏偏你說眞實心沒有覺知、離見聞覺知，所以你跟人家講的不一樣。普天之下只有你這樣說，別人都那樣說，所以你的法一定有問題，所以你講的都是魔說。」所以你就自然而然變成異類了。

異類，就是跟人家不一樣的一個種類；這種情況，在佛世時，只是和外道有所不同，與外道相比而成爲異類，但是在佛門中卻都是同類，絕不會成爲佛門中的異類；但是現在末法時代畢竟不同，所以眞正證悟的人已經成爲佛門中的異類；如果不會成爲異類，就只有一種情況：現在正是正法時期。譬如我們常常會提到印順「導」師，還有西藏密宗，這兩個部分我們會常常提到。我說法時，得要常常談到他們的事情，得要先讓諸位瞭解：是什麼緣故使得我們說法的時候要常常提到他們、常常提到西藏密宗？這當然是有原因的，因爲佛教正法在這幾十年來，被密宗以及印順「導」師以邪見取代正見的兩面夾攻下來，已經是岌岌可危啦！非常危險了！

佛教的第一個危機是西藏密宗，把佛法引向外道法和民間信仰裡面去，以種種的外道法門和外道邪見來取代佛教正法，藏密的法教中並沒有佛教的正法存在，都是將外道法以似是而非的說法矇騙學佛人；第二個是印順法師，他的著作很多，加上不正確的、沒有事實的、歪曲事實的第三轉法輪經典的考證，讓人家誤以爲他處處言之有理，然後把大家引向一切法空、斷滅空的**惡取空**的歪曲般若邪見中，落入斷滅空本質的「相似佛法」中。所以，藏密與印順法師這兩個系統，是對今後的佛法會產生極嚴重影響的兩個最主要力量，將會使佛教正法漸漸的世俗化、淺化與外道化，絕非廣大佛弟子的福報，而且將是今世後世廣大佛弟子的大災難，因爲廣大佛弟子如果被誤導而信受他們的邪見以後，將會把毀法當作是護法，將會把外道法當作是佛教正法，所以絕非佛弟子之福，正是佛弟子之災殃。

這兩個龐大系統的破法力量，我們必須要把它如實的顯示出來，讓廣大的佛弟子四眾都能瞭解。印順法師的所有法義，歸結起來就只是西藏密宗黃教系統的應成派中觀邪見，也就是安慧、月稱、寂天、阿底峽、宗喀巴、達賴喇嘛所弘傳的密宗黃教應成派中觀的惡取空邪見，除此以外，他就沒有任何的法義可說了；所以印順法師所有的法義，本質完全是密宗黃教的邪法，所以他也是西藏密宗所攝的修行者，所以應該把他判爲西藏密宗的一份子；他只有因爲反對雙身法而與藏密有所不同，他的中觀般若教法卻完全是藏密黃教的應成派中觀見，所以他是應該攝屬西藏密宗的。

西藏密宗的邪法繼續的弘傳下去，它會對佛教產生什麼影響？印順「導」師的著作繼續流通、繼續傳授下去，對佛教會產生什麼影響？這是我們大家所應該要確實瞭解的，也是所有佛弟子都應深入瞭解的，因爲這兩個體系的「似佛法」的影響很廣、很深遠；他們兩個邪法對佛教的影響，一個是廣，一個是深遠：影響廣大的是密宗，影響深遠的卻是印順「導」師。對這個事實眞相，諸位都要很注意、很在意，應該要把事實眞相公佈，令眾週知。如果我們今天不做，可能以後也沒有人敢做；因爲做這件事情，必須要有很大的「膽、識」你才敢做；就好比我們，以我一個人，以一個正覺同修會小小的團體，敢於對抗勢力龐大的西藏密宗，我一個人敢於單獨去面對印順「導」師勢力龐大的教團，你得要有很大的「膽、識」才能做。

特別是印順導師的著作，現在幾乎已經成爲全部佛學院、佛學研究所的教材了，因此我提出對他的法義的所有議論，未來當然會遇到很大的抵制，以及在網站論壇上以種種化名、專在事相上提出種種不負責任的攻擊；這個抵制與反擊的力量可能還在蘊釀，現在還沒有顯現出來；但是，這種反擊的力量爆發出來的時候，不可以讓你們去面對，不可以讓我們的親教師或任何人去面對，而是我一個人獨自要去面對的（編案：在二〇〇三年初已經串聯會中的親教師而爆發出來；但是不只由平實導師獨自面對，已有許多親教師與同修們仗義直言，依理證及教證來辨明法義是非；此一壞法事件，於此書出版時已經弭平；詳見《燈影、辨唯識性相、假如來藏、真假開悟》四書，以及《學佛之心態》書中所附〈略說第九識與第八識並存…等之種種過失〉一文，並見《正覺電子報》所連載之《識蘊真義》一書所說）；因此，在元月即將出版的《邪見與佛法》這本結緣書裡面（編案：已於二〇〇一年元旦出版），將會有一篇法義辨正無遮大會的公開聲明：我接受被我所評論過的諸方大師的任何人來做法義的辯論，但是只限第一義的辯論，世間法的辯論不接受。因爲世間法跟我們弘法無關，所以不接受；未被我評論過法義的人要求辨正，我們也不接受，因爲一定會有許多小法師、小居士們，故意藉著與我辨正法義的機會，以求名聲；如果常常有這些人來挑戰，對佛教界並沒有增益，只是無謂的諍論而已；因爲那些人說出來的內涵，一定會使人聽了不免噴飯的；那些人連你們所悟的第八識的內涵都不懂，連你們對他們的考驗都通不過，如何有資格來與我辨正法義？雙方差距太懸殊的時候，根本就無法辨正，假使眞的接受他們的辨正要求，一定會成爲雞同鴨講，完全沒有交集點，根本就無法對答；他們勉強上來的時候，我只要一句話，就把他們每一個人都問倒了，不必三分鐘就結束了，根本不可能有深妙的法義藉著辨正而被講出來，完全沒有意義，所以得要加以限制，以避免寶貴的時間被那些知見極爲貧乏而又自以爲是的自大者浪費掉了。所以我們只針對那些被我評論過的大師們，公開接受法義辨正的要求，這樣才有意義。如果是那些無法通過你們考驗的人，與我相差更遙遠，根本就沒有當面辨正的可能；我的時間不應被這些人所繫縛，而應該用在**導引佛教正法回歸世尊本意**的更有意義的事情上。

如果有被我評論過的大師要來提出法義上的辯論，這有兩個方式：一個是私下的，一個是公開的。公開的辯論呢，要照天竺法義辨正的無遮大會那種方式來做；換句話說，他們任何人都可以上台來挑戰；挑戰的結果，誰的法義辯證落在下處，誰就得抹脖子（自裁斷命）；如果不願意自己抹脖子，也是可以的，另外有一個開緣的方法：只要我當你的徒弟，或你當我的徒弟；不論哪一方，當了人家的徒弟以後，終生不違師法，就可以免死了。法義辨正無遮大會，在西天的規矩一直都是這樣的。那如果你是在私下來作辨正，那也可以，雙方就可以免除這種後果嚴重的辨前具結；因為私下辨正都是善意的嘛！不是為了踢館而來的。這意思就是說，我為什麼要做台灣有佛教史以來的第一次法義辨正無遮大會？為什麼要這樣做？主要目的是想藉這個機會，把佛教正法的宗風、宗旨給底定下來，就像以前南宗神會禪師的北上京城長安，去底定禪門宗風、確定禪宗宗旨，是一樣的意思。

至於西藏密宗的作為，誠如印順法師在他的《妙雲集》中所評定的事實一樣：**索隱、行怪**。西藏密宗把很多的外道法摻進佛教裡面來，一一的取代佛教正法，把佛教的法相境界與種種名相和果位修證，都用外道法中的境界來取代，幾乎沒有一法不被他們用外道法取代的。這個作法就叫做蠶食鯨吞，它是從很多方面不斷的蠶食，蠶食完畢了就達到鯨吞的目的了；他們從各個方向、各個層次上把佛法全部外道化，如果現代的佛法被他們再一次的全面外道化了以後，以前天竺佛教滅於密宗手裡的故事又將會重新再演一次，到了他們蠶食完畢的時候，那時佛法就永遠斷絕了，又變成天竺波羅王朝時代的密宗外道法的「佛教」了，成爲本質是外道法而只有佛教表相存在的外道邪教了，佛教到此也就永遠滅亡而無法復興了。所以西藏密宗裡有很多邪法，我們必須提出來講，讓大家知道，但是我會儘量把它們留到明年底將會出版的《狂密與眞密》書中再提出辨正（編案：已經在二〇〇二年初開始陸續出版，總共四輯，已經全部出版了）。

在我們平常的課程中，以及多數的書裡面，會儘量把我所說的法義與印順「導師有所不同的知見提出議論，指出他的錯誤所在與理由；爲了針對他的錯誤法義提出全面的辨正時，一定需要很長的篇幅，當然沒有辦法只用一本專書來做；而且只用一本專書來做的話，會有一個缺點：會像曇花一現一般的就過去了，所以得要在很多書中陸續的加以辨正。正巧的是：《楞伽經詳解》中所載 佛講的法義，就正好是活脫脫的一個現成的例子：正好就是破斥印順法師的邪見，正好就是專講西藏密宗黃教的應成派中觀的邪見。《楞伽經》中 佛所說的法義，可以說主要的就是在破斥印順「導」師繼承自密宗的錯誤知見，也就是西藏密宗黃教的應成派中觀的邪見；我們剛好藉《楞伽經》的法義，一輯一輯慢慢的把它披露出來，藉著議論他們的錯誤知見，正好可以把《楞伽經》的眞實正義很明白的顯示出來，讓大家更容易證解《楞伽經》中的 佛意。

所以，我們這個《起信論》的課程裡面，也將免不掉的會常常說到他：只要是跟他的知見有連帶關係的，我們就提出來做一個比對；比對了以後，諸位就會很容易的瞭解正法的眞實義。這就好像說，在民法上面常常有一些條文，大家讀了以後不能眞正的瞭解它的意思，如果有人把已經被評定爲判例的舊案子，拿來作一個比對與解說，大家聽了以後：「噢！原來是這樣！」立刻就會懂了，所以得要常常把印順法師的說法拿來作個比對，讓大家容易理解而生起正知正見，以後才能有證悟佛菩提的因緣。

言歸正傳：在這裡，論文說，這一個第八識自心，是一切染法所不能染污的。爲什麼說是一切染法所不能染？卻又說祂含藏了無始劫以來熏習的染污種子？既然祂含藏了無始劫來的染污種子，那祂應當是染污的心啊！爲什麼祂卻又是自性清淨的？那麼針對這個難解的道理，我們就得要來作一段辨正了！我想，有很多人都讀過《勝鬘經》；在我們編印的《三乘唯識——如來藏系經律彙編》裡面也把這部經典列印進去了。我唸一段這部經中的一段經文給諸位聽聽看，因爲有很多人對這段經文弄不清楚，我今天就藉這一句《起信論》的話來跟諸位說清楚；也讓最近已經破參的——這回禪三回來的人——可以用這部《勝鬘經》的經文來印證：你在禪三期間所悟的如來藏是否就是眞正的如來藏？

【勝鬘夫人向佛稟白說：「世尊！如來藏者是法界藏、法身藏、出世間上上藏、自性清淨藏；此性清淨如來藏，而客塵煩惱、上煩惱所染，不思議如來境界。何以故？剎那善心非煩惱所染，剎那不善心亦非煩惱所染；煩惱不觸心，心不觸煩惱，云何不觸法而能得染心？世尊！然有煩惱、有煩惱染心、自性清淨心而有染者，難可了知，唯佛世尊實眼實智，爲法根本、爲通達法、爲正法依，如實知見。」】

這段《勝鬘經》經文的意思說：如來藏祂叫做「法界藏」，因爲一切法界都藏在這個第八識如來藏裡頭，由祂而顯現出來；祂又是「法身藏」，因爲初地開始的分證五分法身，這五分法身的五法，也是從這個第八識開始的；祂一直到成佛的時候還是這個如來藏，改名眞如心，因爲到達佛地的時候，祂是眞實的如、究竟的如。

祂又是「出世間的上上藏」，因爲自無量劫以來，祂不曾在世間的六塵法上輪轉生死，也不曾在世間的有漏有爲法上輪轉生死，所以祂是出世間的；然後呢，祂又是諸 佛、諸 大菩薩所說的「凡、愚所不能知」，「凡」是講凡夫外道，「愚」是講二乘有學、無學聖人，因爲他們都尚未證得第八識的所在，對法界中的眞實相還不知道，所以叫做「愚」；因爲是連二乘聖人也不能知道的法界祕密，所以這個如來藏就叫做「上上藏」。

祂又是自性清淨藏，因爲不管眾生如何輪迴生死、如何貪染，祂始終依照自己的那種清淨性本性而安住。如何是祂的清淨本性呢？這是說，祂不貪也不厭、祂不垢也不淨，祂離六塵中的見聞覺知，恆住而從來都不思量一切法，遠離貪厭、垢淨…等兩邊，所以說祂叫做自性清淨心。祂自無始劫以來一直都有這個無漏的功德性，這也就是《起信論》中所講的「無漏功德」，就是講這個，因此 馬鳴菩薩說這個第八識如來藏叫做「自性清淨藏」。

然後勝鬘夫人又說：這個「性清淨如來藏」雖然是自性清淨的如來藏，卻有客塵煩惱所染污，也有上煩惱所染污。客塵煩惱又稱爲一念無明煩惱，也叫做煩惱障；在二乘法裡面就稱它爲三縛結、五下分結、五上分結，這在大乘法中就叫做煩惱障。在《勝鬘經》裡面說這個煩惱障、客塵煩惱，就叫做「見一處住地煩惱」，也就是我見煩惱；這個煩惱障又包括另外三個煩惱，也叫做三界愛，那就是欲界愛住地煩惱、色界愛住地煩惱以及無色界愛的住地煩惱，與二乘見道所破的見一處住地煩惱，合起來就叫做「四住地無明」。這四個住地無明就叫作客塵煩惱，因爲這四個煩惱在眾生的覺知心上，就好像客人一樣不停的來來去去而不常住，一直在變換不停的，所以叫客塵煩惱；這是因爲這四個煩惱與主體心第八識不相應，是與非主體的七識心王客心相應的，所以又稱爲客塵煩惱；也因爲這四個煩惱是在六塵上面生起煩惱的，不牽涉到法界實相的煩惱，所以稱爲客塵煩惱。

至於「上煩惱」呢，諸位大多是不相應的；只有在座中已經明心的較少數的人，才會跟上煩惱相應；在你還沒有破參以前，你與上煩惱絕不相應。上煩惱就是起心探討：如何能夠修成究竟佛地功德？起了這樣的煩惱時，表示你已經明心了，並且知道自己這一悟的時候，仍然不是佛，心裡想探究成佛的內容與過程了。也就是說：「**佛也是找到這個第八識眞如法身，我也找到啦！可是我爲什麼還不是佛？應該如何悟後起修才能成佛？**」這就是說，你現在已經與上煩惱相應了。

上煩惱是相對於起煩惱、相對於一念無明的四種住地的下煩惱而稱呼為上煩惱的。當年我破參的時候，我就一直在探討這個問題：「奇怪了！佛也是明心，我也是明心；佛也是見性，我也見性啦！可是為什麼我還不是佛呢？這裡面一定有問題，一定有差異，可是差異在何處呢？」這時候起了煩惱，這個煩惱不同於那些會使人流轉生死的煩惱障上的四住地的層次較低下的煩惱，所以就叫做上煩惱，不同於客塵相應的「下煩惱」，所以叫做上煩惱，因為不是為輪轉三界的貪瞋痴而生起的煩惱嘛！不同於凡夫眾生的見思惑，只有證悟的菩薩才會有這種煩惱，所以叫做上煩惱。

上煩惱的數量是無量無邊過恆河沙數而數不盡的，所以又叫做塵沙惑；這個自性清淨心既然被客塵煩惱和上煩惱所染污，卻仍然叫作自性清淨心，因為祂自身的體性還是住在清淨境界中而不被染污、不被轉變的，但是這種深妙的法義，令眾生不可思議的境界，是只有如來的智慧才能知道的，在如來示現於人間之前，人們是無法了知的。

為什麼這麼說呢？勝鬘夫人解釋說：剎那善心——就像是短短的、一剎那的善心就好——只是那麼一剎那的短時間；同樣的，即使是生起一剎那的惡心，那一剎那的惡心跟這只有一剎那的善心一樣，都不會跟這個自性清淨心相應的。換句話說，即使短到只有一剎那的善心，也都不會跟祂相應的，短到只有一剎那惡心也不會跟祂相應，何況是長到一分鐘、十分鐘繼續不斷的善惡心行？所以說「剎那不善心亦非煩惱所染」。

這麼一說，問題就來啦：自性清淨心怎麼會有染污呢？勝鬘夫人隨即爲我們說明：「煩惱不接觸這個自性清淨心，而這個自性清淨心也不接觸到所有的煩惱，那爲什麼說這個自性清淨心不接觸這些煩惱等法，而能夠得到污染的種子呢？可是事實上呢，有煩惱存在；事實上呢，有煩惱種子染污了這個清淨心；但是這個自性清淨心卻繼續保持祂原有的清淨自性而有染污種子，這個實相難可了知——很難了知——只有 佛世尊是眞實的法眼、眞實的佛眼、眞實的智慧，才能了知這個事實而來人間爲衆生宣說，所以， 世尊是法的根本，通達一切法，是正法之所依，才能如實知見。」

事實確是如此：自性清淨心而有染污，一切外道、凡夫與二乘愚人都無法知道。 佛聽了就隨喜的跟她答覆說：「如是如是，自性清淨心而有染污難可了知，有二法難可了知：謂自性清淨心難可了知，彼心爲煩惱所染亦難了知。如此二法，汝及成就大法菩薩摩訶薩乃能聽受，餘諸聲聞唯信佛語。」換句話說，佛聽了勝鬘夫人說完以後，祂就說：妳說的沒錯，這個自性清淨心會有染污，而仍舊名爲自性清淨心，不改變祂原有的清淨的自體性；這是很難了知的。佛又說：有兩個法是很難了知的，第一個是自性清淨心的所在很難證知，第二個是自性清淨心卻有染污，這兩個法都是很難了知的。

這就是講：明心破參很困難。這個自性清淨心在哪裡呢？你要了知祂的所在是非常困難的，不是那麼容易的，所以說這是第一個很難了知的法。所以你看：即使來這邊共修二年半、傳授你正確的知見以後、然後去到了禪三道場時，以種種方法來幫助你，都還有人無法破參，所以眞的是很難了知喔！由我眞正證悟的人來主持禪三，也施設了種種方便，他們還破不了參，所以眞的是很難了知的（聽眾之中有人在笑）；你們不要笑，不能破參才是正常事！能夠在四天三夜中破參，那是你撿到便宜，不是他們笨。這是眞實話，所以不破參才是正常的，破參的人可以說是「非常」。

那麼第二法就是說，這個自性清淨心不會接觸煩惱，煩惱也不會接觸到祂，而祂竟然會被煩惱所染，所以這一法也是很難了知的。因此 佛說：這兩個法只有勝鬘夫人妳，跟其餘利根智慧的菩薩能夠聽受——聽了以後能夠生起正受——由於能夠證解而生起正受，其他的聲聞聖人聽了之後，只能聽到 佛有這麼說，而相信 佛所說的道理，是無法親證的；只因爲那是 佛所說的道理，所以他們相信 佛絕對不會騙他，是這樣子相信的，可是他們實際上沒有辦法如實的領納而得正受。這種現象其實是很正常的現象，既然勝鬘夫人在《勝鬘經》中有這麼說，而 佛也印可她所說的道理，可見祂是從古以來就已經難以親證的，所以是只有利智菩薩才能親證的，二乘聲聞與凡夫、外道都是無法親證的，這也不是現在末法時代才這樣的。

所以，有人批評說：「**眞奇怪！偏偏只有你們正覺才是眞的開悟，別人卻沒有一位是開悟的？哪有這種事？**」偏偏就是有這種事！正是因爲這個實相很難證悟，不可能大家都證悟了，而只有一個人、少數人悟不了；一定是大家普遍都悟不了，只有極少數人能悟，這才是眞正的實相法。否則的話，應該所有的外道也都開悟了，也應該全世界只有一種宗教——佛教。因爲開悟很簡單，只要覺知心一念不生就算開悟，外道也都可以作得到啊！那他們就和佛教一樣了，還叫作外道嗎？

不說別的，我們就說現代的大法師好啦：印順「導」師因爲著作很多，而且大家讀不懂他的著作中所講的眞正意思，以爲他眞的證量很高，所以大家推崇他說：「**他是當今全球佛教界第一把交椅。**」那麼我唸唸他的《印度佛教思想史》書中的兩小段，諸位聽聽看：【**分別自性緣起的阿賴耶識，是有漏的虛妄分別識……**】你看，他把自性清淨的阿賴耶識如來藏，說成是虛妄分別識，和佛在經中所說的離見聞覺知、恆而不審的清淨自性完全相反，一開頭這句話就錯啦！所以沒有找到如來藏而領受祂的清淨體性的人，隨隨便便一動筆就錯，一開口就錯，除非你不開口講祂。所以我們一直都讚歎花蓮證嚴法師，就是這個道理：知道的法她就說，不知道的她就不講，這樣就不會誤導眾生，這才是負責任的人，可是她的師父卻不是這樣（大眾笑）。（編案：後來證嚴法師也開始亂說法，也跟著藏密喇嘛一起串通、誹謗平實導師是魔；又開始大妄語的以凡夫身在《心靈十境》書中以地上菩薩的果位自居，所以平實導師曾針對她的謗法、破法行為與大妄語，寫了《佛教之危機、宗門密意》二書，加以回應與評破）

接下來印順法師又說：「**在阿賴耶識裡有對治有漏雜染的清淨心種，是很難理解的。**」誠然！很難理解，確實是很難理解，他想不通，所以就亂講說：這個經文講的是虛妄分別的阿賴耶識。可是阿賴耶識既不虛妄、也不分別六塵，所以他完全講錯了，因爲他把《勝鬘經》的意旨完全錯會了。阿賴耶識在《解深密經、楞嚴經》中 佛開示說祂「眞非眞恐迷，我常不開演」：因爲這個阿賴耶識啊！你說祂是眞心也錯，你說祂不是眞心也錯，這個阿賴耶識到底是眞還是非眞呢？恐怕眾生未悟以前聽了我的開示以後會產生迷惑啊！所以我釋迦牟尼常常都不開示演說這個阿賴耶識的法。所以，佛才會講：「眞非眞恐迷，我常不開演」，就是這個道理。

因爲，你如果說祂就是眞心，可是祂現在還含藏著七識心相應的分段生死的客塵煩惱，也還含藏著七識心相應的變易生死的習氣煩惱種子，還含藏著無始無明上煩惱——塵沙惑，所以你現在找到祂的時候，還不能說祂是眞心啊！可是你將來一直修到佛地成佛了，卻都仍然是祂呀！覺知心的你只有一生啊！祂卻是無量世的心；你只有一生，祂卻是無量世不滅的延續到佛地；而你現在破參找到的是祂，將來成佛時也還是祂，怎可能是虛妄識呢？卻含藏著七識心相應的染污種子，還不是眞實心體，所以說祂非虛妄、非不虛妄。你若說祂虛妄嘛！那麼眾生證得祂以後就會把祂「放下」而要另外去找一個眞心；可是除了這個心是最究竟的心，以外就沒有別的更究竟的心可以找得到了，就沒有別的恆常不壞的心可以找得到了，所以你絕不能說祂是虛妄心。

那你聽說祂不虛妄，就認作是眞心的話，祂又偏偏有分段生死的種子隨眠以及現行，偏偏又有變易生死的習氣種子隨眠，一直拖著你世世流轉生死；偏偏也有無始無明的上煩惱隨眠在祂裡面，使你悟後還不能成佛，可是在沒有悟以前它們都不會現行；正是它們使你不能轉變祂爲究竟佛地的眞如心，祂含藏著這些不淨的法種或隨眠，所以你也不能夠說祂不虛妄啊！畢竟，你得要眞正的開悟了以後，再把這些上煩惱、客塵煩惱都修除掉，使祂不再含藏這些「起煩惱、上煩惱」了，祂才可以算是眞正的「眞」，那時才是眞正究竟的「如」啊！不然的話就不能叫作究竟地的眞如了。眞如是佛地無垢識的名，在因地所說的邪行眞如、雜染眞如、正行眞如…等眞如名，都是方便說，而不是究竟說。所以說祂既非虛妄，也非不虛妄，但是體恆、常住。

祂有沒有分別性呢？祂在世間萬法六塵上面都是不起分別的；可是祂並不是完全無分別的，爲什麼說祂不是完全的無分別呢？這個就不能跟你明說了，設使我不對你明說，一旦你破參了，也會一天一天的體驗出來，愈體驗愈多。可是那個分別，是離三界中的六塵上的見聞覺知的，祂是不在見聞覺知中起分別的，所以祂的分別性不在六塵萬法中，所以不是虛妄分別性，所以佛不說祂是分別識，所以印順法師說「祂是分別識」，而且說是「虛妄分別識」，錯了！祂非分別、非不分別，如果祂完全不分別，就跟這個木頭一樣，跟那個石塊一樣，怎可能是心體呢？正因爲祂是心體嘛！怎麼可能完全不分別？可是祂的分別性，不在三界六塵之中運作，祂在色聲香味觸法上面統統不起分別，所以祂不是「分別識」；你看，印順法師一開始就說祂是「有漏的虛妄分別識」，你看，他說的「『虛妄分別』識」這五個字，我得要引申出這麼多的東西出來，才能辨正解釋清楚。

接著印順法師又說「祂是有漏」性的，請問：祂什麼時候曾經變成是有漏性的心呢？祂如果是有漏的，那麼一切人修學解脫道完成的時候，應當還要再把阿賴耶識心體滅掉，才可能是無漏性的境界，那就沒有異熟識存在了，這樣就變成斷滅境界了，定性阿羅漢所入的無餘涅槃就成爲斷滅境界了！印順法師所認知的涅槃境界應當如是啊！那這樣一來，大家都不必修學佛法啦，釋迦牟尼佛也不必來降生人間，因爲那個時候已經有斷見外道弘揚這種斷見法就夠了嘛！何必還要他老人家降生到人間到處奔波辛苦說法四十九年？所以說印順法師眞的是弄不清楚佛法，把經典的意思完全的誤會了、錯會了。

那麼他說道：這個阿賴耶識裡面有能夠對治有漏雜染的清淨心種，這種清淨心種可以對治有漏雜染，他說這個是很難理解的，確實是很難理解，確實是不好理解的。想要實際上理解的話，得要等你找到了你的自心如來藏，然後你在種種境界上面去體驗祂，去領受祂的清淨自性而又含藏著七識心王的染污種子，你才能夠如實的理解經文中的眞正意旨，所以，大乘佛法修證的困難，就難在這裡。

接下來他還有一段話說：「解深密經所說，唯識所現，也是在說明三摩地的境界」，然後說到「一般人心所行影像也是唯識的」，可是他又把「三摩地」弄錯了，因爲三摩地不是像他所以爲的像佛打坐入定這樣（當然我不是講我們講堂的這尊佛像啦！我們的佛像是說法相的手印，一般的佛像多是法界定印、受供養的法相，那才是入定的法相）。

「三摩地」並不是狹隘的單指坐著入定才叫作三摩地，不是這樣的。「三摩地」有慧解上面所說的三摩地，又叫三三昧；也有禪定上的三三昧，也有指稱「心得決定」而不轉移的三摩地，所以兩者是不相同的。那麼他誤解以後，以爲說一定只在定境當中，才稱爲三摩地；因爲他所瞭解的禪觀是西藏密宗黃教的禪觀嘛！

他雖然破斥密宗的雙身法，可是他跟密宗的法緣深得不得了，他的法主要就是從密宗黃教的應成派中觀裡面去攝取思想，完全接受密宗黃教的應成派中觀，所以我們議論說：他也算是西藏密宗的法師。因爲他的所有思想，都是藏密黃教的應成派中觀邪見，除了應成派中觀見以外，他就沒有任何「佛法知見」可說了。所以，現在顯宗佛教的法義被誤導到斷滅見的、不死矯亂性的應成派中觀見中，一時還難以救轉，歸根結柢，還是密宗邪法惹的禍。

那麼他說：「阿毘達磨大乘經所說唯識的理由，主要也還在禪觀的經驗，但禪觀的經驗，不是一般人所知的，這怎能使人信受呢？」他意思其實是說：「既然唯識一切種智的境界，是禪觀所得的境界，一般人是沒有這種禪觀的證量的，所以沒有辦法讓一般人信受，那你怎麼可以要求我信受你所說的種智的法呢？」他這樣的立論對嗎？諸位認爲對不對？（大眾回答：不對！）他這個說法很嚴重的扭曲了正理，對不對？爲什麼呢？因爲依照印順法師的說法邏輯，必然成就這個說法：佛說大家經由禪觀的成就即可成佛，那成佛是你 釋迦牟尼佛自己的禪觀境界，我們都沒有這個禪觀的證量，怎麼能夠信受你 釋迦牟尼佛所說的話呢？因爲這不是一般人所知的境界嘛！那麼 佛怎麼可以教我相信說我也可以成佛呢？那

麼　佛說可以明心——明心不是一般人所能了知的境界——這一種禪觀的境界，你怎麼可以教我信受呢？依照印順法師所說的話，道理應當如是嘛！此既如是，彼亦應當如是嘛！所以印順法師這個說法是很奇怪的說法，可是那些弘揚印順法師邪見的人，都不是愚痴無智的人，竟然也會相信，眞的是很奇怪！

那麼這個意思就是說，自性清淨心而有染污，這個法是很難瞭解的；那你想要瞭解這個境界之前，先得要瞭解自性清淨心是哪一個？祂在何處？換句話說，你先要了知　佛所說的「兩個難知的法」中的第一個：自性清淨心的所在。　佛說這二法都是「難可了知」啊！在這二法難了知之中，你如果了知了第一個法——自性清淨的如來藏的所在；那麼第二個難以了知的法——自性清淨心而有染污——緊接著你就會了知了，它們是有連帶關係的，是有次第性的。《勝鬘經》中是這樣講的。以後如果有機會，我們也可以考慮正式來講《勝鬘經》。其實我們要做的事情還有很多，眞的是講不完、做不完的，就看我們有多少時間，有多少力量，我們就隨緣而做多少事。

《勝鬘經》中所說「自性清淨心而有染污」的說法，與馬鳴菩薩在《起信論》中所說「一切染法所不能染」的說法，是完全沒有差別的，是完全相同的說法。

還沒證悟的人讀了以後，往往從字面上來瞭解依語不依義而誤會了眞實的意涵，就會誤以爲兩部經論的說法有所不同，但其實是完全相同的。因爲在《勝鬘經》中的說法，是包含第八識清淨心體所含藏的七識相應的染污種子而說的；而《起信論》中所說的一切染法都不能污染的說法，是純從第八識如來藏心體自身的體性上來講的，所以完全沒有差別。

接著 馬鳴菩薩說：「智體具足無邊無漏功德爲因」，馬鳴菩薩爲什麼說這一個「智體——心眞如」具足了無邊的無漏功德呢？先要講解完這個道理，然後才能講「這個智體是這些功德法的『因』」，那就先要把祂的體性和七轉識的體性分別加以解說之後，歸納到一起，來加以綜合說明，諸位就會大概的瞭解勝妙的如來藏法義了；所以，這一個阿賴耶識的體性，在這裡就先把祂放著不說，先轉個頭來說七轉識的體性，然後再回頭來說第八識如來藏的體性，就容易瞭解了。

七轉識就是我們的眼耳鼻舌身意識，這六個識加上時時刻刻在思量、時時刻刻在作主的意根，也就是末那識，就是七轉識。前六識是不斷的在分別六塵的，但是前六識很容易現起，也很容易斷滅，祂們的現起或斷滅，都是由意根末那識在決定、在掌控，所以你現在可以返觀自己的心，返觀自己這個「我」：「我喜歡」、

「我討厭」、「我要學法」、「我要成就佛道」；當你返觀這個喜歡或討厭的「我」的時候，你這個「我」既可以看見，也可以聽見，也可以有覺有知，這就是眾生與常見外道所說的「常」不壞滅的「我」。

可是這個「我」——你這個「我」睡著了，也就不見了，就間斷了；間斷了以後，明天是誰讓你這個能知能覺的「我」又出現了？當然就是另一個你——另一個意根「我」——做主的，可是這個做主的我，在「覺知心的我」間斷了以後，祂就不能感覺到「我自己」的存在，因爲這個作主的我沒有「覺知自己是否存在」的返觀自己的功能，也就是說祂沒有意識所擁有的「證自證分」來反照自己嘛！所以祂在睡著無夢的境界中時，祂並不知道自己還是繼續存在的；其實你自己在睡而無夢當中，一直都還是存在著的，還是繼續在刹那刹那思量作主的，但是眠熟無夢時繼續存在而時時作主的意根你，正是末那識；這個末那識也就是阿含諸經裡所說的第七識意根，祂的行相是很微細的，所以一般人不容易了知祂，甚至佛教裡的大法師，也都誤會得很嚴重（編案：一直到平實導師把祂在書中詳細的解說了以後，這兩年才漸漸的改正過來）。

大乘佛法裡，有一大部分是在末那識上面廣做文章的，因爲解脫與輪迴都是以祂的執著與否作為原因的，因為一切種智的親證與內涵，也都離不開祂的自性的，所以祂是佛法中非常重要的一環。那麼這個末那識也就是無始劫來不曾間斷過的背後的你啦！也就是心理學上所說的下意識，祂才是真真正正的你自己；雖然這個「你」也是可以滅除的，就好比定性聲聞捨壽的時候滅了這個「你」一般。可是這個「你」的自性並沒有證自證分的功能，所以這個「你」無法在眠夢中來返觀自己正在睡覺、無法去了知自己在眠夢中的存在，也無法去了知種種法，因為這個「你」的了別慧很差，得要靠見聞覺知的六識心的你起來幫忙，這樣和合運作才能夠了知萬法，才能夠了知自己確實是繼續存在的；那麼這樣七個識在六塵色聲香味觸法上面去攀緣，攀緣的結果就會有喜歡、討厭、執著、以及想要捨棄的心行；既然在六塵上面有這樣的現象，既然這七識心王存在的任何一時一刻都離不開六塵相，自然就會有染污嘛！除非你已經悟了，也開始修除性障而遠離染污，不然的話，你必然會有世間法上的染污。

可是這個染污，是由你這七識去熏習來的，所熏習的染污性也只是七識心王才能相應，使七識心王的體性轉變為更清淨或是更污穢；阿賴耶識雖然一直在配合著你，但祂是從來不熏習這些染污性的，因為祂一向都是離六塵中的見聞覺知性的，祂一向都是離思量性的，也就是說祂從來都不貪染、都不做主的；所以你熏習了染污種子以後，那些染污相應的習氣也就變成種子，由阿賴耶識所收藏；阿賴耶識雖然收藏了你無量劫以來所熏習的這些染污的種子，可是這些種子只能使七識心的你相應而現行爲更清淨或者是更染污，但是阿賴耶識卻繼續保持著自己的清淨體性，不受影響；祂照樣遠離六塵中的見聞覺知，照樣不做主，但是祂卻有六塵外的覺知，有六塵外的自己的做主性，只是不在六塵中的覺知和作主上面運作，所以祂對三界萬法沒有貪愛、也沒有討厭，所以祂沒有染污，所以祂的自體性是這樣不垢也不淨的。

你說祂是有垢嗎？譬如你這樣說祂：「**你收藏了我無量劫所熏習的染污種子，所以你的體性應該很髒了，應該是不清淨的。**」不！祂的體性照樣是清淨性的，不曾改變或減少祂自體的清淨性，這是只有證悟了的人才能現前觀察而了知的，所以說祂很難了知。從這個部分的說明，你就知道爲什麼《勝鬘經》會說這個心——自性清淨心——不接觸煩惱而有煩惱染污？你就瞭解經中 勝鬘夫人所說的眞實義了！因爲都是你在幫祂染污嘛！所以是你染污了祂嘛！然後上輩子的覺知心的你死了、滅了以後，祂就回饋給這一世的作主的不返觀自己的末那識的你，以及這一世新生起的見聞覺知的覺知心你。生命輪迴的實相就是這樣啊！

世人說：「來而無往非禮也。」本來如是嘛！作主的、思量的你，把一生所染污的種子都丟給祂，你所有的上一世的覺知心死了以後，覺知心的你滅了以後，下一輩子又去投胎出生的時候，祂就把這些染污的種子倒出來還給你，所以下一輩子你出生時就是染污的凡夫嘛！就是這樣！很簡單！可是，祂卻不是因爲生氣而說：「**你把這麼多的染污種子給我，我現在要倒還給你，報復你！**」祂不是這個意思，而是你自己被貪厭等法所污染而不甘寂寞、不樂清淨境界，所以就因爲我見、我愛…等無明煩惱，自己恆而不斷的要去保持那個覺知性的我可以繼續存在，而想要繼續不斷的在六塵當中去貪去厭，所以是你自己把祂所含藏的那些染污種子自己給勾引出來，去把祂挖出來給自己受染或受苦；其實都跟祂無關，都不能怪祂，因爲祂照樣是那種被動性的體性，不會主動的把前一世的你丟給祂的染污種子返丟給你，是你自己勾引出來的；祂也不在六塵中起貪厭，所以說祂不接觸三界六塵中的一切的染污煩惱，可是祂卻收藏了種種六塵染污的煩惱，而這些煩惱都只是七識心的你才會相應到，祂是永遠不會相應的，所以說這個自性清淨心不觸煩惱，不觸一切煩惱的法，而有煩惱所染，就是這個道理。

現在這樣講清楚了，我想印老如果能聽到我這麼說、讀到我這麼講，他也會信受的，因爲這個道理也不見得要透過禪觀才能瞭解嘛！雖然他還沒有禪觀體驗去證得這個自性清淨心，但是我把祂如實的、詳細的寫出來，他讀了以後也可以知道這個眞實義嘛！因此，說這一個自體具足了無邊的無漏功德。馬鳴菩薩爲什麼要說這個無漏功德是無邊的呢？因爲從凡夫地起，祂一直就是自性清淨心；未來到達了究竟佛地的時候，祂的那種自性清淨心的一切功能，就會跟七轉識相應嘛！就可以完全的應用發揮出來，而由佛地純淨的七識心王所運用。

這就好像說，武俠小說裡面說某一個人，譬如說有某一個高人快死了，他就把所有的眞氣都傳給另一個有緣人——把他的內力都傳送灌注給另一個人——也就是比喻證得如來藏；可是那個人獲得他的畢生眞氣——證得如來藏，卻不曉得眞氣裡面有些什麼東西——不知道如來藏有些什麼功德性，所以不懂要怎麼運用那些很寶貴的眞氣——不知道要如何發起如來藏的種種無漏有爲法上的功德；所以在後來的一段很長時間中——在悟後的一段很長時間裡，他就不斷的去瞭解與嘗試運用，當他瞭解與運用到最後完全如實了知其作用的時候，他就可以具足的運用那些眞氣——讓六根互通而發起四智心品，悟後成佛就像是這樣（大眾笑）。

就像這樣，你的自性清淨心裡面，祂本來就含藏了那無量無邊的無漏功德法存在，可是你還沒有找到祂；我幫助你證悟，就好比有一個人將眞氣全部傳送給那個人一樣；你現在有眞氣——找到心眞如了，可是現在還不太瞭解祂，還不曉得怎麼運用祂來成佛，所以你要在悟後進修一切種智而求佛道；到了成佛的時候，表示你完全都能夠掌控祂的功德性，完全的運用發揮祂的功德性，所以這個時候心眞如中的無量無邊的功德就出現了；所以等覺菩薩見了佛時爲什麼還是那麼恭敬？那是因爲兩者之間差太多了——等覺與究竟覺的無漏有爲法上的功德實在相差太多了——不可相提並論的。

因此說這個自性清淨心，你本來具足那種無量的、無邊的、無漏的功德，能以這個阿賴耶識心體所含藏的種種無漏功德做爲「因」——經由了知、實證這些清淨的無漏有爲法作「因」——就可以熏習一切眾生的心，使一切眾生的心性改變成清淨心，最後才能發起佛地的一切無漏有爲法的大功德。但是悟後還不能成佛，這個問題出在哪裡呢？這個得要有個前提：你先得要證得祂，才能次第進修而在將近三大無量數劫以後達成。你如果還沒有證得祂的所在，就無法以祂的清淨自性來熏習改變自己的染污性，就無法在將來成佛。你如果能夠證得祂的話，轉依於祂的眞實性與如如性，而不再執著覺知性的你、作主性的你是眞實常住法，這一轉依，祂就可以開始熏習你。如果悟後不能轉依祂的清淨自性，那就無法熏習你了。

開悟以前，心裡老是想：「這個自性清淨心是怎麼回事？」找來找去總是找不到，因爲參禪的知見都被大師們教導錯了，所以始終找不到祂的所在。等到知見修正了，忽然有一天你找到了祂，你瞭解到原來祂的體性正是這麼回事，如實的證驗，如實的領納祂的清淨自性，也願意轉依祂的清淨性與離六塵性，你就開始轉捨三界六塵中的有漏法，依止於祂的無漏性，這樣轉依而改變自己的有漏性、染污性，這樣熏習很長的時劫以後，祂本有的清淨自性與無漏有爲法上的功德性就是正在熏習你，因此就使得你的七轉識開始變成清淨性，祂的種子也就跟著漸漸的轉變清淨了；種子轉易到最究竟清淨的地步時，就可以六根互通，就可以使第八識與二十一心所法相應，就可以發起四智心品，最後就成佛了。所以說，祂本來所具有的無量無邊的功德，悟後就可以做爲你熏習轉染成淨的因。

論文：【三、眞實不空離障大義，如虛空明鏡，謂煩惱、所知二障永斷，

和合識滅，本性清淨常安住故。】

講解：「三、眞實不空離障大義，如虛空明鏡。」意思是說，祂的體性猶如虛空，但並不是說就是虛空，所以不要落在虛空上，落在虛空上就完了，沒辦法證悟了。千萬不要像盧勝彥講的「眞如就是虛空，虛空就是眞如」，如果大家都那樣相信了，個個都會變成虛空外道了。我們的第八識「心眞如」——如來藏阿賴耶識心體——祂的體性猶如虛空，但是祂卻有祂的「自性性」存在，並不是如同虛空一般的沒有自性，也不是如同虛空的「空無」；悟了心眞如的時候，可以證驗祂的自性，領受祂的自性，證實祂絕不是像虛空無法一樣。可是爲什麼說祂如虛空、如明鏡一般，可是又確是眞實不空？

現在這一句「眞實不空」是從第八識眞如心的離障上面來講的，是表示佛地的究竟地的心眞如。剛才前面所講的是因地，現在則是講佛地；在佛地這個究竟地中：「眞實不空離障、如虛空明鏡」，這就是講佛地的無住處涅槃，既不住於生死中，也不住於無餘涅槃中。定性聲聞的二乘無學，住於無餘涅槃之中而不再領受分段生死，所以就無法學習一切種智，所以就不能成佛，也不能廣利眾生；佛則不住於無餘涅槃之中，繼續示現於三界中、猶如虛空一般而又如同明鏡一般的顯現種種無漏有為法，來無止盡的廣利眾生，無窮無盡、沒有盡期，除非眾生都已經成就佛道了，才會入無餘涅槃。

可是諸　佛雖然不住於無餘涅槃之中，卻也不住在生死之中，因為佛地已經把分段生死煩惱的現行斷盡了，而且把變易生死所攝的那些煩惱障習氣種子的隨眠也全部斷盡了，還把所知障中的所有上煩惱——也就是塵沙惑——都斷盡了；這個就叫做「離障」，也就是說煩惱障和所知障這兩個障全部、永遠、究竟斷盡了，所以稱為離障。煩惱障就是二乘菩提所修的解脫道中所應修斷的一念無明四種住地煩惱，叫做煩惱障；二乘菩提所斷的惑就是阿羅漢、緣覺所斷的煩惱，就是見惑與思惑；所知障卻是在生命的實相上面去探究一切有情都有的自心真如，以及祂所含藏的七轉識的種子和現行、七轉識相應的煩惱以及這個真如本身所具足的無量無邊的無漏功德；這些的內容完全具足了知而轉變完成的時候，你的第八識所含藏的所有的種子就都不再轉變更易了，因為不再變易種子了，所以叫做變易生死斷盡，當然是比二乘聖人所證的無餘涅槃的境界更高。

無餘涅槃中的境界相雖然全都一樣，如果　佛入了無餘涅槃境界中，將會與二乘聖人所入的無餘涅槃境界相同；但是，聲聞阿羅漢所住的無餘涅槃境界，只是斷盡分段生死種子的現行而已，就可以取證無餘涅槃；可是 佛不但斷了聲聞聖人所斷的分段生死種子的現行，還將聲聞聖人所不能斷的、能引起再受分段生死的變易生死習氣種子以及異熟種子全都斷盡了，又進斷無始無明——所知障所攝的塵沙惑，當然是比二乘聖人無餘涅槃境界更高的涅槃境界，所以 佛雖然永遠不入無餘涅槃境界中，卻當然是比無餘涅槃境界更寂靜、更解脫的。這就是斷盡變易生死的內涵。

在會外，你們有時聽到人家說「變易生死」，那麼「變易生死」到底是什麼？聽來聽去都是聽不懂，好像是你很笨的樣子；其實絕不是你笨，而是講的人笨。爲什麼呢？因爲他自己也不知道變易生死的內涵是什麼？最多就只知道所知障的隨眠，可是所知障的隨眠又是什麼呢？他們就不知道了，連他自己都弄不清楚，又如何講得清楚？又如何能使你眞的理解？因爲他都還沒有跟所知障的隨眠上煩惱相應嘛！他怎麼會清楚什麼是變易生死？等到有一天悟證了心眞如——悟錯了就不算噢！悟到了心眞如的人，他開始整理：「爲什麼我開悟了，我也見性了，而我還不能成佛？爲什麼我跟 佛之間還有那麼一大段的距離？」這個時候所生起的關於成佛的煩惱就是上煩惱，上煩惱起了也就是無始無明的煩惱生起了，這個無始無明的煩惱直到這個時候才與你的覺知心相應了，你才會開始探討什麼叫做變易生死？你必須要先跟這些上煩惱相應了以後，然後你去探討清楚了，接下來你才會知道什麼叫做變易生死。而那些善知識他們都還沒有找到心眞如，沒有找到這個自心眞如的時候，他根本就不會和上煩惱相應，他又怎麼會知道什麼叫做變易生死呢？當然不會知道嘛！所以他就用想像的來講，或者用別人那裡聽來的，連自己也不懂的東西來跟你講；他自己都弄不清楚，又用想像的意思講出來，當然你聽了也不可能懂得嘛！所以事實上絕不是你笨所以聽不懂，而是他笨，他講不出變易生死的眞實道理來。我說的全是如實語、如實言。

當然，有人聽起來也許會不太習慣，心裡面會想：「這個蕭平實講話好像都有刺一樣。」但我說的確實是眞話，今天諸位可眞的要把這個變易生死加以如實的瞭解，才不會辜負今晚辛苦來到正覺講堂聞法的目的。什麼叫做變易生死？就是說你的眞如心體第八識裡面，就算是二乘無學的阿羅漢與辟支佛，把分段生死的煩惱現行斷了，可是還有煩惱障中的習氣種子隨眠於心眞如之中，還未斷除，所以阿羅漢還有習氣存在。你如果遇見了某一位阿羅漢，你說：「哎呀！你這個人……。」你就跟他汙蔑一場，他就會生氣起來，可是他的氣，在一轉身之後就丟了，可是當場還是會氣的哦！爲什麼會氣呢？因爲他的煩惱障的習氣種子隨眠還在嘛！習氣種子還沒有究竟斷盡嘛！他只斷了瞋的現行而已，所以氣歸氣，他是絕對不會回罵你的。

可是，佛是究竟斷盡這些煩惱障習氣種子隨眠的哦！阿羅漢與辟支佛卻都還沒有開始去修斷，何況是斷盡啊？所以說他們還有習氣種子的隨眠存在心眞如中，煩惱障的習氣種子隨眠還沒有斷盡，只斷現行而已，所以不能和諸 佛的解脫境界相比；也不能和諸地菩薩相比，因爲諸地菩薩都已經或多或少的開始修斷煩惱障中的習氣種子隨眠了。至於所知障的部分，也就是無始無明；無始無明中的塵沙惑——過恆河沙數上煩惱——他都還沒有相應欸！何況是修斷呢？他還得要去探討說：我到底要怎麼樣才能夠成佛？探討的結果是：想要成佛的第一步就是要先找到第八識——親證心眞如。

因爲這個緣故，所以他就去探討，想要找到那個第八識。可是他始終找不到，所以他本來是沒有煩惱的，現在雖然已經成爲阿羅漢了，可是卻每天到晚起了煩惱：煩惱自己還沒有找到心眞如的所在，煩惱自己不能現觀祂的清淨自性，煩惱自己不能轉依祂的清淨自性。可是阿羅漢迴小向大而產生的這個煩惱，並不是在三界中有爲法上所生起的煩惱。但這些煩惱都還不是上煩惱，他只是跟無始無明相應，還沒有跟無始無明的上煩惱相應，因爲上煩惱是——觀上煩惱、止上煩惱、得上煩惱、果上煩惱、證上煩惱、心上煩惱……——種種的關於所知障方面的「成佛法要」上面的煩惱，那才叫作上煩惱啊！可是迴小向大的阿羅漢們，還沒有與這些上煩惱相應，因爲他到現在爲止，都還沒有入得大乘法的大門呢！都還沒有打破無始無明呢！所以都還只是跟無始無明相應而已；他必須要打破無始無明——打破無始無明就是找到如來藏而了知法界實相，找到了心眞如以後才能知道：原來生命的根本就是這一個眞實心。

阿羅漢迴小向大而且已經找到祂了，也就是說你找到祂了，可是你還沒有跟無始無明中的上煩惱相應，也就是還沒有跟塵沙惑相應，因爲你還在禪悅之中：原來這個心是這樣的噢！每天到晚好歡喜的在體驗祂，每次比對過經典以後，就生起歡喜心，還住在禪悅境界中，還沒有煩惱生起。等到有一天起了個念：「我已經明心了，開悟了，爲什麼我還不是佛？」然後你去探討它，才開始煩惱成佛所須修證的種種法，這個時候才算是跟上煩惱初次相應。這個上煩惱生起了，就表示在實相上還有許多妙義與功德是你還不曾知道的；這個不知，就是由於你對心眞如所含藏的一切種子所知不足，所以成佛之道就被障住了，所以叫做所知障。

外面一直都有好多善知識說：「哎呀！你不要想那麼多啦，你學的愈多，想的愈多，所知障就愈重。」這眞是顚倒啦！正是因爲對法界實相知道的不夠多，因爲你所學的一切種智不夠多，所證的種智境界不夠多，所以你才被所知不足給障住了，簡稱爲所知障。你瞭解得很多，你如實的證知越多，所知障就一分一分的斷得越多嘛！那麼所知障中的這些上煩惱，它們並不是種子；因爲種子又叫做「界」，「界」就是功能差別；上煩惱並不是功能差別，所以它們不是種子，所以在唯識種智上面說它們「是現非種」；也就是說，等你證悟了以後，這些上煩惱漸漸就會開始現行了，可是它不是種子，沒有任何的作用，所以你不能運用它們；但是它們卻會障礙你成就佛道，但它們不是功能差別。

你把這一些所知障的隨眠一一斷盡（這些隨眠有多少呢？超過恆河沙數那麼多，你把那個白板用細菌那麼細的點去點，點滿了都還不夠，因爲那一些比起恆河沙來還是太少了，不曉得多少倍，無法算），這所知障的隨眠非常的多，你要一一的把它斷盡；統統斷盡了的時候，你的煩惱障的隨眠，種子的隨眠也就會全部斷盡了；這樣，你的第八識就改名叫做無垢識——佛地眞如；因爲祂裡面的所知障隨眠都斷盡了，所以裡面的種子當然也就不再變易轉換——不再變化了——因爲已經圓滿具足了嘛！圓滿具足了，就是說所有的種子都是最好的種子，而且已經具足一切無漏有爲法了，也能夠利樂一切種性的有情了，所以種子就不必再換來換去了；沒必要再換了，那就是圓滿功德了嘛！因爲心眞如中所含藏的種子永遠都不必再轉換了，所以就沒有種子的變換更易；沒有種子的變換更易，就叫做變易生死斷盡了。

這樣，諸位今天聽了這一席話，瞭解什麼叫做變易生死了，出去可以爲人宣說；如果遇見了大師，你就說給他聽，他會嚇一跳：「哎呀！你是什麼人？怎麼懂這麼多！」你說：「我不是什麼人，因爲我不是人。」大師說：「你怎麼講話顚顚倒倒？」你說：「我講話本來就沒有所謂顚倒與不顚倒啊！因爲你說的『我』，有哪一個可以叫做『我』？如果覺知心叫做『我』的話，而心眞如也可以叫作『我』的話，那我今天說的這些話就不可能說得出來啦！因爲『我』不是人嘛！如果『我』是一個人，我就沒有辦法說出這一些法來了，因爲我知道『我』不是人，所以我才能夠講這些東西。」大師聽了，若不是惱羞成怒來大聲罵你，就會是裝著修行很高的樣子而表示這個說法還是很膚淺，對你的話表現出一副漫不經心的樣子來籠罩你，其實心中還是很震撼的。

而事實上也正好是這個樣子，所以你的話在表面上讓人聽起來，好像覺得很奇怪：怎麼講話顛三倒四的？所以曾經有大師這樣說：「禪哪！就是不按牌理出牌（大眾暴笑起來），亂講一通就可以交差了。」說禪就是不按禪機說話，說這樣就叫做禪；其實那些大法師們都只是看到禪門祖師說話的表相，其實眞悟的禪師講話時完全是按牌理出牌的，完全是講人講的話，也完全是講菩薩所講的話；他們所講的話，從實相上來看，一點兒矛盾都沒有，但卻不是二乘有學及無學的聖人們所能知道的。所以說這個離障是依兩種障來說的，一個是煩惱障的現行，這是二乘菩提所斷的；但是他們的習氣種子隨眠都還沒有開始斷除，更別說習氣種子隨眠的斷盡了，所以阿羅漢們都還有貪瞋痴的習氣啊！所以，他們的習氣種子還在的時候，不懂深妙佛法的人就會誹謗他不是阿羅漢。

譬如古時候畢陵尊者想要渡過恆河，佛又說在這種事情上不許使用神通，河水又暴漲上來，那怎麼辦？過不去啊！他就起心動念看一看恆河神是誰，當他看到了恆河神的時候，他想：「噢！這個恆河神原來是她在當呀！」他就開口講：「喂！小婢呀！把河水降低了罷！我要過河去！」原來他看見那個恆河神五百世以來都在他家當婢女，所以他一看見就習慣性的叫她「小婢」；那恆河神不曉得往世的因緣，他忘了宿命，就去跟 佛投訴，因為大阿羅漢叫他降河水，他不能不降啊！就降了讓他過去，但心裡老大不情願的就去跟 佛投訴，說畢陵尊者侮辱他。佛就找畢陵尊者來問：「畢陵尊者啊！你有沒有罵他『小婢』呀？」他想一想過河的情形，想起來是曾經呼喚他小婢：「噢！有！」佛說：「那你跟他懺悔。」「好！我跟他懺悔。」他就開口懺悔：「喂！小婢過來！我跟你懺悔。」（大眾笑）跟人家懺悔的時候還稱呼人家是小婢。這就是阿羅漢的習氣種子，這就是習氣；他並不是故意要罵她小婢的，但是他呼喚她小婢的習氣一直都存在的，他的種子沒有斷盡，雖然現行是斷了，所以他可以離開三界的生死，可是他還有習氣種子存在呀！

所以阿羅漢的貪習氣、瞋的習氣無妨還在，但是不會現行，絕對不會去作。但是到達佛地的時候，這些習氣的種子已經統統斷盡了，這個就是煩惱障的永斷，阿羅漢的煩惱障並不是永斷的哦！因為許多阿羅漢還都沒有離開隔陰之迷。為什麼說他們很多人還沒有離開隔陰之迷？因為他如果迴心向大而再去受生，重新再出生的時候，他忘了自己前一世曾經是阿羅漢，他忘了前一世所證得的見地與斷思惑的境界，所以他的無明住地的煩惱還會現行，那如果他過去有貪的習氣種子、瞋的習氣種子還沒有斷除，若遇到一個惡緣的話，也許使他的貪瞋種子現行而再度犯貪、犯瞋，一時不愼就造了惡業，那又得因業而再度去輪迴，那就完蛋了！所以阿羅漢們知道自己還沒有遠離胎昧的時候，往往就不敢發願再受生，不敢進入菩薩們的行列中，原因就在就個地方，除非是已經證得三明六通的大阿羅漢。

既然他發願重新再受生以後，會有那個胎昧的現象，就表示他的煩惱障的習氣種子隨眠沒有斷盡嘛！所以不能叫做永斷煩惱障，所以他害怕發願受生以後會再有生死而可能無法再取證阿羅漢果，所以他一定會取無餘涅槃；因爲捨壽時取涅槃就永遠沒有生死了嘛，以後就永遠不會再有「後有」了，可是他們煩惱障的習氣種子畢竟還沒有開始斷除、還沒有永斷啊！當他迴心向大乘，修學大乘法，入菩薩道來學大乘法的時候，雖然他已經是菩薩阿羅漢了，可是當他證悟而進入七住位，還沒有到三地滿心前，都還會有隔陰之迷，除非他已經先證三明六通了。那他重新出生的時候，看到好吃的食物——他還在小孩子階段的時候——看到好吃的，他也會如同一般小孩子一樣的貪吃啊！聽到人家罵他，他也跟人家一樣生氣啊！可是他上一輩子卻眞是阿羅漢哩！然而有誰知道他過去世的聖者身分呢？天曉得！

所以迴心向大的慧解脫、俱解脫阿羅漢，得要六通具足了，才能遠離胎昧啊！如果是還沒有修證六通以前，就迴心大乘，他還得要依止佛菩提道而次第漸修的；由此道理，所以經中有時說：「菩薩示現猶如凡夫，但是心行不可思議。」爲什麼呢？這是說他來世重新再證悟之前，有時無妨跟人家一樣的貪，跟人家一樣的起瞋，只是他不會記恨而已，過去了也就丟開了，不會記在心裡。但是他卻有那種本來自性清淨涅槃的智慧修證的無漏法種子保存在心眞如之內，當他開始修學佛法以後，也許五年、也許十年，他又成爲菩薩阿羅漢哦！然後他又證得心眞如，又成爲菩薩，他又是阿羅漢，卻如同凡夫一般的生活，所以說菩薩心行不可思議。

這也就是說，菩薩不單是在煩惱障上來修行，也還要在所知障上面來修行，並且是以所知障上的除惑作爲他主要的修行中心，所以他在悟後一定會去求證佛地的一切種智，這叫做斷所知障；所以，所知障都是在我們的自心如來藏以及祂所生的七轉識的種種心法、心所有法以及色法、心不相應行法，以及六種、八種、九種、十一種無爲法等等，以及祂所含藏的自體上的種種功德，在這上面用心；最後到具足了知的時候，變易生死斷盡，所有的種子都不再變異了，就說他變易生死斷盡了，這個時候就叫做永斷——永遠都不會再現行了——到這個時候就說他的「和合識」消滅了。這意思就是說，諸佛的八個識不必互相配合才能運作，祂的每一個識都可以單獨去運作，這個時候我們就說無垢識本性清淨，種子也是常，永遠恆時這樣安住，這個就叫做「眞實不空離障大義」。

因爲心眞如這個空性心，能夠生起一切諸法，有其無漏有爲法上的眞實自性存在，所以不是虛妄想的名相建立法，而且是能出生萬法的眞實體性，正是萬法所依的理體，所以說是「眞實不空」。阿賴耶識心體——如來藏——經由斷盡煩惱障與所知障，能成就一切佛法的究竟義理，而且又已經到了離二障的究竟斷盡的地步了，所以說是「離障」；又因爲這是眞實而極難了知、極難親證的大法，含藏著法界實相的究竟大道理，所以又稱爲「大義」。合起來就是「眞實、不空、離障、大義」，這時候的和合識已經滅了，也就是說原來的七識心王，已經成爲不再有變異性的純淨的七識了，也使得原來的阿賴耶識心體的清淨本性，恆時的顯現了常而不再變易種子的究竟清淨境界了，以後永遠都是這樣安住下來的了，所以說是常——「本性清淨『常』安住故」。

論文：【四、眞實不空示現大義、如虛空明鏡，謂依離障法，隨所應化、

現如來等種種色聲，令彼修行諸善根故。】

講解：眞實不空就是說祂有自己所屬的眞實體性，祂並不是空無的空，不是像印順「導」師講的：「什麼叫做眞如呢？就是因爲五陰十二處十八界滅了以後，所有法都滅盡了，不再出生所有法了，那這個滅盡諸法的這個『滅相』，它是永遠不會滅的，因爲滅相存在的緣故，所以不是有滅的法，所以這個『滅相不滅』就叫作眞如。」請問：「滅相——十八界統統滅盡了以後——這個滅相不會滅」，這句話能成立嗎？滅相當然就是滅盡一切法的「無法」，無法可以稱爲未滅的嗎？無法可以稱爲眞如嗎？眞在何處？如在何處？這根本就是斷滅境界啊！而且，這個滅相是本無今有，是有生的法，不是無生的法；既然這個滅相是後來出現的法，而不是本來就在的滅相，當然這個滅相不是不生的法，那就違背眞如不生不滅的教證，也違第八識心眞如本來不生、永遠不滅的理證，豈可說是眞如？而且這個滅相，是依附於蘊處界有才有的法，是因爲無常變易性的蘊處界滅了而說有個滅相，所以這個滅相是依於他法而有的法，不是圓成實性的本來圓滿體性，是由蘊處界滅而施設的法，既是依他起的法，如何可以說是不生不滅的法？而且，他所說的這個滅相，不能成就一切法，不能出生任何一法，根本就違背了心眞如的**圓**

滿成就諸法的眞實性，如何可說是 佛所開示的圓滿成就諸法的眞如呢？

他在書中說「蘊處界滅後的滅相不滅，所以叫做眞如」，他說「因此而叫做眞如，但不是常住」，這樣的說法可以講得通嗎？他這個滅相眞如是依附於「蘊處界有」的「滅相」才能「存在」的法，並無眞實性，只是意識妄想法，怎可說是眞實性的法？根本就違背眞如的眞實性。而且他這個滅相，不觸六塵萬法，不似心眞如能於觸外塵時對萬法如如不動，因爲滅相根本就無法，如何說祂對六塵萬法如如不動？還有許多的過失，一時說之不盡，都可以證明他所說的這個「滅相眞如」，全部都是虛妄想，完全違背 佛的聖教。眞如其實不是他所講的那個意思，這個心眞如爲什麼是如？因爲祂能觸外塵，能生萬法，而自性卻是恆常清淨的，又離六塵中的見聞覺知，於六塵中的一切法都不思量，不思量所以不作主，所以不貪也不厭、不求也不忮，因此而說祂是如；又因爲祂能出生萬法而永恆不滅的常住性，所以說祂是眞，所以說祂不是空無的空；雖有眞實性與如如性，只因爲祂無形無色，所以說爲空性，因爲這個能生萬法的眞實性而說祂是眞實不空；由這個眞實不空的自體性，所以 馬鳴菩薩論中說祂眞實不空。但是，印順法師的「滅相眞如」卻是空無，卻是完全沒有能生萬法的眞實自性，怎能說是眞如呢？

「眞實不空示現大義」——心眞如可以「有所示現的這個眞實道理」，是如何「示現」的呢？是「依離障法」——也就是依著離煩惱障、離所知障這兩個法的修行成就，而「隨所應化」的「隨眾生心應所知量」而應現化身，示現受生於人間，這叫做「隨所應化」；由於隨眾生心之所應而示現化身受生於人間，然後就能顯現出如來的種種色法以及聲音法相，示現給眾生親近、供養、修學。如來在三界中示現也是要有因緣的，你不能夠用欲界人間的凡夫身，要求如來以人身來示現三十二大人相給你看，因爲祂就算要示現給你看，你也看不見啊！祂如果眞的以人身來示現三十二大人相的身相給你看，你也不信你可以修行跟他一樣成佛，所以祂必須得要示現和你我一樣的色身，有智慧的人就會想說：「啊！佛可以是人身成佛，我應當也可以是這樣。」沒有智慧的人就說：「哎呀！這是什麼佛？這佛也只不過是個和我一樣的凡夫肉胎嘛！」

這就是沒有慧眼、法眼的人，有智慧的人來到這裡時會說：「蕭平實也不過是一個頭、兩個眼睛，卻可以證得般若實相智慧；他以人身可以修成這個智慧境界，我也應該可以這樣啊！」這就是有智慧的人。沒有智慧的人會說：「蕭平實應該多一個頭吧！應該多長二隻手吧！」那就是沒智慧，因爲諸佛在三界六道中出現和眾生共事的時候，一定要跟眾生一樣的身相，才能同事嘛！如果不是這樣，如何能跟你同事呢？所以經中說「諸佛隨眾生心量與因緣而示現種種身」，就是這個意思。有智慧的人會說：總統跟我應該是一樣的身體，沒有智慧的人可能會說：「總統可能比我多兩隻手、兩隻腳。」可是有智慧的人一看就說：「噢！這個人不是人！那我可不能選你喔！」應當如是嘛！

同樣的道理，心眞如依離煩惱障和離所知障兩個法，而說是眞實不空的示現；因爲隨著眾生心的種種差異，祂在某一道中應該是如何的身相，是眾生心所能夠了知的，以他們的福德因緣所應當了知的，祂就應現那個化身——以眾生所能了知的色身來示現——因此而顯現如來種種的身、種種的色、種種的音聲，那麼顯現的時候不一定顯現如來的莊嚴報身相，所以叫做「如來『等』種種色、聲」；有時候如來也會示現菩薩相，有時候示現鹿王相、狗王相、象王相不等，有時候現天主相、天神相、天人相。「隨眾生心應所知量」者：眾生是怎麼樣的福德因緣，祂就示現什麼樣的身相，來爲眾生說種種的法，令那些眾生來修行種種的善法而發起善根，這個叫做「眞實不空」的「示現大義」，可是雖然有這種「示現大義」，佛心卻是猶如虛空明鏡一樣，不動不轉的自住清淨境界中。

所以　馬鳴菩薩說「覺相有四種大義」：眞實「空」大義如虛空明鏡、眞實「不空」大義如虛空明鏡、眞實「不空離障」大義如虛空明鏡、眞實「不空示現」大義如虛空明鏡。這四個部份呢，主要在區別「空、不空、離障、示現」等四種眞實大義，但卻都是如同虛空明鏡一般，這叫做覺相的四種大義。也就是在說明：空性確實有不空的體性，能示現萬法的眞實體性，而不是那些誤會「佛法全部是說緣起性空」的人所說的萬法空、一切法空的邪見。眞實佛法是以第八識如來藏，也就是以「心眞如」爲中心來說萬法緣起性空的；如果離開常住的、眞實不空的、能生萬法的第八識如來藏，專講萬法緣起性空，那是將本來圓滿完整的佛法加以分割，單取其中的片段來作爲眞正的佛法，那就使得完整的佛法體系支離破碎，也是單取佛法中的銅鐵而捨棄佛法中的金銀，成爲不究竟、不了義、虛妄想的佛法內涵，而他們以這種內涵修行的結果，所產生的見解就會和斷見外道所講的道理絲毫沒有差別了，那當然就不是眞正的佛法了！這就是印順法師和他的隨從者所弘揚的**一切法空、性空唯名**的斷見本質的破碎佛法。

這也就是密宗黃教的應成派中觀所修的斷滅本質的「佛法」，所以他們爲了補救這個落入斷滅見的大過失，就從外道法中取來雙身法的樂空雙運邪理，將　佛所說「意法為緣所生的意識」建立為常住法，而說緣起性空的意識心是常住法，不是緣起法，自以為這樣就可以避免落入斷滅空中，就以這個邪見來主張說：雙身淫合中的樂空雙運境界就是報身佛的境界。而自稱他們可以一世修成報身佛的境界，所以他們的證境比 釋迦牟尼佛更高。其實都是凡夫妄想境界，根本與佛法的修證無關。

《大乘起信論》所講的「覺」，就是覺悟到第八識「心眞如自體的眞覺、本覺」，而不是在講第七識意根的處處作主、睡著無夢時會作主、會思量的妄覺；也不是在講六轉識在六塵境界中的知覺，因為這些都是妄知與妄覺，都是生滅法的、念念生滅的七轉識所有的世間覺，不是常住的、體恆而永無生滅的第八識的眞覺；證得第八識心眞如自體所本有的覺，才是證得眞覺的人；證知這個眞覺的人，能夠了知第八識所擁有的本來就已經有的眞正的不在六塵中的眞覺，就是證得本覺的人，也就成為始覺位的賢聖。《起信論》中 馬鳴菩薩從這個始覺位所證的「本覺」，以及諸位諸地中的「本覺」，一直到佛地究竟覺位的那個「本覺」來告訴我們：眞正的覺悟是證悟第八識的本有的眞覺，而不是證知六七識在六塵中的見聞知覺性，這是妄覺性，不是眞覺；而且是從第八識心體中出生才有的六塵中的妄知妄覺，不是本有的、不是離六塵的眞正的知覺，　佛所說的「佛的知覺」是本覺，不是被出生以後才有的七識心的妄知妄覺。

論文：【不覺義者，謂從無始來不如實知眞法一故，「不覺心」起而有妄念；然彼妄念自無實相，不離本覺。猶如迷人依方故迷，迷無自相，不離於方；眾生亦爾：依於覺故而有不覺妄念迷生，然彼不覺自無實相、不離本覺，復待不覺以說眞覺。不覺既無，眞覺亦遣。】

講解：「不覺」是指什麼呢？我們前面有大略說過「不覺」、始覺、隨分覺、究竟覺，還有悟前加行位中的相似覺，這些都已經大略的說過了，現在這裡　馬鳴菩薩把「不覺」再度做一個澄清，這是因爲有人對「覺、不覺」產生了誤會，他們說：「因爲心昏沉而沒有覺照性了，所以叫做不覺。」這是對佛法中「覺悟的眞實義」產生了嚴重誤會，而且是當時很多大法師、大居士所共同產生的誤會，不只是現在末法時代中的大師與居士所共有的誤會，所以現在聖　馬鳴菩薩要重新把這個「覺與不覺」做一個根本上的澄清。

在前面　馬鳴菩薩曾經說過：「有一些凡夫如此主張：前念沒有覺照到而生起

了種種煩惱妄想，後來終於生起覺照之心，常常住在覺照分明的境界中，將妄想妄念制伏，不再使它們再度出生，說這個境界就是覺悟了。但是這種境界雖然名之爲覺照，卻是不曾覺悟的境界。」（編案：原文為「如凡夫人，前念不覺、起於煩惱，後念制伏、令不更生，此雖名覺，即是不覺。」）所以說一般禪七都會貼著標語告訴你說：「不怕念起，只怕覺遲」，以後你們去到那邊打禪七時，你就把它下面加上幾個字：「此名不覺。」（大眾笑）對啊！那就是不曾覺悟啊！如果主七師父問你：「你好大的膽子！怎麼敢寫這四個字？」你就回答說：「請師父把《起信論》請出來看一看，這四個字還有大因緣呢！」事實確實是這樣，這個叫做不覺。

可是這個不覺，在這裡還要加上一些定義，「不覺」這兩個字，它眞的意思是什麼？也就是說，從無始劫以來一直到現在，都不能如實的證知「眞正的法其實是只有一」，由於這個原因，所以才叫做不覺。換句話說，你如果要離開不覺位，想要離開凡夫位，有一個辦法：你去證實那個無始以來所不如實知的種種法都「匯歸於一」的那個「一」法。「一」法是指什麼呢？就是指如來藏——心眞如。

有人說「第三轉法輪的如來藏系列的經典，並不是眞的 佛所親口宣講的正理，是後來的祖師們長期創造結集出來的」，這是印順導師所主張的說法，正是謗法之說；他所謂的佛法，他的書裡面佛法兩個字如果加個引號（「」）圈起來，就表示是單指阿含諸經所講的「諸法緣起性空」的法，絕不是指大乘法中的般若系經典及唯識系經典；換句話說，他只承認初轉法輪的阿含諸經所講的「諸法緣起性空」才是佛法，其餘第二轉法輪所講的諸法所依理體的心眞如不是佛法，第三轉法輪所講的如來藏阿賴耶識也不是佛法。他爲什麼要單把阿含諸經所講的緣起性空認爲是佛法，而把它加上括弧呢？難道般若諸經中所講的心眞如第八識不是佛法嗎？難道第三轉法輪諸經所講的一切種智唯識增上慧學都不是佛法嗎？所以從他的著作裡的很多蛛絲馬跡中，我們都可以看出他對第二、三轉法輪諸經的排斥心態。

那麼 馬鳴菩薩說，從無始劫以來有一個法是眾生所不如實知的，所有的法都須匯歸於這個唯一的法；這個「一」法在阿含諸經有說過：「一法名如來藏」，就是阿含部的《鴦掘魔羅經》所說的嘛！我們所編輯印製的《三乘唯識》經集裡面就有這一部經。如果能夠如實知道這個「一」法，親證了這個「一」法，那就是始覺位的菩薩啊！證得這個唯一的心體，也就離開「不覺位」了。眾生都是因爲不如實知這個眞實法的這個「一」，所以「不覺心」就起來了；不覺悟實相的心生起來以後，接著當然就有了虛妄的念與想出現了。

對《起信論》論文的正確斷句很重要，而且如實了知論意也是一樣很重要的！有的人斷句錯了，或者因爲不如實了知般若意涵而斷句錯了，知見也就跟著偏了；這種人斷句時會錯誤的讀做：「不覺、心起，而有妄念。」這樣就不對啊！應該讀做：『「不覺心」起，而有妄念』，是講不曾覺悟的虛妄想的覺知心生起來了，也就是說已經覺悟的不落入虛妄想的覺知心還不曾生起來；這不是說「沒有察覺妄念妄想的心現起」，不是這樣的。如果是這樣的話，那就變成修定去了，就成爲「以定爲禪」的邪知邪見了，當然就會以爲「沒有妄念生起的時候就是覺悟的境界」，那就成爲聖 馬鳴菩薩在這一部論中所說的「不覺位」凡夫了。

因爲從無始劫以來都不如實知那眞正的唯一的實相法——如來藏本有的離六塵境界的本覺——對那個眞正本覺的唯一的法性不如實知，所以「不覺的心」就生起來啦！因此就有了妄念——對法界實相產生虛妄想的種種念——這樣就叫做不覺的凡夫。但是那個虛妄的念本身也是沒有實相可說的，它沒有眞實相，是虛妄法；雖然說它只是「不覺心」所生起的虛妄念，但是這個妄念其實還是不離「本覺」的，它離了本覺就無法生起及存在。我們在前面有說過，說眾生的那些染污的覺知心種子，以及那些染污心相應的各類煩惱種子——所謂的無明等等種子——都是在這個本覺的第八識心體裡面含藏，所以這個不覺實相的覺知心生起妄念時，一定是依附在這個本覺上面而生起的嘛！不可能離這個本覺心體而生起嘛！所以說這個不覺的心所起的妄念，自己雖然沒有實相，它還是不離本覺的。

那麼有的人聽到這裡，也許心裡會想：「哎呀！棒極了！這樣我就找到參禪的方向了，那我就來查看：我就每天好用心的打坐，看我這個不覺的心起了妄念的時候，妄念是從哪裡出現的？找到妄念的源頭時，當然就找到心眞如了。那我可得好好去找啊！」但是，先別高興得太早！請問你們已經找到心眞如的人：「這樣可以找得到心眞如嗎？」已經找到的人都在跟你搖頭啦！所以這樣是找不到心眞如的。可是還沒有找到的人，心裡還是會想：「也許這樣找得到，因爲妄念是從本覺裡面出現的嘛！只要觀照它從哪裡出現，我就找到本覺心體了嘛！」可是諸位別忘了：心眞如猶如虛空明鏡啊！祂猶如虛空嘛！既然猶如虛空，你怎麼找得到祂呢？祂無形無色，你怎麼找得到祂？就好像從虛空突然迸出一個不覺的心——妄念從空無中忽然就生起來啦，你怎麼找得到祂？祂無形無色啊！所以證悟實相這件事，眞的是難死人了！還是得要有人指導啦！所以我們親教師們才要辛苦的以二年半的課程來教你們嘛！原因也正在這裡。

這「不覺的心」現起了，因此虛妄念也就跟著起來了，可是這個虛妄念本身並沒有眞實相，因爲它是無常變異的法，不是恆常不滅的法，但它卻是從擁有本覺自性的這個心眞如裡邊所出現的，所以它還是屬於本覺的無量體性中的一小部分——也是本覺的一部分。譬如說汽車，汽車有喇叭，你不能夠說這是喇叭而不是汽車，不行的！喇叭當然也是汽車的一部分嘛！那你從另一個層面來看，也可以說喇叭不是汽車——當然單單喇叭本身一定不是汽車——但它裝在汽車上，也屬於汽車的一部分，所以也說它「非非汽車」啊！同樣的道理，妄念固然不等於本覺，但也不能說它與本覺無關啊！因它是本覺裡面的種子所出現的嘛！所以說它不離本覺。所以，它既然是本覺中所出生的法，由本覺裡生出它來，那它當然是所生的法，所以它就不是實相的法；既是所生的法，就一定是因緣所成嘛！因緣所成的法，終究還是會壞滅，會壞滅的法就不能說它是眞實法。

接下來說「不覺」，不覺就是說，譬如有個迷人——一個走路迷失方向的人一樣，他爲什麼被叫做「迷人」？其實所謂的迷，是依某一個方位的不能覺知而說他迷嘛！對某一個方位或某一個點不能了知，那就是迷。譬如說你在台北市繞來繞去，你一直找不到正覺講堂，所以你叫做「迷」——迷路了。可是你如果不是要找正覺講堂，你只是隨便逛逛，到哪裡都無所謂，那就無所謂迷了嘛！正是因爲你要找一個地方、一個定點，結果你找來找去找不到，所以才叫做迷嘛！所以是依這個方位、依這個方處——方就是處所——依這個處所的不能了知而說他叫做迷；同理，不覺就是依這個本覺的不能證知而說他叫做不覺；所以迷人是「依方故迷」，可是這「迷」本身沒有自相，是依於他法的不知而說他是迷，所以迷的本身沒有自體相存在，所以這個迷是虛妄法。

眾生也是一樣的道理啊！依於這個覺悟——這個本覺——而說眾生有「不覺」的虛妄念、無明惑出生了，可是這個不覺本身沒有眞實相——沒有自相，因爲這個不覺的本身是不能夠離開本覺的，所以這個不覺是跟本覺相待而有的，是依本覺的現量而說有人是不覺的；回過頭來再依這個不覺而說有眞覺——你找到心眞如了：「噢！**我找到心眞如而現觀祂的本覺體性了，這回眞的覺悟了。**」這就是眞覺，也就是親證如來藏自身的本覺的人，才是眞正覺悟的人，而這個時候的你就是進入**始覺**位的菩薩了；但是這個**始覺**也是依眾生的不能覺悟**本覺**，而說有你這個始覺啊！可是不覺又依本覺而說，所以始覺也可以說是依本覺而說有始覺，所以所有階位中的覺境，都是依第八識心眞如自身的本覺而施設的。

同樣的道理，佛地的無住處涅槃，也是依如來藏的本來自性清淨涅槃，才能夠說有佛地的無住處涅槃。這一回你們剛從禪三破參回來的人，有沒有整理這個啊？這個自性清淨心不生不滅、不垢不淨、不來不去、不增不減、不一不異，永離兩邊，所以祂就是涅槃嘛！因爲祂恆常不斷不滅所以無生啊！無生就是涅槃。這個涅槃性，你活著時，你還沒入無餘涅槃時，祂也是不生不滅的涅槃啊！你輪轉生死還沒有悟之時，祂也還是涅槃啊！你把自己十八界都滅掉了，祂也一樣是涅槃啊！然後，你到將來成佛，成佛時還是這個第八識眞如心呀！祂的體性照樣是這個不生不滅的體性，只是種子究竟清淨而不再有變異轉易的現象了，所以變易生死斷盡了，所以祂還是涅槃；但是這個涅槃還是本來因地時就已經存在的涅槃，不是你修來的，不是成佛以後才有這個涅槃的。

你修行，只是把你對十八界自己的執著煩惱除掉，不是修除祂所擁有的煩惱，而是修除你自己所擁有的煩惱；你自己的煩惱除盡了，祂所含藏的煩惱種子就斷除了，這就是修除祂的煩惱種子與隨眠。所以修行以後，明心以後，才能夠如實的知道，原來我修行就是修自己，把我自己的身口意行都修正了，然後我的如來藏所含藏的種子也就跟著清淨了，不必去修行轉變如來藏自身；所以修行就是要轉變自己的心性，不是要去轉變如來藏的體性，而且你也無法去轉變祂的清淨體性，也不必你去轉變祂的本來清淨的體性。而祂的本覺性是原本就已經是清淨性的，也正因為有這個清淨的無漏有為法上的清淨體性的這個本覺性，所以才能有我們大家的修證般若與將來的成佛可說。

因此，如來藏本身有這個本覺的自性，要以住在十八界法中的見聞知覺性等妄覺作為工具，來證得這個本覺的體性；當你證得這個本覺時就是覺悟的人，所以說這個不覺與本覺是互相對待的：不覺是相待於本覺而說有不覺，然後又跟這個不覺相待而說有眞覺——始覺——說你現在眞正的覺悟了，眞正的覺悟時就叫做始覺。照這樣看來，就是說不覺並沒有眞實的體性；不覺既然沒有眞正的體性，那相待於不覺而有的眞覺、始覺當然也是沒有眞正體性可說的，其實本質都是依本覺而建立的，當然就只是依這個本覺的境界相是否證知，而分別建立種種的覺相而已。所以，所謂的不覺、眞覺也都是一個假名安立，實際上還是這個本覺的體性。接下來要開始講三細六粗：

論文：【復次，依於覺故而有不覺，生三種相，不相捨離：一、無明業相；以依不覺，心動為業；覺則不動，動則有苦，果不離因故。】

講解：接下來說：依於始覺、本覺而說有不覺，由於不覺的緣故就出生了三種法相，互相不能捨離。所以人家問趙州說：「如何是佛？」趙州禪師回答說：「予人煩惱。」他說　佛就是給別人煩惱的人。本來眾生在這邊輪迴生死，也是輪迴的痛痛快快、歡歡喜喜的嘛！因為大家都是認同覺知心不生不滅的嘛！都是認為覺知心一念不生而不動心的時候，就是常住心、就是實相心嘛！結果　佛來到人間說有個解脫道可以修，說覺知心是意法為緣所出生的緣起心，說是虛妄心，說應該斷了這個我見與我執，所以就有好多人不肯承認這個覺知心是虛妄心，卻又知道這樣是違背　佛語的，卻又捨不下覺知心，所以心裡蠻痛苦的、蠻煩惱的；　佛又說：還另外有一個佛道可以成，但是得要先證得第八識心才能正式開始修學成佛之道，所以就有好多人為了修證佛菩提道、為了成佛，就一天到晚弄得很煩惱。甚至於有好多人為了學佛，而與不學佛的家人鬧起家庭革命了，所以趙州禪師說：佛真的是給人煩惱的人。

現在　馬鳴菩薩在論中也說，這個不覺就是依本覺而來的啊！眾生本來都有本覺的，只是因爲 佛來說你們不覺，所以你們個個起了無始無明煩惱；如果不跟你們說「你們所證得的一念不生的覺照都是不覺」，你們就會依照那些大師們所說的知見，而自認爲自己早就證悟成佛了，就不會有這個無始無明的煩惱了。所以這個不覺其實是依本覺的相待而建立的，可是依本覺而有不覺的時候，卻產生了三種細相，由這三種細相又會衍生出六種粗相來。這三種細相的意思是說，由於無明而導致的「有」業，這個叫做無明的業相，聖 馬鳴菩薩解釋說：因爲依不覺的緣故，所以在本覺「心眞如」之中所含藏的無明種子就引起了心動而不能安住於無餘涅槃的現象。這個心動就是業相——細的業相。這裡就講到業相——細的業相。

關於這個「心動」，諸位在各處道場學禪、打坐時，都會體驗到的：當你「打坐」時總是希望一念不生而入定，可是往往在突然間、不知不覺的就冒出一個妄念出來，然後你的意識心就跟著這個妄念而生起許多的語言文字的妄想來，所以妄想就開始運轉啦！由於那個妄念的生起，所以就開始打妄想；等到你想起來說：「我在這邊大殿裡面打坐，怎麼又會想到美國加州那裡去啦？怎麼我會想到登陸月球去啦？錯了！錯了！」趕快又回來打坐的一念不生境界中。可是爲什麼會動了那個妄念而引起語言文字上的妄想來？然後你再起個妄想跟它鬥爭，才又回到正念上來？這就是因爲不曾覺悟法界實相而不能轉依的關係，所以不曾覺悟法界實相的覺知心就動轉了；這個「不覺心」生起了，當「不覺心」生起的時候——心動了——動的時候就給你一個妄念，那個念只是一個語言文字的前頭，你沒有覺察到，就會跟著它轉，就會開始有語言文字生起，就一直流轉下去了，也就心猿意馬啦！這就是西遊記裡所講的「心猿」與「意馬」啊！

如果你能夠覺悟，覺悟了以後，轉依心眞如第八識的清淨體性時，分分修除種種世間法中的煩惱，這種「不覺心動」的現象就開始一分一分的減少，乃至後來的自然而然不會再生起妄想來。但是，在剛開悟後的那幾年裡，妄想還是會有很多，可是隨著轉依從來不起妄想的心眞如以後，轉依的時間越久以後，覺知心漸漸的轉變清淨了，就會使得煩惱遞減，這一些隨著煩惱而生起妄想的現象就會愈來愈少；到最後，你隨便一坐，心裡不故意去起念的話，那些妄想還眞的不容易生起呢！因爲你得要故意生起作意：**我對某一個法相還弄不清楚，需要在定中去整理它、思惟它**。起了這個作意以後，妄想才會生起來；不然的話，你隨便在椅子上一靠，它是不會自己生起來的，就變成這樣了，這就叫做「覺則不動」，表示那個清淨的覺悟的習性已經養成了，這就是「非擇滅無爲」了，都不必加以檢擇而自然地安住於無爲的境界相中。

可是如果不能覺悟，總是落在處處作主的意根上，總落在見聞覺知的六識心上，縱使強制在一念不生的境界上，終究如石壓草，還是無法永遠不動心的——永遠無法使覺知心的自己喜樂於不動心的境界——那就會動心，心動就有苦。「心動哪有苦？」你說：「沒有哇！我就算是在這邊打妄想，我也妄想得很高興啊！」（大眾同笑）有沒有啊？（大眾答：有！）有啊！你說：「我剛剛妄想到吃一杯冰淇淋的時候，好高興欸！哪裡有苦？」有啦！這個雖然不是苦苦，因爲你當時那個白日夢中的境界在吃冰淇淋的時候，你好歡喜哦！覺受是好的嘛！所以沒有苦啊！可是至少還有兩種苦欸！你爲什麼突然間一念覺醒說「我在打坐，怎麼想那個妄想？」結果這個好吃的冰淇淋就不見了，這不就是壞苦嗎？是壞苦嘛！然後你說：「雖然是壞苦，那也只是剎那變異的苦嘛！我終究還是享受了五、六分鐘的冰淇淋的樂受嘛！」可是那享受五、六分鐘的冰淇淋之中，還是不離苦，那叫做「行苦」：這個心行不斷的存在而繼續的變異，所以是行苦。爲什麼「行」是苦？因爲「諸行無常」，諸行無常所以是苦嘛！只是那個苦比較微細，你沒發覺到，就誤以爲是無苦，所以說心動則有苦。

不知道正理的人就罵：「哎呀！馬鳴菩薩講這個錯啦！我這個時候正在吃冰淇淋時，心動得可眞厲害；心一直動，可是好享受呢！哪兒有苦？」這就表示：行苦與壞苦這兩種苦，你都還不知道呢！因此說「動則有苦」。爲什麼是這樣？因爲果不離因嘛！當這個果出現的時候，是由有那個心動的因，所以果才會出現的；心動爲因，導致這個行苦、壞苦等苦果；心動既然是苦，而心動卻是由於不覺法界實相所生的，所以不覺是因，心動這個「果」的無常當然也就是苦，一定是這樣的。

論文：【二、能見相；以依心動能見境界，不動則無見。】

講解：剛剛講的「不覺，心動」，是講無明所產生的業相，那是細相，是因爲心動而產生的；但心動是無明業相中的一個法相，所以它算是細相，因爲眾生大多不知道這個道理，所以說它是細相。現在又說第二種細相是能見相，能見相也是業果啊！眾生執著這個能見之相，正是無明果。如果眾生都沒有能見相，就不會有種種的業相現前，就是眞正的、絕對寂靜的境界，那就是涅槃的境界相。能見相是依於心動而有的，因為七轉識心動了，所以使得心眞如流注出能見之性乃至能覺、能知之性，所以能夠「見」到種種的境界；心動而「見」到種種的境界時，那就會有苦苦與行苦、壞苦了嘛！所有的人都是這樣的，每一個人都有這樣一個機制。這是講什麼樣的機制呢？就是說，當你遇到很大的苦的時候，你覺得無法承擔了，那就起了沒有語言文字的作意：「唉！死掉算了，太痛苦了，不如死掉算了。」這是萬不得已的時候才會起這個作意的，因為世間人總是認為「好死不如賴活」嘛！那如果還能忍受、還不準備死的人，就會起作意：「哎呀！太痛苦了！昏過去算啦！」那就昏迷啦！悶絕啦！（大眾笑）悶絕的境界中，就是「無見相」，沒有「見分」的法相時就無苦嘛！就暫時離開痛苦了，所以說心動本身就是一個業相。只是這種業相很細，學佛人大部分都不知道「這個能見相也是一種業相」。

如果是輕微的苦，你心裡覺得自己還可以忍受，那就不會悶絕，因為「我見」中所引生的能見相的執著，畢竟還是勝過那個苦相，所以呢，心裡就決定：忍一忍，再忍一忍。眞的不能忍的時候，心裡想：「活著不如死，醒著不如昏。」那麼意根就會把覺知心捨了，讓痛苦的覺受不再現前，也就是把自己給悶絕了；所以說心動的本身，就是能見境界相的心；這個能見的境界相，它本身就是一個微細的業相；如果你的心不動不轉，那就不會有能見相，也就是「無見」嘛！也就無苦了。那麼，心眞如在六塵中動不動心呢？祂從來都是不動心的！心眞如在六塵中永遠都不動心啊！心不動則無苦嘛！因爲祂從來不在六塵中生起「見分」，所以從來不「見」六塵；不「見」六塵就表示祂對六塵是心不動的，心不動則無苦，所以心眞如離見聞覺知，這個時候祂就佔便宜囉！祂從來都無苦嘛；所以是你心動、你有苦，祂不心動、祂無苦。

地獄道的有情眾生正受苦受的時候，他們的心眞如卻是一點兒都不受苦受的。地獄有情如果是惡業很大的話，他的地獄身體就會無邊的高廣；如果身體比較小的話，所受的苦觸當然就比較少；如果他的身體無邊高廣，所受的苦觸也就跟著無邊廣大；再加上地獄身的壽命無量——這個長壽眞的是不要也罷——可是它卻壽命無量啊！十八層地獄，愈往下去壽命愈長，時劫也愈長啊！就好像色界十八天一樣，愈上去壽命愈長一樣，身量也愈廣大，時劫也愈長；所以眾生的地獄身，愈往下面去，身量愈廣大，壽命也愈長啊！那可眞是難受。但是心眞如——地獄有情在那邊接受廣大的尤重純苦的時候——心眞如則是照樣不受一點兒苦受的，因爲祂一直都是離開六塵的覺知相——離能見相，當然就沒有任何的苦痛的覺受。

那麼如果想要暫時離苦的話，還有一個方法；除了剛剛所講的悶絕與死亡，還有一個方法使你可以不必用到這兩個境界；但是你得要付出時間跟精神，以及你的智慧去修證，修證什麼呢？修證二禪以上的等至境界。在二禪以上的等持位中還是會感覺到苦，但是一旦進入等至位中，所有痛感就都消失了，因爲二禪以上的等至位是離開五塵的嘛！「痛」是六塵中的什麼呢？（大眾答：觸塵。）正是「觸」塵啊！你離開了五塵就沒有苦樂觸啦！你暫時的沒有苦樂，因爲你進入等至位中了。所以在這個時候你也可以說：由於你覺知心離五塵而不動，只是住在定境法塵裡面，相對於五塵來說，正是對於五塵心不動的時候，這是局部的沒有心動；只是在定境法塵上還有心動，所以你知道自己安住在定境法塵定境當中，了了分明。可是你如果離開這個二禪以上的等至定境，而回到欲界六塵中，或者住在二禪以上的等持位中，「痛」這個五塵境界就又會出現了，但是總比剛受傷的時候不痛一些了。這就是說，「能見相」是因爲心動而產生的；心不動時就不會有「能見相」。這是第二種的業相，還是比較細的業相。

論文：【三、境界相；以依能見，妄境相現，離見則無境。】

講解：境界相是相對於「能見相」而有的，能見相是見分，境界相是相分，境界相就是色聲香味觸，加上這五塵上附帶的法塵，這都叫做境界相，可是這個境界相是依能見相才會有的——依能見的七識心王，境界相才會出現：依能見的末那識，境界相才會出現；也依能見的前六識，境界相才會出現。這個能見，不是單指眼見色塵相的「見」，而是說能了別境界相，了別境界就是「見」，是說「見分」的見，不是眼根見色塵那個見。「能見」就是七識心及其心所法，這些法只要一出現，就有「境界相」跟隨著出現，所以 馬鳴菩薩說「以依能見，妄境相現」，所以在七識心出現時，六塵中的虛妄境相隨著又出現了，這個「能見相」，就是法相唯識宗所教授的一切種智中所說的「顯境名言」。

你如果離開了「見分」的能見相，就沒有所了知的境界相出現；所以你如果把意識覺知心不動了——住在二禪以上的等至位中——五塵就不見了嘛！五塵不見了，所以身觸的苦觸、苦痛就消失了；這是在覺知心繼續存在的當下，而可以離開苦受痛觸的另一個辦法。如果一時來不及入等至位中，而又痛到受不了，那你也可以一昏了事；你昏過去啦，這個六識心的能見的心斷了——了知六塵的見分斷了——也就是顯境名言斷了，那麼六塵中的痛覺的境界相也就會跟著斷了；所以斷了見分時就沒有境界相，沒有境界相就沒有那個痛苦啦！同樣的，你如果想要永遠離開睡眠的法，想要永遠離開輪迴的法，你就把處處作主、時時作主的意根自己斷了；意根斷了就永遠沒有睡眠了，也沒有輪迴了。

意根斷了而沒有睡眠，這個境界好不好？（有人說「好」，有人說「不好」）剛才有人說好，有人說不好；也因爲大家或者說好、或者說不好，所以剛剛有人正在昏沈時隱約的聽到了，精神就來了，就離開昏沈了；噢！好像對這個事情很有興趣呢！（大衆笑）我剛才說的這個離開睡眠，不是你們所想的離開睡眠，也不是一般修持不倒單的人所想的離開睡眠，而是講意根斷了而永遠離開睡眠，跟那些修持不倒單的覺知心勉強苦撐著不睡，是完全不一樣的。所謂睡眠，是說覺知心斷了，意根繼續存在而不能了別五塵境界相，所以叫做睡眠。意根如果確實斷了，因此永無睡眠的話，那就叫做無餘涅槃；這種離開睡眠並不是不倒單的行門，這是完全不同的，這個好不好呢？（大衆說好）當然好喔！現在那些南傳佛法的大法師們個個求之而不能得，怎麼會不好呢？可是對菩薩來講呢，不能說好，也不能說不好，因爲菩薩們也都同樣要修證它，但是卻不去取證它，所以也就無所謂好與不好了。

意根如果斷了而沒有睡眠，這樣子的沒有睡眠，將會永遠不再醒過來；永遠不會醒來，也必然永遠不再受生於三界中，那就是入了無餘涅槃啦！這就是意根斷啦！這個意思就是說，在眠熟無夢的時候，見分中的意識覺知心雖然已經斷了，但是由於意根對五塵上所附帶的法塵相，祂還是保持著「能見相」的，還是繼續保持著祂自己的見分的；但是祂這個「見分—能見相」意涵很深，這個都要你們自己悟後慢慢的去體驗祂；可是祂很難體驗，因爲睡著了以後，你沒有意識來覺知、來返觀，而末那識意根並沒有「證自證分」，只有見分與自證分存在，所以不可能返觀意根自己；而且祂自己所擁有的了別慧也很差，也不可能返觀自己的體性，那麼覺知心的你要如何去體驗祂？所以，難就難在這個地方。但是這裡面有很多微細的法，跟地地轉進的增上慧學之間有很大的關係存在，這是題外話，暫時就不說它。

上面的開示，也就是說，六識這個「能見相」一出現，這個能見相的本身就是一個業相；當這個業相出現的時候，就一定會引生另一個同樣細的業相，那就是六塵觸的業相「相分」的出現；這個境界相——相分——雖然也有單純的苦樂受，但往往是不苦不樂的受居多，所以受的本身雖然不是粗重的業，然而這個境界受也是一種業相，屬於較細的業相。

接下來意根的部分，由於祂隨時隨地、時時處處都有跟五塵所附帶的法塵接觸，因祂有這種見相，所以能了知五塵相上所顯示的法塵有沒有大變動。可是這種見相比起前六識在六塵當中的見相，那就顯得很微細、很難體驗了；如果連這個見相也斷了，那就變成了無餘涅槃的境界，完全沒有境界相了；因爲當意根滅了的時候，三界中最微細的境界相也就跟著滅了，所以最細的法塵相也不會再現前了；當意根也斷了的時候，阿賴耶識就走了，離開色身了，也不再受生於三界中了，就成爲無餘涅槃了。

絕對不要害怕說：「**意根斷了就變成植物人了，那怎麼辦？**」不會的！必須是意識斷了，只剩下意根存在；或者意識雖然還在，但是無法動轉色身來表示意思，才會變成醫學界所說的植物人。意根如果斷了，阿賴耶識就跟著消失了——阿賴耶識改名爲異熟識，無形無色而不再於三界中出現了，這就是無餘涅槃。

以上所說的就是由於不覺而出生了三種細相：無明業相、能見相、境界相，所以就輪迴生死。這三種細相，得要大家在證悟本覺以後，透過日常生活中去體驗它。佛法的修證，都是在三界中修的，不可以離開三界而求佛法；如果有人叫你要保持一念不生，要進入無覺無知的狀態中，說這樣才能修證佛法，那就是顛倒心。佛法，本來是在三界內才有佛法，因爲佛法就是眾生心的一切法；而眾生心的一切法，一定是在三界中才會有眾生心出現，如果離開了三界，還會有眾生心給你去體驗嗎？（大眾答：沒有！）當然沒有嘛！因爲離開了三界的時候，只剩下「心眞如」第八識，前七識都斷了，都不再出現了，在這種前七識都不出現的時候，根本就沒有見分與境界相，又是誰能體驗佛法？是誰能修證佛法？當然都沒有啦！

所以，在修學佛法上面，有一個很重要的觀念，大家都得要去釐清，也就是說：**「有我」是外道，「無我」是斷滅**，眞正的佛法應當是「非有我、非無我」，到最後究竟佛地時則是**常**、**樂**、**我**、**淨**，是眞實的、究竟的如——佛地的究竟境界。在成佛之前一定是「非有我、非無我」的，「有我」的一定是外道神我的「常見」第六意識境界，「無我」的一定是斷滅見，落入蘊處界無常空的斷見中。何以見得呢？這是因爲四大部阿含諸經裡面並不是純然講無我的啊！如果原始佛法的四大部阿含諸經都是純然講無我，而不曾說有「我」的話，那麼阿含諸經中不應該在很多部經典中說：「色非我，不異我，不相在；受想行識亦復如是：非我，非異我，不相在。」四阿含有很多部經典中都有這段話。這段經文也是印老所常常引用的一段佛語，怎麼還會否定無餘涅槃本際的這個眞「我」，而說一切法空呢？

在這一段阿含部的諸經裡常常可以讀到的經文中說：色身乃至識陰都不是「我」，但是也不能說五陰都不是「我」，而這個「我」與五陰是「不相在」的。請問：這段經文中 佛的意思是單說有「我」呢？還是單說「無我」呢？大家判斷一下，就可知道實際情形了！

所以，原始佛法中既不是單說有我，也不是單說無我的。如果尙未親自實證二乘菩提及大乘菩提的人來講「有我」，一定會成爲外道講的「神我、梵我」，那就是外道以見聞覺知性的能知覺的心做爲「我」，或者妄想有一個冥冥中不可知、不可證的神我、梵我，可是那些都是無常變異之法，或者只是虛妄想所想出來的，永遠都不可能實證的妄想，也都是意識心所想出來的虛妄境界，也都不離意識心體的自性，也都不離常見外道所墮的我見，所以我才會說：「『有我』是外道。」所以必須是眞正證悟了的人來說這個「我」的時候，才不會落入外道常見裡面；

或者未悟的人依照眞悟者所說的法理來說有「我」，才不會落入常見外道的神我、梵我的邪見中。

如果像印老一般的捨棄了 佛在四阿含諸經中所說的「我」，而單取「無我」的話，這個「無我」就一定會變成斷滅空的本質了；既然萬法統統都斷滅了，那正是斷滅見，怎麼可以叫做非斷非常的佛教正法呢？所以，印順法師他們所說的純無我的「滅相眞如」，就變成斷滅空了；因爲「滅相眞如」是依想像中的「蘊處界滅」而施設的法相，這個「滅相眞如」當然也是依附於「蘊處界有」而說的，但是蘊處界滅了以後，這個滅相也就跟著不存在了，哪裡還會有一個「滅相」存在呢？更何況是被他指稱作「滅相」的「眞如」？所以印老的「滅相眞如存在不滅所以非斷滅」的說法，是不可能成立的。所以，大乘法中所說的「人無我」雖然同於二乘菩提的「人無我」，但是三乘菩提所證的人無我都不是斷滅空，因爲蘊處界滅後仍然有一個異熟識這個「我」存在不滅的。

至於在大乘法中所說的「法無我」，也不是印老所主張的斷滅性的「一切法空」的「無我空」，而是依「心眞如」第八識的無我性、常住性、眞實性，以及「眾生所接觸的一切法皆是自心如來藏所現」的法無我，以及心外諸法皆非實有、皆無實我，並無心外的法被覺知心、作主的意根自己所接觸，所以心外諸法中也無我；都是以這樣的立場來說蘊處界及其輾轉所生萬法都是無我性，如此來說法無我，所以一向是絕不否定第八識「心眞如」的實有性的。既然阿含諸經裡面有很多地方告訴我們：色陰，不論是過去色、現在色、未來色，乃至過去世無量無邊色，以及未來世的無量無邊色都不異我，不是我，也不相在；也告訴我們：受、想、行、識陰，不論是過去無量無邊的識陰，現在的識陰，未來無量無邊的識陰，都不是我、不異我，也不相在；可見是在蘊處界等五陰上面，另外有一個非蘊處界所攝的「我」存在的，由此可見原始佛法的四阿含諸經中所說的二乘菩提，也不是單單講無我、不是單取「無我法」的嘛！而是有一個無餘涅槃境界中仍然繼續存在的涅槃的本際，這個四阿含諸經中所說的無餘涅槃的本際、實際，指的就是常住不壞的「非蘊處界的我」，也就是「心眞如」——如來藏，也就是阿賴耶、異熟、無垢識。

所以，四大部的阿含諸經中，本來就一直都是這樣說的，本來就一直都不墮於斷滅空中的，本來就是一直都以涅槃的實際來宣說蘊處界緣起性空的，本來就是宣說非有蘊處界我，另有「非蘊處界的我」；但是應成派中觀的邪見，卻把完整的原始佛教正法，加以割裂，然後單取其中的緣起性空的不圓滿法來說，就落入斷滅本質的應成派中觀邪見中了，這就顯示密宗應成派中觀見的月稱、安慧、寂天、阿底峽、宗喀巴、歷代達賴喇嘛、現在的印老，都誤會原始佛法四阿含諸經的法教了，怎麼可以妄說印老是原始佛法的專家呢？推究起來，他根本就不懂原始佛法啊！

所以，一切弘揚佛法的出家與在家的「法師」——弘法之師——都不該像印順法師所弘揚的密宗應成派中觀一般：**全然的說佛法就是全部都無「我」，認爲根本沒有如來藏阿賴耶識可證，認爲如來藏阿賴耶識只是假名施設的言說，並無第八識心體實存；在無餘涅槃之中也沒有實際、本際第八識存在，所以佛法就是一切法都空、都滅盡。**這樣的無我就變成斷滅的本質了，絕非眞正的佛法，就會與當年　佛所說的原始佛法的四阿含諸經中的正理大大的相違了。所以眞正的佛法是「非有我、非無我」的，但是考慮到眾生的執著於蘊處界我，所以先從「五蘊我、十二處我、十八界我」都是無常空的「人無我」的二乘菩提開始弘傳，再由第二、三轉法輪的大乘菩提來講蘊處界我的上面另有一個實相心體的存在，而說「諸法無我」；所以在第二、三轉法輪的弘法過程中，開示兩種無我的背後確實有一個無我性的如來藏——心眞如眞實存在，建立佛法不墮於斷見外道所墮的斷滅空的境界中。

最後再說到變易生死的斷盡，使得心眞如中所含藏的一切種子究竟清淨圓滿而不再變異生滅，成就「究竟常」的佛地境界，而說爲常、樂、我、淨。所以，「非有我、非無我」這句話中的「非有我」的我，指的是蘊處界我；這個「非無我」所說的我，卻絕不是常見外道的第六識「我」，絕不是外道神我、梵我的「我」，而是第八無垢識的眞實「我」，是無我性的如來藏「我」，不墮於「三界我」之中，這樣才是眞正的佛法，絕不會有落入「有我」與「無我」兩邊的窘境出現，也正是法界中的眞實相，誰都無法加以推翻。哪怕是等覺菩薩、諸大阿羅漢來到這裡，也都無法加以推翻的；更別說是基督教的耶和華了，因爲他只是一個凡夫罷了，連粗淺的二乘菩提都不懂！何況是大阿羅漢所不能知的大乘菩提？像這樣子次第修學到究竟佛地的時候，斷盡變易生死——斷盡能引生三界分段生死的異熟性習氣種子隨眠——也斷盡所知障隨眠，將這個心眞如改名爲無垢識，然後才說祂叫做常、是樂、是眞實的我、也是眞實的清淨，這樣才是眞正了義而且究竟的佛法，不到常、樂、我、淨的境界時，都還不是究竟的佛法證量。

上週講的三細六麤，講到三細的部分，講到「無明業相、能見相、境界相」，這個三細相是有次第的，後面六麤也是依次第而出現的。這三細的業相是因爲對實相不覺，不能親證第八識的本覺性，所以沒有般若智慧，無法轉依第八識心體本有的眞如法性，所以才有心動的現象；心動了，所以就有七識心王的種子流注，就有七識心王的現行，就有身口意的業，所以說「不覺、心動爲業」，由於這個不覺而心動爲業，是依無明心動的業相而產生的——因爲無明而產生了心動的業相——所以就跟著有無明業相從無明中出生；又因爲無明業相而有了身口意行，心動了嘛！所以就有了能見相；心如果不動而不現前，就不會有能見相；正因爲心現前所以才會有能見相，所以當你的見聞覺知心不出現的時候，你就不會有能見相，六識的見分就不會出現，也就不會有境界相，所以境界相的存在，正是因爲有七識心王的能見相，才會產生境界相。

當你的見聞覺知心入住於深的未到地定中，或者入住於非想非非想定中，你就不會起心返觀自己的存在與否，就不會感覺到有能見相，但其實這個境界中還是有「自證分」存在的，並不是完全沒有了「能見相」；可是這個道理，很多人不曉得，外道們修行最高的人也不曉得這個道理，乃至現在佛門中也很少有人了知這個道理；所以末法時代有很多外道進入未到地定的深定的時候，由於當時沒有返照的能力，在定中的過暗境界中安住，沒有覺知到五塵相的存在，所以他就誤以爲這樣的境界相就是涅槃境界。古時候，有許多人證得非想非非想定的時候，他以爲說那個定境當中，既沒有見聞覺知，也沒有返觀自己存在與否，就以爲自己是不存在的，誤以爲他這樣就是 佛所說的涅槃之境界。

現代的佛門弟子，對於這個非非想定的境界都證不到，連初禪境界都證不到，就在未到地定過暗的不能覺知自我存在的定境中，誤以爲自己已經證得無餘涅槃了，就敢開口對別人說他已經是阿羅漢了，就成爲大妄語業了；但是，不論是在非非想定中，或者是未到地定過暗的境界中，實際上都還是處在心動的狀態中，只是他不曉得他有心動，不曉得他的能見相還在，誤以爲眞的沒有見分法相了，卻不知其實還是有「心相」現前了；七識心中的任何一心現前存在的時候，就已經是心動的「境界相」了。

這個就是說「心動而有這種無明業相」，所以說，心動了，異熟果的「業相」以及七識心王的「能見相」就都現前了；如果七識心都不動，也就是七識心都不會再想要使自己現前運行，阿賴耶識就不會流注七識心王的種子，就不會有七識心王的現行；七識不現前時就不會有見相，也就不會有業相現前了；所以，由於七識心相應的無明業相現前，就會有第八識心眞如流注七識心的種子；七識種子流注出來時，七識心就現行了，就一定會有「能見相」；有這個能見相的時候，境界相就一定會出現了，那就是六塵具足的業相、異熟果相了，這就是境界相所顯示出來的業相。接下來講六麤（粗），因爲有這個三細相，輾轉就出生了六麤：

論文：【以有虛妄境界緣故，復生六種相：一、智相，謂緣境界生愛、非愛心。二、相續相，謂依於智，苦樂覺念相應不斷。三、執著相，謂依苦樂覺念相續而生執著。四、執名等相，謂依執著，分別名等諸安立相。五、起業相，謂依執名等，起於種種諸差別業。六、業繫苦相，謂依業受苦，不得自在。】

講解：這是由三個細相而次第衍生的六種心的麤相，第一個粗相是「智相」；這個智相，是說緣於六塵境界相而產生貪愛或討厭的心；但是這六種相，都是由於虛妄境界作爲所緣而產生的，如果沒有六塵中的虛妄境界作爲所緣，就不會產生這六種「心的麤相」；所以說，因爲虛妄境界作所緣，也就是說，以我們所接觸到的色聲香味觸法而不曾了知它的虛妄性，認定說外面的色聲香味觸法是眞實有；但其實它是虛妄的境界相，大家所接觸到的六塵境界相，都唯是自心眞如所生現的，我們覺知心從來就不曾接觸到身心外面的五塵，而身心外面也沒有法塵存在；由於不曾了知這個實相境界的關係，就會執取自己所接觸到的，由心眞如所變現的六塵中的虛妄境界相，以爲覺知心所接觸到的那些六塵相是心外眞實有的，而且是被自己所親自接觸到的外法。

由於這個緣故，就會以自心如來藏所變現的六塵虛妄境界作爲所緣，而產生了分別六塵的智慧相；這個智相，也就是了別境界的慧心所——對於境界能夠了別就是慧——這個慧心所也就是六識心所有的智相，也是第七識意根在覺知心斷了以後的了別法塵變動的極劣智相。但這個第七識的智相其實是恆常存在的，不管覺知心有沒有斷滅，祂都是一直存在著的；爲了讓大家容易瞭解，所以就以覺知心斷滅了的時候來作說明。但是這種七轉識的智相——七轉識對六塵的知覺性——並不是第八識所擁有的本覺、眞覺，所以證知這種智相的人，他們所認爲的般若智慧，並不是佛教般若智慧的眞實智。

三界中的所有境界無非就是六塵中的境界，不管什麼境界，都離不開六塵色聲香味觸法。三界，並不只是我們這個娑婆世界有三界法相，乃至十方的無量無邊虛空當中的所有世界都一樣，所有的境界相，統統是在六塵之中顯現的，所以說，這個叫做境界相。這一個境界相的現前，是由於我們的見聞覺知心，以及我們的末那識，能夠接觸這些境界相，接下去就會產生「了知」的那一種世間了別慧，這個慧是講世間六塵的分別智慧，不是般若慧。這個「慧」是講七識心的別境的功能：「欲、勝解、念、定、慧」的那個慧心所，不是講般若的智慧，也不是講佛法裡面解脫道的智慧，而是講那個對世間法能夠分別了知的了別慧，這個慧就叫做「智相」。

換句話說，對於六塵境界能夠加以了別，這就是智相，是一切有情生來所俱有的，是本來就有的，不需要去鍛鍊，不需要修行以後才生起；因爲意識等六識一現前時就一定會有的；只是因爲果報的關係，使得各個眾生的這一種了別慧——這種智相——會有比較好或者比較差的現象出現；只有這個差別，而沒有一個有情可以說他完全沒有這一種智相的。

譬如說，人可以做很多種微細的了別，那細菌算不算有情？算！何以見得？有何根據呢？因爲 佛說一杯水中有八萬四千細蟲，從清澈的溪流裡舀起來的水，我們看見明明沒有蟲，爲什麼 佛說有八萬四千細蟲？正因爲有細菌嘛！所以說細菌也是眾生，所以 佛說有八萬四千有情。那些細菌照樣有了別性，所以生物學家、醫學家去觀察——用顯微鏡觀察——發覺到牠所接觸到的是不喜歡的藥品，牠就會游開，所以牠也有記憶，細菌也有簡單的記憶！同樣是牠不喜歡的東西，第二次再把牠放上去，牠馬上就會游開；在第一次接觸時牠不曉得是自己不喜歡的物質，牠會靠近觸嚐，結果牠產生了非愛的心，不喜歡啦！就離開了；第二次再放進去，牠就不會再來接觸，當牠靠近有一段距離而能分別時，牠就馬上走掉；由此可見牠們也是有這種七識心王所有的智相的，只是說牠們的這個智相，是比較粗淺，而高等動物的智相比較深妙，只有這個差別，不會有某一種有情是沒有智相的，所以「了境界相」就叫做智相。緣於六塵的種種境界而產生愛以及非愛的心（愛就是喜歡，喜歡就是貪求；非愛就是討厭，討厭，他就想要離開），這就叫做智相。這個智相就是由無明業相、能見相和境界相三個細相而產生的，這個智相若離開境界相，或離開能見相，就不可能產生的。

第二個粗相叫做「相續相」，相續相就是說，依於前面所講的智相（換句話說，依於前面這個了別慧——對境界的了別慧），依於這個智相，因此就有了苦樂觸的覺受領納，這個苦樂觸的覺受——這種念——會相應不斷，這就叫做相續相。譬如說，你看見今天這個花這麼漂亮，當你看見這麼漂亮的時候，你的第一剎那是想要了別，第二剎那還是在了別，而第三、第四、第五、第六剎那以後，才顯現出這個了別的「相續相」；在第一剎那時是不能了別的，第二剎那開始才有一絲絲的了別，因爲同一個心是不可能前後同時的（編案：詳見第一輯的開示），那既然同一個心是不能前後同時的，你這個意識在這個境界上面作了別的時候，祂就不可能前後同時；既然不可能前後同時，那就必須有一個意根在旁邊做爲祂的前剎那意識和後剎那意識的一個橋樑，或一個承受者，才能了別境界，這就是等無間緣。

那麼怎樣去了別第一剎那的心呢？第一剎那的覺知心或眼等心，都叫做「介爾初心」，或叫做「率爾初心」；但是率爾初心、介爾初心，並不就是眞實心，所以七識心王的第一剎那心都是不能了別境界相的，但卻仍然是七識心王，而不是第八識心眞如，仍然是妄心，所以祂仍然不是眞實心。覺知心現起後的第一剎那心都是不能了別的，這是說：因爲第一剎那現起時，剛接觸到這個境；譬如說，你剛剛醒來的時候，你這個見聞覺知心觸見了六塵境的時候，第一剎那還是不能了別的，因爲這個時候的你還沒有前一刹那所接觸的那個境界相可以作比較，所以第一刹那的率爾心是不能了別的；到了第二刹那心時，所能了別的訊息也還是很有限，所能作的了別仍然很有限，得要到第三刹那心時，你才能作確定的、正確的分別。

因爲第一刹那和第二刹那的時間太短，所獲得的境界相的訊息太少了，所以意識在這上面的智相還沒有辦法分別得很好，所以還要有第三刹那心的運作；如果第三刹那心的智相還是無法分別清楚，那就再藉第四刹那心的智相來分別；因此，當你剛剛醒過來的時候，你對於境界相的了知（其實你如果對這個智相作仔細觀察，那是要一、二分鐘的時間才能觀察清楚的），至少是需要有三個刹那的，然後你才有可能眞正的醒過來；說句實話，其實你早上剛醒的時候並不是一刹那、二刹那、三刹那、五刹那就能眞正的醒過來，不是這樣的；即使是鬧鐘把你鬧醒，最敏銳的人也要三、四秒鐘，那三、四秒鐘是幾刹那呢？諸位算一算吧！

如果是身體很疲累，或者比較貪睡的人，他可能響啊、響啊！似醒非醒的、很不耐煩的把鬧鐘給按一下，他知道這個東西再過十分鐘還會再響，他有設定嘛！（那叫做一個給你睡懶覺的機會，多個十分鐘、五分鐘給你睡；有的人就是一定要第二次鈴響了，他才會醒過來），所以他按了以後，一翻身，他又繼續打呼了，很快哦！所以，這個現象就是說明，實際上見聞覺知的心，在第一剎那固然祂是沒有分別的，因爲祂剛接觸到鬧鐘的聲音；或者有人說直覺，譬如說你專注在讀書，或者專注在聽課，突然間外面「砰」一聲，你突然警覺，你轉過頭去看，這就是直覺！可是這個直覺呢，第一剎那剛起，也是沒有分別的，但是其實不是沒有分別，祂還是有分別的，因爲你既然會起念想要轉過頭去看，那時就一定是有分別的了，而你聽到聲音還沒有轉頭去看時，那個剛起心動念想要轉頭去看時的直覺，也還是分別心，絕不是沒有分別的，你如果沒有分別，第三剎那時你就不會轉頭去看。

「直覺」就是說：祂已經有前一剎那的平緩的境界，接下來這一剎那突然間有一個很大的異動，很大的變化，所以就覺得不對，起了心念想要趕快轉頭去看，這叫做直覺；這個直覺仍是分別心，不是無分別心，這就是率爾初心，就是覺知心初現起或初動念想要去看的時候，那才是無分別的心；可是那無分別是因爲祂當時還不能分別，而祂的本性還是有分別的，還是想要分別的；因爲祂一旦現起的時候，就一定會有分別性的，只是祂沒有前一剎那的同樣境界，也還沒有後一剎那所緣境界，來和現在這一剎那的所緣境界來做比較，所以祂無從分別，所以祂的體性仍然是有分別性的，並不因爲率爾初心不能生起分別的功德，就可以說祂是無分別心。

譬如說，有個人叫你分別一個東西，請你分別這個好、還是不好，但這個東西你過去沒有看見過，他拿了這一個東西給你分別：「欸！我這一次做得好不好？」那麼你能分別嗎？不行！必須有上一次的拿來比較，或者上一次的物品你已經看見過了，然後這一次再拿到同樣的東西，你才能分別。同理，第一剎那的見聞覺知心，祂雖然還沒有辦法分別，但祂並不是沒有分別性的功能，也不是沒有生起分別的功能，而是說祂還欠缺另一個後剎那的境界相可供分別，祂本身沒有一個所緣境的前後剎那來做比較，所以祂無法分別，但祂的分別功能性還是存在的，還是在運作的，只是分別不成功而已，所以祂還是分別心。所以，雖然第一剎那時是無分別，其實還是「有分別心」，那麼，這個直覺，現在有一個○○文教基金會（不曉得諸位有沒有聽過？他們的會員都是一些教授、副教授，主要是中央研究院的一個院士梁○○先生所主持的，我認識他們裡面的一位陳教授，在東吳大學教書，以前他曾經寄過他們的會刊或演講資料給我），結果他們說什麼是無分別心呢？他們說直覺就是無分別心。

不過，他們所主張的這個直覺心，雖然還不是眞正的無分別心，但已經是強過中台山、法鼓山了，中台山是清清楚楚明明白白的意識心，再加上遍計所執性的處處作主的意根，正是生死輪迴的根本；法鼓山則是離語言妄想的靈知心，或是放下煩惱的覺知心，仍然是意識心；那他們說直覺就是無分別心、眞心，比惟覺法師和聖嚴法師算是好很多了，這算是比較進步的；不過直覺畢竟仍然還是屬於分別心，但是這個意識分別心，並不能把祂修行而轉變成眞正的無分別心；乃至你到了佛地的時候，祂仍然是有分別的心；所以眾生覲謁了 佛，佛就以祂的意識直覺心來觀察──觀察這個人證悟菩提的因緣夠不夠──如果 佛連這個都不能觀察、不能分別，才可以誣蔑說 佛的覺知心是沒有分別的心，因爲這時的狀況就如同白癡嘛！可是 佛都能一一觀察啊！可見 佛的意識心仍然是有分別性的，只是不作虛妄分別罷了！

譬如說有個人想要出家，他去晉謁 世尊，可是 佛剛好不在精舍中，那他就找那些大阿羅漢：「請你剃度我出家。」這阿羅漢說：「我觀察你的因緣，你八萬大劫以來都沒有學過佛法，沒與佛法結過緣，所以你沒有出家的因緣。」他又一一去找別的阿羅漢，但是他們一個一個都觀察他，結果都說：「你沒有因緣，你不能出家。」結果他沒有辦法，只好傷心的回去，一路上哭哭啼啼的傷心；因爲他年紀也大了，哭哭啼啼的很招眼，剛好在回家的路上，他遇見 佛要回去精舍，佛就問他說：「你爲什麼哭啊？」他說：「我去祇園精舍，那些大阿羅漢一個個都說我沒有因緣出家；我想現在遇到 佛在人間，這麼好的機會，我卻不能出家，所以很悲傷，所以忍不住就哭了啊！」 佛就跟他觀察了一下：「啊！你有因緣，你跟我走。」就帶他回道場去。

他在無量劫以前就曾種下出家的因緣了，但因爲阿羅漢的宿命通只能往前看到八萬大劫的事，那些鬼神所謂的宿命通最多不會超過一世；欲界天的天神，大約可以知道三、四世的宿命；但是有時候你的祖先往生四、五十年去了，祂就找不到了，祂還要幫你去求 觀世音菩薩指點，才知道去處和因緣，所以說如果能夠看到十世前、二十世前的宿命通，就算很強了。那些大阿羅漢可以看到八萬大劫，可是 佛能看到無量劫前的事，所以 佛說那個人可以出家時，那些大阿羅漢多不認同， 佛說：「你們錯了！你們不知道這個人過去無量劫以前，有一次被老虎追咬，追到他沒辦法了，他就爬到樹上去，嘴裡就大叫『南無佛』，他心裡至誠的皈依佛，就因爲這麼一句，他種下了這一世得度的因緣。你們只能看到八萬大劫內的事情，所以不知道。」所以 佛就度他出家，後來也是證果啊！那你看這一件事情，就知道 佛的意識有沒有分別性了，當然是有啊！如果沒有分別性，沒有這種智相， 佛就不可能有這種觀察的能力；所以 佛能善觀眾生的根器，就是因爲這種智相。可是他不同於凡夫地的那一種智相，因爲 佛地的意識覺知心是究竟純淨的。

所以，大家必須要了知的一個觀念是：意識永遠都是意識，永遠不可能轉變成心眞如。不可說你現在因地時的意識覺知心是意識，你把祂修行清淨變成無妄想以後就變成眞如心，不可能這樣的；可是現在南傳佛法南洋那邊，或者北傳佛法顯教這邊，那些大師們都這樣叫你打坐一念不生，保持覺知分明而沒有妄想，以爲這樣就會轉成眞如。你們看：都是顚倒想！所以我們一定要建立一個正知見：意識永遠是意識，不可能轉變成阿賴耶識眞如，只有阿賴耶識經由斷盡分段生死，以及斷盡煩惱障中的習氣種子，以及斷盡所知障以後，改名爲無垢識時，才能說是眞正的究竟佛地的眞如心；由於佛地眞如的無垢識，必須經由這個修行的過程來轉變成功，所以叫作眞如緣起；這在後面論中將會說到，先暫時略過不說。

因此說，凡是見聞覺知心現起後，都必定會有智相——也就是了別境界的心相——依這種前後多刹那的了別境界的智相，所以祂們就一定會有相續相：一刹那又一刹那，連續不斷的現行運作。那麼這種「相續相」就是依於前面所講的那個了別慧（了別慧一定會跟著你的見聞覺知心同時存在，因爲這是見聞覺知心的心所有法），覺知心一出現，祂就有這種了別慧；這個了別慧出現的時候，你就會有苦樂覺受的念，相續不斷的現行：看見了漂亮的，「啊！這朵花不錯呢！蠻有格調的。這是誰種的？多欣賞一兩眼罷！」這就是樂的覺念相應。然後還會有好幾個刹那，乃至看過一分鐘、兩分鐘，正面瞧之不足，背面側面再來觀看，這就是樂的覺念相應而不斷絕。

那如果遇到一個你不喜歡的境界相，譬如說剛好其中某一朵花，小孩子調皮，把它給揉爛了，你一看說：「唉呀！這麼好的一盆花，怎麼裡面這個地方都爛了呢？」那你的覺知心在這個時候就是苦覺念相應不斷，一直想：「唉呀！到底是哪一個人這麼沒水準？」看來看去：「這邊也沒有小孩子啊！是誰把它弄壞了呢？」苦覺念相續不斷了。這種苦的覺、樂的覺，也就是由六識心所擁有的智相所現起的，苦覺、樂覺、不苦不樂覺與覺知心相應的全部過程，就叫做「相續相」，因爲它有一段時間延續而不間斷的。那眾生的見聞覺知心現起了，一定會在所有的六塵境界當中，依於智相而有這種苦樂覺念的相應不斷的相續相，只要你現起這個相續相，就必定會有苦樂覺念相應不斷。

第三個叫作執著相，執著相就是依於前面所說的七識心王的「智相」和「相續相」，由於相續相中的苦覺念相應或者樂覺念相應，所以產生了覺受心行的相續不斷，相續的結果就會產生了執著，譬如於樂相有執著的緣故，心裡面就打妄想：「嗯！這盆插花的格調不錯，我可以學學它的插法，我來觀察一下，回去以後，我明天也照樣插一盆，放在客廳裡多漂亮！」這個就是執著相，看見漂亮的花：「誰有相機？借我拍攝一下！我回去買這樣的花器、這樣的花、照樣來插一盆。」這就是執著相啦！可是如果遇到插出來的花，那個韻味是你不喜歡的，你說：「唉呀，怎麼插得這麼難看呢？」這算不算執著相？也算喔！因爲你會一直在那邊把它分析、思維、觀察：爲什麼會這麼難看？一定有什麼原因，讓它這麼難看。這也是執著相，這就是苦覺念的執著相。而苦覺念或樂覺念都是從心體與心所法產生的智相來的，又因爲智相的相續不斷，所以執著相才可以存在，因此說這個執著相必須有智相，也必須有相續相；如果沒有智相，你將完全沒有見聞覺知；如果是沒有相續相呢，你也沒有辦法在那邊做詳細的瞭解、觀察、分別，所以還必須得有相續相；有了相續相，也有智相也就是分別相，所以執著相就可以延續不斷。

第四個叫作「執名等相」，**執名等相就是說**，依前面所現起的這三個相，產生了名⋯等執著；這個「名」有兩個意思，第一個意思是說依你所見的六塵境界產生了「名」⋯譬如花道，說這種插花的風格是什麼流派？那種插花又是什麼流派？他們日本插花不是有分什麼流、什麼派嘛？那這個流派的名稱就是一種名的執著相；這個名的執著相，當你見到的時候它就會生起，除非從來你沒有熏習過這個名的相，譬如說你生來就做動物不是當人，又沒有接觸過人所講的語言，你見了這盆花，就不會說這是紅花、這是綠葉、這是黃花，就不會有這些名相出現，更不會有流派的名稱；可是你如果是人，名言熏習很習慣，然後遇見了一盆花，你說：「**啊！這是黃菊、這是紅玫瑰。**」名相馬上就出現了。

所以久修行的人，看、只是看到，名相不會出現，你們如果悟後再修行五年、十年或者說十五年以後，你們就會保持在只是觸的階段，名相不會出現，那表示你對世法的執著性更輕了，你又到了另一個層次了。又譬如說，學佛的人很喜歡分宗分派，就以宗派的門戶之見，來評判他宗的法義不究竟，不是依照全體佛法實際上的內涵與階位來判教；這種現象最常見到的就是西藏密宗，每一位西藏密宗的弘傳者都會常常抑顯崇密，這就是名相上的執著相。但是西藏密宗其實根本不是佛法，根本全部都是外道法，與佛法無關（編案：請詳見《狂密與真密》一至四輯的辨正）。

剛剛開始修學佛法，你如果無相念佛的功夫做得很好，你就會很喜歡說：「欸！我剛才見了那盆黃菊，結果我當時竟然沒有出現黃菊這個名相欸！」心裡蠻喜歡的。可是稍後轉念想一想：「我現在怎麼又心粗了呢？名相怎麼又出現了呢？」這就是說，人有這樣名言習氣，這名言習氣很難轉變。

另外一種的執著名言，就是講顯境名言與「名」相的執著。剛才所講的是表義名言：黃菊就代表黃色的菊花，這兩個字或聲音就代表那個菊花，現在還要再講的名言還有一種，叫作顯境名言，顯境名言就是說，依於前面的這個智相、相續相，因此產生了能夠顯示那個境界的覺知，這個顯示境界的覺知就是唯識學上所講的顯境的名言；因爲這一切的名言以及一切的境界相，都是依這個覺知而有；如果沒有這個覺知性，一切境界就都無法現前了，一切語言上的名相就會跟著都不現前了，所以說一切名言都因這個覺知性而顯現，所以這個覺知性就是顯境名言，所以覺知性並不是眞如、佛性，只是顯境名言罷了，唯識學上已有很清楚的認定了。

假使有人執著六識心所有的六塵中的覺知性作爲佛性，這也是「執名等相」，因爲已經落在六識心等識陰中了。執名等相，在佛法的解脫道上，以及佛菩提道上面，還有一個說法，就是說執著我們自己的色陰以外的四陰：受想行識。這四陰也都是名，所謂「名」與「色」，色陰以外的四陰都是名所攝的法；我們的色身就是色陰，名就是受想行識，那麼有很多人執著六識心所擁有的見聞知覺性爲佛性，認妄爲眞，就是執著「名…等」，所以名就是我們的受想行識。因爲有色陰以及色陰所顯示出來的法相，又因爲有顯境名言的見聞知覺性，就能離語言文字而分別種種法，乃至學會語言文字以後再以語言文字來分別種種法，就產生了這個執著分別，所以名…等等的想法就安立了，說這個叫作受、這個叫作想、這個叫作行、這個叫做識，種種的四陰「名」的安立也就出生了，這個也叫做「執名等相」。

「謂依執著、分別名等諸安立相」，名…等，爲什麼是安立相？譬如說，眾生的妄心本來沒有所謂名，沒有所謂受想行識，但是爲了方便說明安立作這個叫做眼識，……乃至那個是意根；也為了方便說明而安立這個叫做受陰、這個叫做想陰、這個叫做行陰；這些都是依於「名」而安立諸相，所以叫做「名相」，所以名相不是只有指稱名詞，有時候名相就是指我們的受想行識的全部法相，這叫做名的相。也就是說，有無明業相而引生了七轉識不斷現行，七轉識現行以後就有了境界相出現在我們心中，境界相出現之後就有能了知境界相的分別慧出現，又因為分別慧的苦樂覺念相續不斷，就產生了種種執著，然後就開始執著能見聞覺知的自我而安立色受想行識等名相，接著就會生起了業相。

「業相」就是說，依於「執著名等」就生起了種種的不同的差別業。依於名等——我們的顯境名言——也就是依於受想行識以及見聞覺知性的那些體性，依於所執著的一切名詞法相，然後就會產生了種種的差別業；最簡單的差別業，就是心裡面開始打妄想，出現了語言文字而在心中自言自語：「嗯！這盆花插得不錯，有紅有白有黃，還有香味，嗯！這是好花。」這就是最輕的業相——新業現前——這就是業相，心動了就是一種業相，為什麼說它是業相呢？因為你心動了就表示你的「行苦」已經存在了嘛！你的意業也已經出現了嘛！所以心動了就是業相。

如果再粗一點的說：「某師兄！你看這盆花插得好漂亮！這是誰插的？能不能告訴我？我想跟他學一學。」這個口業就出現了。所以說，因爲前面的智相、相續相、執著相以及執名等相，然後就會生起業相。那麼業相起了以後就會有種種差別業，也許你看了不喜歡：「唉呀！今天是誰插了這盆花好難看！拜託把它換掉好嗎？以後不要再叫他來插花啦！」你看！由智相等相，輾轉出現了不好的業，這也是業相。所以，業相就是依於前面這四個相而延續產生出來的。

由於有業相，接下來就會有「業繫苦相」的出現；也就是說，依於前面這個起業相——由於這個業相造出來以後——你就受苦不得自在。譬如說，你剛剛就嫌那花兒：「欸！某師姐插的這盆花不好看，以後不要再請她插花啦！」這話傳過去，也許以後她每次見到你，就會給你白眼；當她給妳白眼看的時候，你心裡面就會覺得好懊悔：「我當初爲什麼要講那句話？我當時太衝動了！」然後你又顧慮到面子，不肯去跟她道歉，結果每一次見到她，她就會給你白眼，那你就每次受苦，這就叫做業繫苦相，因爲你造了評論他人的口業。

所以，佛法是應該在日常生活當中就可以證驗到的，假使離開了日常生活而去講佛法，那是虛妄法，那都是想像出來的，不是眞正佛法。眞正的佛法是在三界中，不在三界外。那麼從無明業相輾轉而到了這一個業繫苦相，就是因爲你前面所造的口業，結果現在就受苦，受苦就不得自在，不得自在就是被業苦所繫縛，這就是業的繫苦相。這就是說，由於前面的三個細相而輾轉又生出後面的六個麤相；也就是說，由三細的無明業相、能見相、境界相，輾轉出生了智相、相續相、執著相、執名等相、起業相、業繫苦相，這就是《大乘起信論》當中很有名的三細六麤。

那麼這三細六麤，很多人讀過以後，也讀過別人的註解了，還是不曉得什麼意思，那你現在能夠了知其中的意涵了，所以你今晚來這裡聽講，沒有白走一遭；你已經知道我們爲什麼會有這個苦相，原來就是這三細六麤；但是這三細六麤就在日常生活當中，不在別處，你就得要開始觀察，就得要注意：「**在我日常生活當中得要小心，最多就是出現三細，不要有六麤裡面的後五個現行。**」如果是只有三細的話，那就表示還沒有苦相出現；如果爲了謀生而不得不要有六麤的話，那我就到智相、相續相這裡就停止了，不要再接下去而有了執著相、執名等相、起業相以及業繫苦相，不要有這些。假使能夠這樣修行，那你不就有佛法現前受用了嗎？

這意思就是告訴我們：佛法不離我們有情眾生的心，離開了有情眾生的心就沒有佛法，所以我們日常生活當中這一些法都要會活用，不然修學佛法以後就算是明心了，你也是會依舊苦苦惱惱的過一輩子，那樣的明心有什麼用？明心以後一定要懂得這個道理，懂得我妄心七識是怎樣的虛妄、懂得眞心阿賴耶識是怎樣的清淨眞實，然後轉捨七識心自己的虛妄性、執著性，改依這一個眞心的本來自性清淨涅槃去安住，就可以漸次的依照自己的解脫慧而分證或滿證解脫。修學佛法是爲了求解脫，結果不想把自己的煩惱除掉，變成每天都過得苦苦惱惱的，那這樣學佛就沒有意思了，所以這個佛法諸位都要懂得活用，這三細六麤的法得要會活用。接下來，這三細六麤要作一個總結：

論文：「是故當知，一切染法悉無有相，皆因無明而生起故。」

講解：這個就是說，從三界中一切染污、有漏的法上來觀察，本來都沒有它的不壞相，它們統統是會壞掉的。一切染污的法統統是無常相，所以現在觀察到自己有染心的時候，沒有關係！可以繼續觀察，把它加以思惟整理，那麼你觀察清楚以後，你會發覺：「原來這個染污心也是無常相，它過去了也就過去了，我不恐懼，因爲它是無常嘛！」這一下子，無常倒變成好事了，因爲無常的緣故，所以染法會壞掉、會過去，我就可以轉變成清淨心、生起清淨法來。

譬如說，你不小心被腳踏車撞到，當時很痛，你轉念一想：「沒關係，我學過無常這個法，痛覺也是無常，終究會過去。」你正在痛的時候實在很難忍，你說：「沒關係！這痛覺今天不過去的話，明天也會過去，因爲它是無常嘛！」心就開始安定下來了，也不會一直注意痛覺，也就不會痛得像原來那麼厲害了。那麼這個無常觀眞是好啊！同理，樂相來的時候你心裡可不要樂昏了頭；譬如說，因爲憐憫心而跟人家買了一張彩券，本來沒有想要中獎，只是心生慈悲，想幫助他，結果一刮，不小心就得到了第一大獎；這一來，你樂起來了；樂起來的時候你可要馬上有無常觀，你說：「這個快樂也會過去嘛！明天就不像今天那麼快樂了。雖然第一大獎還在，可是明天就不那麼樂了，也許到了明年我會覺得很習慣了，一點樂都沒有了。」所以樂覺它是會過去的。

那你聽了也許心裡想：「可是錢還在嘛！我總是會有一絲絲的樂。」可是這個樂覺會永遠存在嗎？你就想：「是永遠會在嗎？就算是永遠都沒有花掉，保存得好好的，將來不是也要捨壽嗎？還能繼續保持嗎？」因爲所有錢財都沒有辦法帶到未來世去，所以這樣一想：「這個無常觀，還眞的是好。」怎麼好？臨命終前你早就了知錢財無常、眷屬無常了嘛！那時你就不會牽腸掛肚的記掛著而被色身絆住，那不是走得很自在嗎？到時候，海青一穿起來，開心從容的對大眾說：「欸！我要走了！你們看喔！」腿一盤就走了，很輕鬆吧！所以無常觀是好的，無常也是好的。

所以從某一方面來說，無常是好的，沒有絕對的不好，但是也沒有絕對的好。如果說無常絕對好嗎？也不見得！一般人都講：「無常不好啦！死亡時多痛苦呢！我如果能夠長命百歲就太好了，最好是能夠永遠不死。」所謂好死不如賴活，所以我執很重的人，不管他怎麼病、怎麼的痛苦，他都想要苟活。事實上，對很多人來講，他們其實都是喜歡無常的，如果告訴你說：「你永遠保持你現在的髮型，永遠都不可以改變。」我告訴你，二年後、三年後，你就會很討厭它：「唉呀！這個髮型都不能變一下，這種『常』有什麼好？老是這樣子！」所以你有時候留長髮、有時候剪短、有時候燙一燙、有時候你又想綁起辮子來，隨著心情的變化、觀念的改變而改變你的髮型，但是這些都是無常嘛！正因爲它可以變來變去，具有無常的體性，所以你才會喜歡嘛！所以，眾生其實大部分都是喜歡無常的，只是希望在某一種「短暫常」的狀況下永遠「無常」的變化，都是這樣啊！

眾生總是希望：「我這個色身是常不壞滅，永遠像現在這樣健康。」雖然是常，但是卻又要在這個常當中可以變來變去、隨自己的意，在這樣的常當中的無常，他才會喜歡，不喜歡永遠的常，也不喜歡永遠的無常，總是喜歡「常」中帶有「無常」，「無常」中帶有「常」，可以讓自己隨意的變化；但是，可惜的是那個「常」沒有辦法眞正的、永遠的常。因此，染污的法也是像這個道理一樣，染污的法不可能是常；從無量劫以來，一直都存在著染污的法，可是這個染污的法，到最後你都會把它們斷盡，全部斷盡以後就變成無漏的有爲法，這就是菩薩們追隨著 佛的腳步而次第進修的佛菩提道，最後成就「有生」而「常不壞滅」的清淨法界、佛地四智心品，利樂眾生永無窮盡。

至於無漏的無爲法呢？那是二乘們所修的，所以二乘聖人「滅一切色」，這是二乘法；所以阿含部裡的《鴦掘魔羅經》說：「虛空色是佛，非色是二乘；解脫色是佛，非色是二乘。」爲什麼呢？因爲 佛把一切色法、有爲法轉變成究竟無漏的有爲法，永遠不取無餘涅槃，永遠不入無餘涅槃之中安住，所以諸 佛都是住於無住處涅槃——不住生死也不住涅槃——所以諸 佛恆有一切無漏的有爲法現行，生生世世不斷的在人間、在天界示現應身、化身度眾。

但是純無漏的有爲法，因爲是純淨的，所以叫做無漏有爲法，那是究竟解脫的佛地色身境界，所以叫做解脫色，就是如來境界，和二乘人的滅一切色法而入無餘涅槃、灰身泯智，不再示現於三界中利樂有情，完全的不同。這是佛菩提道和二乘法的解脫道，在現象上顯示出來的最大不同的地方，這個是大家都應該了知的；本質上的最大不同，則是在於有沒有一切種智、道種智，以及煩惱障上的習氣種子有沒有斷盡。

言歸正傳，我們剛才說，一切染污的法既然到未來究竟佛地可以全部斷盡，可見一切染法都沒有眞實不壞的法相，因此說一切染污的法實質上就是從無明爲「緣因」、而從根本因如來藏中生起的；既是從無明而起，就表示是從緣而起，所以染污法並不是自己本來就在的，沒有常住不壞、可以獨立於如來藏而自己存在的體性，所以染法是依別法而起的；既然是依別法而起、而存在的，也是由於七識心王的雜染熏習而有的，那就沒有不壞的自體性，所以 馬鳴菩薩說一切染法沒有眞實不壞相，它沒有這種常住相。有眞實不壞相的只有生命的根源——自性如來——我們的第八識如來藏，祂才是眞實不壞相；因爲自古以來祂本來就在，一直到未來世，無量無數劫以後仍然永遠不會壞掉，什麼人都無法把你的第八識心體破壞掉，所以祂才能夠說是有眞實不壞相的法。可是染污的法不是這樣的，染污的法是從無明爲「緣因」而生起的，無明（煩惱障所攝的一念無明與所知障所攝的無始無明）又是由如來藏所執藏，依如來藏爲「根本因」而有無明，離開如來藏就沒有無明可說。

假使沒有如來藏，無明就不可能會有，因爲無明不可能住在虛空；可是有人寫書主張：「不需要如來藏就可以有無明存在」，那就像有人告訴你說：「不需要有刀子的刀體存在，就可以有刀子的『利』可以割紙。」那是用什麼來割紙？是用沒有刀體的刀利？所以我們說「利」一定依附於刀體而存在，離開了刀怎麼可能有刀的「利」呢！所以說無明是依如來藏而有。然後這一個一切三界染污的法卻又依於無明爲「緣因」而有，因此一切染污的法都沒有自體相，依於根本因如來藏，也依於緣因無明，然後才漸次而有種種染污法相的生起，是輾轉而有，不是自己本有，所以說一切染法都沒有自體相，統統都是依於無明而生起的緣故。

這意思就是說，三細六麤和一切的染法，統統都是因爲有七轉識才會相應；現在世的七轉識會與一切染法相應，卻又是由於七識所相應的無明種子與過去世的業種——不管它是一念無明或無始無明——統統都是由如來藏所執持而在這一世現行。所以說世間一切萬法都是要依八識心王才有，依這個本覺的如來藏心才可能有；而這個與染法相應的七轉識，卻又是依附於如來藏阿賴耶識而有，那麼三界中會有六道眾生境界，會有三界世間的形成，所以在《華嚴經》中說「三界唯心」。七識心王既然都是由第八識如來藏出生的，當然可以知道萬法都是依這個眾生各自皆有的第八識自心如來輾轉所出生的；也就是說，因爲第八識以無明爲緣因而出生了七轉識，八識心王具足了，所以就有三界萬法的出現，所以又叫作「萬法唯識」，這就是一切種智，就是唯識學，就是諸地菩薩悟後所漸修的增上慧學，這是很深奧微妙的法，必須眞實證悟以後才能進修；悟前所學的唯識學，都只是聞熏而已，不是眞修，只是種一些未來世信受一切種智的善根而已。那麼這個深妙智慧，就是要靠諸位從取證自心如來藏開始，才能夠漸漸地一步一步去了知它；如果你沒有證得那個自心藏識，那你聽我說這些深妙法，當然也會有受益，但沒有辦法像明心的人所聽到的一樣大大的受用，智慧無法因此聽聞而全部的、漸漸的顯發出來，還是得要明心了以後聽聞，才能迅速的顯發出來而得到眞正的受用。以上這一段論文中，聖　馬鳴菩薩的意思就是說：一切染淨諸法都是從本覺而來。接下來還是回到這個覺與不覺來說：

論文：「復次，覺與不覺有二種相，一、同相，二、異相。」

講解：由於有「覺」和「不覺」這兩個法的存在，就一定會有二種法相生起，這兩種法相的生起就是講「同」與「異」，所以接下來 馬鳴菩薩就解釋說：

論文：「言同相者，如種種瓦器，皆同土相；如是無漏無明種種幻用，皆同眞相，是故佛說一切眾生無始以來常入涅槃。菩提非可修相、非可生相，畢竟無得，無有色相而可得見；見色相者，當知皆是隨染幻用，非是智色不空之相，以智相不可得故，廣如彼說。」

講解：接下來， 馬鳴菩薩開始解說眞心與妄心和合運作，爲眾生說明「眞妄心並行」的事實。同相是說有相同的法相存在，能夠讓我現前觀察得到，這叫同相，那麼就舉一個例子，譬如說：種種瓦器——瓦器就是講陶器、瓷器等——種種的陶器瓷器都具有同一相，那就是土相，因爲統統是由泥土所做成的，有同一種土相，這就叫做同相；可是在同相當中它們卻又有異相：這一個作起來以後是燉鍋，這一個作起來是碗，這個作起來卻是水瓶，它們確實有種種異相，可是種種異相當中卻又有同相，因爲它們都是泥土作成的，都同樣是由泥土去燒成的，這就是它們的同相。

這意思就是說，無漏的法，以及無明的種子隨眠或所知障上的隨眠，它們所產生的種種的有爲法上的幻有而可以被我們所運用的種種功能，其實都是同於眞相的；眞相就是《楞伽經》中所講的眞相識，簡稱爲眞相；眞相識就是我們常常宣講的如來藏阿賴耶識，那麼七轉識就叫做現識、叫做分別識（編案：現識就是第七識末那，分別識就是前六識，又稱為分別事識，真相識即是第八識：阿賴耶、異熟、無垢識。詳見《燈影、辨唯識性相、假如來藏、略說第九識與第八識並存之種種過失》等三書一文之辨正）。因爲七轉識是由眞相識阿賴耶識以及無明種子及業種和合，而由眞相識的自己種子的流注，以及流注七識心王相應的一念無明種子，而顯現出七識心王，所以七識心王都不叫做眞相識。能夠把眞相識自身的性用表顯出來的，以及能夠生七轉識的「現相、業相」的心，那就是眞相識，也就是如來藏阿賴耶識。

因爲阿賴耶識心體擁有能生萬法、能生一切染淨諸法的功德性，所以說是眞相識；就好像土能生陶器、能生瓷器，所以土才是種種瓦器的眞相；那麼土所生出來的鍋碗瓶盆等等，統統同於土相，因為本身畢竟都是土質所成的；同樣的道理，佛地純無漏的七識出生了，或者說菩薩證悟後轉變為較清淨體性的七轉識，其實祂們都還是眞相識的一部份體性，也都附屬於眞相識而流注出來運作的。乃至無明的種種幻相：為什麼叫做種種幻相？因為無明的關係導致有了業相，有了業相之後，有了業繫苦相，有了業繫苦相就想要離苦得樂，想離苦得樂而造作各種身口意行的時候，因為沒有智慧所以就造做了惡業或有執著心的善業，生於天上、或生人間、或入三途五趣，處處受生，所以它就有種種相，但都不是眞實常住的法，因此這些都叫種種幻用，它不眞實：這一生你生在人間，生在人間這一個色身，也是由於你的自心眞如所變化而出，藉著這個物質世間、藉著父母親提供的四大外緣、然後如來藏就變生了你這個色身出來；出生以後，藉著飲食的四大外緣，結果又變生更大的色身，輾轉變成今天這個模樣；可是再過十年、二十年、三十年，小孩子可能再過七、八十年也是要死掉。很殘忍！對小孩子講這個話，讓他熏習一下。八、九十歲還是要死啊！你看它不是幻用嗎？這一世可以讓你用來做什麼？行善造惡以及造作種種的無記業，可是終究還是要壞掉啊！所以說它是幻用。那人間的色身一樣，乃至非想非非想天可以維持八萬大劫的受想行識也是一樣，也是無明的種種幻用之一，這些三界六道的種種有情的色身或者「名等」所攝的識陰，雖然說它是無明的種種幻用，但畢竟是從有情各自的心眞如所出生的，所以不能說：「無漏法、無明、有爲法上的種種幻用，和心眞如是不同的。」不能說不同！

在求悟的階段，我們會告訴你：眞心與妄心不同，眞心是第八識，妄心是前七識的綜合心。但是等你悟了，找到第八識以後，卻必須告訴你：不能說八識心王是不同的心，還是同一個第八識心，全部都攝歸第八識心；因爲前七識心都是第八識眞如心所擁有的種種體性中的一部份，既然都是心眞如所擁有的自性，都是附屬於心眞如的，都屬於心眞如的一部份，怎麼可以說祂們八識心王是不同的呢？這也就是說，如果有人要說「眾生都是唯有一心，並沒有兩個心」的話，這個「唯有一心」的意思，必須是指定八識心王合爲一體而說的阿賴耶識，不可單說七識心王中的某一識或某幾識，只能指稱八識心王具足的阿賴耶、異熟、無垢識，或者單說阿賴耶、異熟、無垢識心體自身爲如來藏，而別說前七識心體。

同樣的道理，無漏性的種種幻用也是一樣的；無漏，比如說阿羅漢，或者菩薩六地滿心不得不證滅盡定，解脫境界相當於大阿羅漢；這阿羅漢的解脫果是無漏法，但是無漏法也可以是有爲法啊！無漏性也還是有爲法。當一位俱解脫的大阿羅漢斷盡了分段生死之後，他把分段生死煩惱的現行斷盡了以後，結果他還是住在人間啊！並不是立刻進入無餘涅槃啊！午齋時間到了，他行腳托缽去了；托缽之後，樹下飲食完了，回到講堂時也會聚集大眾說法的；如果不說法的時候，他們就在樹下陰影處經行，那也都還是有爲法啊！這些有爲法也是他們的第八識所顯現的幻用。

譬如 佛到處示現，利樂有情，那也是種種幻用啊！就說 佛的應身好了，這個應身：佛在很多劫以前就成佛了，成佛以後觀察這個地球上有些有緣眾生得度的緣已經成熟了，就來這裡降神於母胎，出生在王宮，然後八相成道，最後入涅槃，這些都是「種種幻用」啊！爲什麼這樣說呢？因爲 佛示現在人間八十幾年之後，也是過去了，又消失了！ 佛又轉到另一個星球，又去度別的有情眾生；因爲一個三千大千世界，像我們這個娑婆世界，天文學家說光我們這個銀河系就有二千億個太陽系，但是，這也只是一佛所化的三千大千世界；所以 佛在這個星球度完有緣的眾生以後，又去另一個太陽系示現受生成佛而度別的星球的有情，這些都是有爲法，但也是 佛的無漏有爲法上的種種幻用；可是這些無漏的種種幻用，

畢竟也是從 佛的眞如心所化生出來的，所以你不能夠說：「佛的七識心王⋯等種種幻用，與第八無垢識這個眞相識不同。」因爲佛地七識心王⋯等無漏法上的種種幻用，都屬於無垢識所攝的種種自性之一。在佛地是那樣，在我們現在因地的狀況也是一樣的啊！所以 馬鳴菩薩說：「如是無漏、無明、種種幻用，皆同眞相。」

馬鳴菩薩又舉 佛說：「一切眾生無始以來常入涅槃」，有些人讀了這一句話，不懂眞正的義理，就說：「唉呀！這是不是翻譯的人翻錯了？」曾經有人跟我說：「你說你開悟了，你到底悟得對？還是不對啊？」我說：「我有經典做印證啊！」他說：「那經典是古時候人家所翻譯的，到底翻譯的人翻譯得對、還是不對？你這樣子拿來印證，不一定準確，也有可能會是大妄語。」連經典他也要懷疑，所以捨報的時候就是這樣（平實導師作出張開大嘴巴，合不起來的樣子），沒有辦法合起來啦！所以，說法的時候，絕對不能夠隨便亂講。飯可以亂吃，今天即使你說：「唉呀！雖然說師父跟我傳了三皈依，也傳了五戒給我，不過我今天想想，忍不住去圓環吃了一碗滷肉飯，算是間接殺生了。」即使像那樣亂吃飯，都遠不如亂講法的嚴重性。所以有的人不瞭解這個謗法的因果啊！不信我講的這句話，就說：「唉呀！那部經典有問題啦！明明我們都在輪迴中嘛！哪裡有入涅槃？這部經裡說

『一切眾生無始以來都入在涅槃裡面』，明明我就沒入涅槃，我還是眾生啊！你也是一樣！你有入涅槃嗎？」大家想一想：「對啊！你也沒有、我也沒有，統統都沒有入涅槃，可是佛爲什麼講這句話呢？」問題就來了！膽子大的人就敢亂講：「是不是 佛年老昏邁、亂講呢？」我告訴你：絕對不是。

這個意思是說，一切眾生本來都有第八識如來藏，是他的第八識生出的七轉識在三界六道裡輪迴，在這個娑婆世界的三界六道輪迴不夠，還又跑到別的無量世界去三界六道輪迴，無始劫以來這樣處處受生輪迴，不曾止息過；可是在這些無盡輪迴的過程當中，這一些有情的第八識，永遠都是不來不去、不生不滅、不斷不常、不增不減、不一不異，永遠都是這樣子，這個第八識的不生不滅、而且永遠如是的境界，就是涅槃啊！不生不滅、不斷不常當然就是涅槃，祂永遠都沒有滅啊！因爲祂永遠都沒有滅，所以才會有這個有情不斷的去生死；如果祂滅了——這個有情變斷滅了，怎麼可能還會有下一輩子呢？正因爲第八識祂永遠不滅，以無明及業種爲緣因，而不斷的有種子生滅起來，才會有一世又一世的生死流轉。

那麼這一個第八識心體，我們在所有書中常常說到的就是：因爲祂沒有生死，才會有我們累劫累世的生死。如果祂是有滅的、有死的、有生的，那祂在上一輩子死掉以後，就不會有轉生到今世來的我們；如果不是祂不生不滅，那你昨天晚上睡著了，今天就醒不過來了，就死掉了；因爲已滅就成爲無法了，無法就不可能無因出生今天的我們了。所以一定有一個不生不滅的心體一直存在著，才能夠讓我們不斷的有這些變異無常的法，不斷的輪替現前；那這一些生滅變異的法，既然由這個不生不滅的法所出現而又消滅的，這些無漏有爲法、或是一切染法，都只是在這個第八識本體上面顯現之後又消失了；這樣不斷的顯現又消失，好像是什麼？就好比說電視好了，好像一個電視機它放在那裡，那個螢幕上面不斷的有影像出現又消失、出現又消失，可是電視機卻始終都存在而不生滅啊！如果電視隨著影像消失跟著就不存在了，那你就沒有關掉以後的下一回再扭開電視機的影像可以看啊！所以，一定有一個不滅的電視機本體一直存在著，才能夠會有每天打開電視機時的影像可以觀賞啊！那你說那個影像可以離開電視而存在嗎？不行！

同樣的道理，色身與七轉識幻用等生命的現象，一世又一世不斷的輪替著，而這個七轉識無漏的有爲法的種種幻用和色身，以及無明爲「緣因」所出生的種種幻用，它們能夠離開這個眞相識而單獨存在嗎？不可能！祂們既然依附於這個眞相識而現前運作，不能單獨存在、單獨運作，也可以完全消失或部份消失掉，而只剩下第八眞相識單獨存在，那就是說，祂們其實就是眞相識所擁有的一部分體性，也就是說，眞相識具有七轉識所有的功德；所以說，因地染污相的七轉識，與清淨無染心體的眞相識，都同屬於第八眞相識，猶如陶鍋、碗……等，同一土相，這個就叫做同相。

而由於這個眞相識——第八識——是恆常不滅的，因爲永遠不滅所以不生；也因爲無始以來本就存在而不曾有生，既不曾有生，當然也就永遠不滅，不生不滅而又離見聞覺知、究竟寂滅，所以是寂靜涅槃；因爲祂完全符合三法印——我們的自心眞如符合三法印——所以祂就叫做涅槃。「諸行無常」：諸法都無涅槃寂靜，祂所顯現的七轉識，伴隨著諸行無量；但是諸行都是無常的，都是自心眞如所顯現的無漏有爲法中的種種幻用，也伴隨著一切無明爲緣所起的有爲法的種種幻用，這些都不離於「行」，也是統統無常，所以說蘊處界所生諸行都是無常的。因爲蘊處界所生諸行無常，而且蘊處界自身也都是無常的，所以都是沒有眞實我，所以說「諸法無我」，這就證明蘊處界萬法都是諸行無常、諸法無我的。

但是，如來藏阿賴耶識祂自己呢？祂住於離見聞覺知的境界，離蘊處界我，也離一切的我所，所以是眞實的寂滅的境界，因爲祂離見聞覺知，不於六塵當中起覺知，如果那不是寂靜，那又是什麼？第八識如來藏——心眞如——阿賴耶識既然體恆常住、不生不滅，即是涅槃；所以第八識心體既具涅槃法性，又具足寂靜境界，所以符合「涅槃寂靜」的正義，也不落於斷滅境界中，正是 佛所說的涅槃寂靜啊！所以說，這個第八識既然每一個有情都有，而每一個有情的這個第八識統統是自無始劫以來一直是住在那種涅槃的寂滅境界裡面，那爲什麼 佛這樣的開示會是錯誤的呢？所以， 佛說一切眾生從無始劫以來，常常都是入住在涅槃裡面，這是從你的心眞如本體來說的，也是法界實相正義；只有不懂佛法的人，只懂得似是而非的粗淺知見，就敢誹謗說：「佛在第三轉法輪諸經所說的『眾生本來常住涅槃』的說法，違背第一、二轉法輪諸經的一切法空說。」但是一、二轉法輪諸經所說的法，也並不是一切法空說，而是依「空、不空如來藏」來說蘊處界等一切法空，與第三轉法輪諸經的說法是完全一樣的，只是說得較簡略而已，所以不可隨便誹謗經典，以免成就謗深妙法的大惡業。

接下來說「菩提非可修相、非可生相」，菩提就是本覺，本覺是本來就存在著的，不管眾生修行或不修行，一直都存在著的；縱使努力修行，這個本覺也不會另外再出生的，也不會有所增加，所以說「非可修相」，本覺是不可經由修行才成就的法相啊！「非可生相」是說這個本覺不是你經由修行而得的，而是你本來就有的，所有的人——所有的有情都是這樣；所以細菌也有這個本覺，所有眞正明心的人，把顯微鏡拿來看，也都可以看見細菌還是同有這個本覺的；他一看，馬上就會證實如此。那意思就是說，這個本覺是本來就有的，不是你修行以後才生起來，也不是修行以後會增加的。

這個本覺「非可修相」，這個本覺是第八識本有的法性，並不需要你去修行把它擴充，說我現在 32MB 不夠用，我現在變成 64MB 擴充增大，不是這樣子的；因爲本覺本來就具足那些功能，你不需要去擴充它，你要做的只是把七識心王自己的染污給修除掉；很簡單！只要使祂含藏的種子——也就是含藏在本覺心體裡面的七識心王的種子—清淨以後，祂的無漏有爲法上的種種功德就完全顯發了，但這並不是修來的，而是經由你的修行使祂的本覺功能完全顯發出來；因爲功能是本有的，未成佛以前不能運用它；當你成佛時，你的七識與祂完全相應而能完全的運用它，你能說它是修來的嗎？當然絕對不是修來的。如果是修來的話，就表示祂不是本有的，那你成爲究竟佛以後，佛地具足發起的第八識功德，有一天還是會壞掉的；正因爲祂是本來就有的功德性，只是被煩惱所遮障了，所以不能顯現出來而已，所以成佛以後就永遠都不會壞滅，所以「本覺」之「性」是本來就有的，所以說本覺非可修相。

可是「本覺」之相雖然是「非可生相、非可修相」，但菩提智卻是可以修的，卻是修而後生的。菩提智——聲聞緣覺的二乘菩提以及佛菩提等菩提智慧——你不經由佛門正確法道的修行，它是生不出來的，所以菩提智慧不是本來就有的；但是第八識心體自身的本覺性卻是本來就有的，但是菩提智慧卻是你去證得這本覺心體之後，智慧才開始一點一滴、一天一天的增加，所以菩提智是可修的。

本覺非可修、非可生，本覺之相就是菩提，證得本覺相的時候就是親證菩提。這個菩提——本覺相——非可修、非可生，所以說畢竟無得，因是這個菩提——第八識自身的本覺相——是本來就有的，不是悟了才生起的；而證悟這個本覺相以後所生起的智慧，卻是必須修行證悟以後，才能夠生起的。當你破參明心了，你能得到什麼呢？什麼都沒有啊！你證悟時所找到的第八識心體自身的本覺的法相，是你本來一直就有的如來藏所顯現出來的本覺的法相啊！這本覺之性與本覺的法相，其實一直都存在著；你去到禪三參禪時，我只是指點你、告訴你怎麼樣去找到祂而已；當你找到祂的時候，其實還是你的第八識心體所本有的本覺性，以及由如來藏的本覺性所顯示的本覺相啊！當你現前觀察祂的本覺相時，那個第八識的本覺相並不是我給你的啊！

那麼眼見佛性呢？這個見性也是一樣的，當你看見了佛性時，那個遍在一切有情無情上面顯示出來的佛性，也是你本來就有的啊！我只是教導你怎麼樣去看，教你怎麼樣去具足那些見性的條件，祇是這樣而已；你看見的佛性並不是我送給你的，而是你本來就一直都有的，而你本來看不見祂；你來學法時，我只是教給你那些功夫，教導你如何具足見性所應有的條件，教你一步一步去具足見性應該有的條件，然後觀察你的見性因緣成熟了沒有？如果成熟了，只要給你一個引導，很輕易的就解決了，你就看見佛性遍滿山河大地、遍滿一切法界、遍滿虛空了（但是你的佛性其實不在山河大地與虛空中），然而你所眼見的這個佛性，也還是你本有的，不是我給你的，因此說畢竟無得。

言歸正傳，因此而說本覺相——菩提——不是從外來的，是眾生各人本來都有的；因爲不是從外面來的，不是因修行而得來的，是本來就有的，所以本覺是依附於眞心而從來不生的，所以它不會壞掉；見性也一樣，不可以因爲現在定力退失了、看不見了，就說這個佛性現在消失了；那麼未來再補足定力時又看見了，那是從哪個地方再取來佛性裝進你心中的呢？所以才說現在重新再有佛性？當然不是這樣的。所以月溪法師胡亂講法：「見性以後，我們的見聞覺知就統統變爲佛性。」這卻是說佛性是由別的法轉變而有的，他不說跟見聞覺知合而爲一，因爲那將會變成佛性有增減了，佛性從來沒有增減，祂本來如是；但是月溪法師這種說法，卻又落入「**佛性新生，將來必定會滅**」的窘境中，所以是不正確的說法。

不論是第八識心體自身的本覺，或是眼見佛性時所見的佛性，都是本有的，都不是修行以後才出生的，所以說，當你證悟到祂的時候，還是「畢竟無得」。眞正佛法的修證都是沒有所得的，如果修行以後而有所得，那個法就一定不是佛法了；如果修行以後，會有新的佛心、佛性可得，那就成爲有生有滅的法了，有生有滅的法當然不是眞正的佛法。而且，本覺從來沒有色相，所以當你證得第八識心體而現觀祂的本覺體性時，也沒有色相可得啊！所以說畢竟無得。

這就是說，這個本覺相沒有任何色相，它一直都是無形無色的。智性不夠的人常常會這樣想：「**參禪說的是要明心，在佛法中又說心就是法身，既然是身，那**

就應該會有個什麼樣的影像，才叫做法身。」所以有的人參禪時就一直要找一個有影像的法，所以認爲心眞如就是一個某種的影像。有的人就想：「心眞如也許是個透明體，圓圓的。」他心裡想：究竟是什麼樣的透明體？因爲聽說祂沒有影像，可是眞悟的人又說悟時可以看得見祂，那當然很有可能是個透明體。參禪人悟前種種的妄想，眞的是不一而足；其實並不是這樣。雖然說祂無有色相而又在悟後可以看得見，可是悟後看見時卻又看不見，看得見這個本覺心時又叫做「見無所見」。

智性不夠的人聽了又說：「你講話好像不合邏輯，既然無可見，爲什麼又會是見？既然是見，爲什麼又叫無可見？又叫做見無所見？」但是實際上本來就是這樣，其實你如果眞的證悟了，會覺得並沒有什麼奇妙，沒有什麼玄烏可說，很單純、很直接、很平常、很平凡，而且很實在，就是這樣，才是眞正的證悟。所以說這個菩提智，因爲自古以來所有的祖師們都不敢明言、不敢明說，所以他們要用很多方式來說明。你如果悟得眞，這個祖師講這個方式，那個祖師講那個方式，種種不同的說法，但是當你聽到這些不同說法時，會覺得統統一樣，都沒有差別。當你還沒有找到心眞如，還無法現觀祂的本覺相時，不論怎麼聽，永遠都是南轅北轍，總會覺得兩個禪師的說法怎麼會差那麼遠啊！其實都是一樣底，對他們來講都沒有差別的。

接下來，馬鳴菩薩說：「見色相者，當知皆是隨染幻用。」如果是像我們七識心王每天都有看見色相的境界，那都是我們的如來藏隨於染污的世俗法而產生虛幻的、暫時而有的一種作用，是如來藏隨染的幻用；所以一切的有情都會有隨染的幻用，所以有情眾生會有色界以下的五陰，會有無色界天的四陰。然而 佛在十方世界的種種示現，雖然也都是夢幻中的佛事，那可就不是隨染幻用的了，因為諸 佛所有的有為法都是純淨的無漏法性，都是純無漏的有為法，那都是隨願而作的無漏有為的種種幻用，不是一般眾生的隨染幻用。

一般眾生都是因為有這個如來藏，所以才能隨於染污熏習而有種種的有為法上的作用；所有的雜染有為諸法，統統都是由如來藏而來。在雜染有為法中都是我們所能夠看見的色相，所見的色相有四種相：顯色、形色、表色、無表色，這些都是色相。顯色，比如說這盆花，青黃赤白：等顏色就是顯色。形色呢，譬如說這個花是比較長的，這個花是長成這個樣子的，這個花是小朵的，各種不同的形狀，顯示出長短方圓、高低遠近，這就是形色！那麼表色呢，花可以講有表色嗎？不行！只有有情眾生才會有表色，所謂屈伸俯仰、行來去止，這就是表色。至於無表色呢，當眾生在屈伸俯仰行來去止當中，顯現出這個人有種種韻味，在種種韻味中讓你覺得：「嗯！這個人很斯文、很高雅。那個人好粗魯。」那就叫做無表色。

這些色法統統是如來藏的隨染幻用，讓我們可以看得見，這個就不是「智色不空之相」。智與色是三界六道中都有的法，如果不是智相與色相，有情和有情之間就無法互相溝通，不能互相了知各人的意思了。所以智相與色相都是由各人的自心眞如中出生的幻用，都是生住異滅、無常變異的。至於色的不空之相，是講眞如的本體，智相與色相的本身都是空相，因爲都是覺知心的作用，都是虛幻不實的法性。色身固然是由心眞如所出生的，但卻是一直由覺知心在運用，但是色身與覺知心都是空相，因爲都是生滅的、無常的；但是當智與色存在的同時，卻另外有個不空之相，那就是我們的如來藏。這個如來藏——心眞如——阿賴耶識，就是諸位要去尋覓的，等你找到祂以後，漸漸地，三乘諸法就會貫通起來。

因爲有智相與色相，所以才會有般若實相智慧的證得；但是實相智慧與境界相的色法，以及了別境界相的智相，都不可得，都無常住不壞性；因爲智與色，都是依七識心王及心所法等幻用而有的，但是七識心王與心所法都只是從心眞如中出生的幻用，並沒有眞實不壞相，所以它們都是空相，依七識心王…等法而有的智相與所了別的色相，當然也都不可得，所以 馬鳴菩薩說，連智相也都不可得。

智相就是七轉識所有的「心所有法」──了境之相──了別境界的心行法相，也是不可得的；因爲智相是沒有眞實的體相存在的，是依附於我們的自心第八識眞如，而顯現出這個七轉識的性用，然後才會有那個了別六塵境界的七識心的心行法相；可是這種了別境界相的智相，是由「如來藏因」和許多的緣而產生的，因此說智相也是不可得的。因爲智相是依七轉識而有，不是依自心眞如而有的，證悟之祖師解說自心眞如時，往往會這麼說：「無明實性即佛性。」說無明的眞實相就是成佛之性，因爲自心眞如離見聞覺知，祂既然離見聞覺知，怎麼可能會有智慧？祂當然沒有智慧啊！因爲恆離見聞覺知──恆而不審──所以祂當然不會思量啊！祂從來都不會這樣想：「唉呀！累了，先睡一會兒。」也不會這樣想：「現在睡夠了，精神足了，起來啊！」祂從來都不會這樣子做，因爲祂一向都是離思量性的。

心眞如一直都離思量性，是因爲祂一直都是離見聞覺知的緣故；智相是七轉識才會有的了別境界的相，心眞如阿賴耶識並沒有這個體性啊！祂從來都不顯現出這個體性啊！所以說「智相不可得」，不管是從七轉識來說，或者從心眞如來說，都不可得；因爲心眞如沒有這個智相，離開這個智相，而七轉識的智相又是生滅、變異、無常、幻有，並且是從心眞如所生，所以智相本身沒有常住的自體性，所以說智相不可得。

論文：「言異相者，如種種瓦器，各各不同，此亦如是，無漏、無明、種種幻用相差別故。」

講解：就好像說這些瓦器、陶器、瓷器，各有互異的表相，那個做出來是作砂鍋用的，這個做出來是作燉鍋用的，那個做起來是作盆子用的，這個則是做碗用的，那個則是作瓶子用的，有種種的異相。同樣的，我們的眞相識呢，和合七轉識以後就有種種的異相了；祂生出這一個識，是要用來了別色塵用的，稱爲眼識；另外又生出一個識，這個識是用來了別聲塵用的，稱爲耳識；⋯乃至出生這個是用來了別法塵和六塵細相用的，稱爲意識；還有，出生了意根，作爲普遍了知法塵的粗相和作思量用的，稱爲恆審思量的末那識；而心眞如自身的體性則又迴異於自己所出生的前七識心；所以說祂和所出生的七識心王，各有種種的異相。

譬如心眞如所出生的意根，專門用來掌管前六識，祂可以處處作主而掌控操作前六識，所以心眞如自己和前七識的每一個識，都各有不同的法相存在，因此說本覺的心眞如，與不覺位的七轉識，雖然說有同相，但也是有異相的。不但如此，在這個異相當中又另外還有異相；比如證悟的人可以在眾生的八識心王的運行上面，觀察出來：「**這是清淨的七轉識，是阿羅漢的七轉識；另外這個人的七轉識是半清淨、半污染，因爲是二果人、初果人的七轉識；這個人則是清淨的菩薩阿羅漢，因爲他已經進斷變易生死的大部份了，那就是八地或九地菩薩的七轉識。**」這個也是異相。

到了究竟佛地時的純淨七識心王，那也是清淨相的七識。所以，光是無漏法，也是有很多種的不同。就如我們正覺講堂這麼多人，你找找看：有哪一個人和另一個人的臉相是完全一樣的？沒有啊！人如其面。雖然都有一個同相：兩個眼睛、兩個鼻孔、一個嘴巴、兩個耳朵；但是每一個人的臉，長相都不相同。這就是說，一切有情的七識心王、色身：等法，雖然各各異相，也都各與心眞如有大不相同的異相，這些心眞如所出生的種種幻用卻在各有異相之中，仍保有同相；雖然有同相，同樣是如此的頭，這樣的身體，同樣的四肢，所以說他是人；可是在人的同相之中卻有種種的異相。所以同樣是心眞如所生同一種類的人類，想要找一個相似的人，還眞是難找。

種種幻用如是有同相、也有異相，那麼無明也是一樣有種種異相的。譬如一念無明有四種異相，無始無明則有過恆河沙數的無量異相，有無量無數的差別不同；無明如是，無漏法也如是，都是在同相之中卻有異相的。譬如無漏法中的六無爲：虛空無爲、眞如無爲、擇滅無爲、非擇滅無爲、想受滅無爲、不動無爲，同是無爲法，所以是同相；但是卻又各有不同，所以又有異相存在。所以說這些無漏、無明、種種幻用，因爲相有差別的緣故，所以就有種種的異相。

這意思就是說，本覺，由於對這個本覺的確實覺悟和不能覺悟來作分野，而有同相與異相，這也是大家所應該了知的。在「覺」與「不覺」的兩種相當中，其實還有一些覺與不覺的差別相的細相，是值得你們之中已經明心的人自己再去加以思維、整理的。因爲覺與不覺這件事，還有一些細相在裡頭，不過因爲我們說法原則上要比較照顧還沒有破參的人，讓他們瞭解這些道理，所以那個部分我們就不去說他，你們破參明心的人自己去思惟就好。

上來所說的這一些法，大部分都是側重在眞如的本體上面來說，接下來，就說到我們的意根——我們的末那識：

論文：「復次，生滅因緣者，爲諸眾生依心意識轉，此義云何？以依阿賴耶識有無明不覺，起能見、能現、能取境界，分別相續說明爲意。」

講解：接下來說我們的「意」。在第三轉法輪的經典中所說的心意識，「心」就是講第八識，「意」是講末那這個第二能變識，那麼「識」就是講前六識，但通常都不包含前五識，而側重在意識上面來說，就是種智上所說的第三能變識。「生滅因緣」四字，是說諸眾生依心、意、識而運轉，一切眾生都是在生滅因緣法當中，可是眾生自己不能瞭解，不懂生命的實相，所以 佛降生到人間來爲大家宣說：「你們這些常見外道啊！你們都說有個常不壞滅的覺知心，可以去到未來世，可以輪迴生死不斷。可是你們所說的那個常不壞滅的覺知心呢，其實仍然是生滅因緣法。」

爲了讓那些常見外道能如實的理解前六識的虛妄，所以 佛就施設了五陰、十二處、十八界、六入，一一分析拆解給他們看，把蘊處界，一一拆解說明以後，眾生就知道了：「原來這個叫做色陰，它會遮蓋我的眞如實性，所以也叫作陰蓋；

原來這個叫做色蘊，因爲是由四大物質聚集所成，所以稱爲蘊，既然是蘊集所成的，當然沒有常住不壞性。」 佛當年就是這樣跟他們一一拆解分析色受想行識、六入、十二處、十八界的虛妄。

其實 佛陀在世的時候，說這些經典時是說得很詳細的，以我的推斷來說，佛說法時應該就像我現在細細的拆解一樣，可是爲什麼經典卻變得那麼簡略？這是因爲方便記誦的緣故。古時候印度是沒有用文字記錄的，四阿含千餘部經典，也是在 佛入滅以後才記錄下來的，記錄下來的時候也沒有用文字記載下來，是後來的人再以文字記載下來的。原始佛法中的四阿含諸經如此，大乘經典也是一樣，都是後來才重新複誦而結集下來的。在結集的時候，爲了容易記誦、容易背誦，如果是像我們這樣長篇累牘的拆解，是沒有辦法全文背誦下來的，因爲人又不是錄音機，所以沒有辦法全部長文背誦下來，所以必須把它精簡化，將那個原義保留著——把本來的主旨保留著——但是把它精簡化，才容易記誦。

其實 佛說法的時候，你們如果讀過阿含，你會發覺有時候 佛說法時眞的是不厭其煩，總是怕人聽不懂，所以往往講過一遍、又講一遍，老婆得不得了，就怕你聽不懂；但是像那樣長篇全部背誦下來的經典是很少的，大部分經典都是很精簡。實際上，佛是說得很細膩的，不然祂說法四十九年，難道就只有三藏十二部經典那麼一點點嗎？諸位，如果你們從阿含開始到這個經集部，每天讀四個小時，統統把它唸完，絕對不需要花到六年。有人說他自己閉關六年才把經典讀完，其實根本就不需要；你如果不必上班的話，你如果當家庭主婦的話，你每天這樣讀，讀上差不多半年，佛在四十九年所說的法，你就統統讀完了。

這麼少的經典，爲什麼　佛卻要講四十九年？這表示　佛講得很詳細，但是爲了容易記誦，所以就用比較精簡的文字、精簡的語言，把它記憶下來，然後大家去把它背誦記住。古時的印度人都是用背誦的，那時候都是沒有用文字寫下來的。所以常常有人記錯法、背誦錯了，「**若人生百年，不見水老鶴**」的故事，就是這樣來的。

佛在世時就是這樣子很詳細的跟大家說明生滅法的因與緣：爲什麼說那些常見外道所謂的「不生不滅的我」是虛妄的？如何虛妄？因爲覺知心永遠都是生滅的，因爲祂是因緣所生法。這意思是說，常見外道所主張的恆不幻滅的我，乃至到了現在當代的印順法師和達賴喇嘛，他們都是主張意識心常住不滅的，所以印順法師建立意識細心作常住不壞的法，來作爲因果主體的實現者；達賴喇嘛則是建立意識極細心作爲常住不壞法，作爲聯繫三世因果的主體識。

但是，意識覺知心會是不滅的法嗎？很簡單！以教證來檢驗就知道了：阿含部諸經裡 佛說眼觸：「眼、色爲緣生眼識，……乃至意、法爲緣生意識。」請問：意識是不是生滅法？細意識是不是意識？極細意識是不是意識？當然是意識！當然是有生之法嘛！很簡單嘛！「意、法爲緣生意識」七個字就解決了，就了知意識心是不是生滅法了！他們說意識心體常住不滅，可以作爲三世因果業種實現的主體識；但是阿含諸經中以這七個字就把他們的邪見都砍掉了，都是生滅法嘛！佛爲常見外道分析：意識必須要有意根與法塵，才能生起，可以現前檢驗分明。

佛在當年住世弘法時，就是用這種方式讓外道們瞭解什麼叫作「因緣生滅法」。可是，這種說法聽起來好像是在講唯識學上的東西，其實在四大部阿含諸經裡面早就已經簡略的說過唯識學了，只是不在唯識增上慧學上發揮罷了。那麼 馬鳴菩薩在這裡所講的「生滅」法和「因緣」法，是指眾生都是依心意識而運轉，如果只有意根加上前六識總共七個識，還是沒有辦法運作的。

還沒有破參的人聽到這句話時，還是不太相信：「我不是運作的很好嗎？每天吃喝拉撒、上班上學，都很方便自由啊！有什麼不能運作的？」爲什麼沒有心眞如就不能運作，這不能跟你明說；可是等你破參了，你才會知道說，原來沒有這個心眞如，蘊處界我眞的是不能運作的；就是因爲有心眞如存在，所以你才能運作，所以一定是先依於心眞如，然後才有意、才有識，才能運作，不然你就跟一個死人一樣，根本就無法運作。但是在破參前，你心裡想：「蕭老師！你講這個法，我覺得應該先存疑。」好！先把它存疑是比較好的，因爲還沒親證心眞如之前，還眞的不太能信受呢！可是等到你悟了，你就會曉得、就會證實：眞實是這樣的。

那麼「諸眾生依心、意、識轉」，「轉」就是運轉、運作的意思，也就是說，所有的眾生都必須依於心、意、識，才能夠有一切生滅不斷的種種因緣法的運作。這究竟是什麼道理呢？

接著 馬鳴菩薩準備開始宣示這裡面的道理，所以先問：「此意云何？」立刻就說明眾生輪轉生死的實相：由於依阿賴耶識這個第八識「心」，含藏了煩惱障中的無明，也含藏了無始無明的上煩惱，所以才會有無明不覺，而從「心」體中出現；因爲無明不可能在虛空中自有啊！如果無明依虛空而自有的話，那麼我們修行都是沒有用的，諸位法師們也不用出家了，諸位居士也不必布施修集功德了，也不必精修持戒忍辱行了，都不需要了；因爲你修行清淨，年老死掉以後，虛空突然又有一個無明又讓你投胎出生了，又輪迴生死了，那就變成修行無用了，一切修行唐捐其功。所以說，無明是由各人的心——阿賴耶識——所含藏的無明現前，而成爲尙未覺悟的「不覺」凡夫。

也就是說，你過去世有某種無明，所以你適合當哪一道的眾生，適合在哪一道裡面窮通壽夭，都是根據你自己的這個第八識「心」所含藏的無明和業種而來，別人的心眞如——別人的第八識心——所含藏的那些無明和業種，都和你不相干，只有你的第八識所含藏的無明、業種才和你相干，所以說依阿賴耶識這個「心」而有無明；對於這個無明的內涵如果不能夠覺了，就不能斷除無明；因爲你沒有悟到本覺嘛，所以不能了知法界的實相，所以還沒有打破無明，成爲不覺。正因爲無明、不覺，因此他就會想：「我死掉以後會有中陰身，但是這個中陰身卻只有七天，七天後又壞掉了，這不是長久之計，我得要趕快去投胎，如果不趕快去投胎，我將會變成斷滅了，那我就沒有辦法讓見聞覺知的自己繼續存在。」所以他就重新去投胎了。

聖 馬鳴菩薩說，你去投胎以後，隨著五色根的漸漸具足，就又起了能見、能現、能取的三種境界相：當你在母胎當中，這種能見、能現、能取的功能圓滿的時候，你就住不下去了，所以你必須要出生了，所以你就透過自己與母親的化學成分的互動，你就被出生了；出生以後，分別心就相續不斷的運轉，這個相續不斷的分別的心，就是意根——末那識。

因此說阿賴耶識這個「心」含藏著無明，眾生由於無明的不覺，所以心動了，所以他起了能見、能現、能取的境界。什麼會有「能見」與「能現」？因爲你的五色根漸漸圓滿具足以後，那你的心眞如就可以藉著五色根而在你的腦海中顯現出六塵相來，所以就有「能現」；有了能現，意識和前五識就都可以現行了，六識現行時當然就有「能見」的境界啊！

你的「心」阿賴耶識透過你的五色根，在母胎裡面接觸到色聲香味觸，這就是外五塵的境界由心所攝取，接著變現內相分的五塵境界出來，這時候因爲有意根存在，所以就能領納五塵上的法塵，粗意識就出現了，就能領納粗糙的六塵，也就有了能現，你就有能取，取受這六塵啊！到最後，子宮確實是太小了，「唉！這裡住得很難過了，太狹窄了。」你待不下去了。你待不下去時就產生了某種荷爾蒙，通知你媽媽，媽媽就把你生出來了，所以你就呱呱墮地了。所以說一切男人都是女人的兒子，是不是？對喔！如今我爲你們這些媽媽們出了一口氣。所以

「大男人主義」有什麼好大的？統統是女人的兒子，統統是女人生的。出生了以後，就不斷執取六塵中的所有境界相，所以就落在我所之中，這就具足了能見、能現、能取三法了。

這意思就是說，由於有阿賴耶識心體的存在，含藏著無始無明、一念無明，才會有眾生的無明與不覺；由於無明與不覺，就會一直想要保持見聞覺知心的存在，捨不下見聞覺知心我，只好不斷的去投胎，去持有色身，以便保持見聞覺知心的我繼續存在不壞；投了胎，當然就會起了能見、能現、能取的功能；當這三個具足了的時候，就會開始起分別了；有分別心運作的時候，就會發覺到有一個永遠相續不斷的心體在運作；當我們的見聞覺知心還沒有出現的時候，這個心其實還是不斷的、相續的一直在運作著，這是指什麼相續不斷的心呢？當然就是「意」嘛！

這個意根：你投胎在母親肚子裡面，大部分時間都在幹什麼？睡覺！除了意識還沒有現起的初入胎的三四個月以外的時間，你大部分時間都是在睡覺；就算是你出生了，在嬰兒時期，一天最少也睡十二個鐘頭，大部分時間睡覺，睡覺時覺知心是不存在而暫滅的；所以覺知心並不是相續不斷的，祂是有現起、也有間斷的時候，斷斷續續的一直延續下去。可是在覺知心斷斷續續的過程當中，有一個分別相續的心從來不曾間斷過，那就叫做「意」，這個意就是末那識，也就是意識的所依根，意識的所依根就是末那識，所以稱爲意根。那你睡著的時候，或者是初入胎的那三、四個月中，你的意識分別心、覺知心消失了，或者是還沒有出現過，這時只有意根存在，而意根我並沒有證自證分，所以你在這時並不知道自己存在，不知道「我」還在，因爲沒有意識就不能觀察自己存在，就不曉得自己存在，而末那本身沒有能力去反觀自己，這時只有末那的你存在，而無覺知心的意識心存在，正因爲意根的你從來不睡覺，而使意識暫時的斷滅了，所以你才稱之爲睡覺。

如果是意根斷滅而稱爲睡覺，這其實不能說是你在睡覺；而且意根這一斷滅以後，你就永遠醒不過來了，也就成爲無餘涅槃了。因爲意根不睡覺而一直在運作著，而覺知心的你消失了，這樣才叫做眠，才叫做睡覺。因爲意根恆常相續的分別不斷，可是祂的分別功能很差，當你在睡覺的時候，外面的色聲香味觸照樣進來，所以你住在大樓裡面，照樣有外面的色聲香味觸不斷的進來，但是如果沒有重大的變化，譬如說，聲音保持連續不斷；就像有的人開工廠，二、三十年前，我們常常看到有一些開工廠的小老闆，都是夫妻兩個人一起工作，他們生養的小孩子就放在工廠機器旁的搖籃裡面，機器嘎啦嘎啦不斷地轉，大人工作發出許多聲音來，雖然很吵，但是小孩子照樣睡覺，他不會醒過來；可是機器一關，工作停了，沒聲音了，他就醒過來了；這是因爲聲音的變化很大，所以他才會醒過來。如果本來機器沒開，他正在睡覺，你一開機器、開始工作，他就醒了，他是被吵醒的。

這就是說，末那識意根的那一種分別性還是有的，在睡覺眠熟時，意識雖然斷滅了，對六塵不能覺知，但還有一個從來不曾暫停過的意根繼續存在，可是祂沒有能力分別這是什麼聲音、什麼狀況，他只知道：「欸！這法塵的變化很大，得要瞭解一下是什麼情況。」可是自己沒有能力詳細的分別，無法瞭解狀況，就把意識叫喚出來，你就醒過來了，就可以瞭解法塵的重大變化，是什麼情況？需不需要回應？如果不是需要回應，意根的你就會再度使意識的你消失斷滅，只剩下祂自己繼續注意法塵有沒有大變動，而覺知心的你又再度消失了，這就是睡眠。所以睡眠位中，都是處處作主、時時作主的你自己在保持粗略的警戒，覺知心的你是消失不在的。

這種末那現前而繼續不斷的狀況，有很多現象可以證明的。譬如說，有人住在松山機場旁邊的富錦街，以前還沒有桃園國際機場的時候，這邊機場就是國際航線，那時比現在更繁忙，因為不是只有國內航線而已。當時有個朋友突然想道：「這邊飛機聲音好吵，我想搬家。」後來就搬到木柵那邊去住，很安靜，結果是每天晚上失眠、睡不著，因為忽然沒有了飛機的聲音，他的末那識覺得怪怪的，所以就不肯讓意識休息，所以失眠了很久，過了好幾年才漸漸的習慣而睡熟。就像有的人在別的地方住慣了，你叫他搬到機場旁邊來，他又沒辦法睡了，這些都是末那識意根在作用。

末那識有哪一種習慣性呢？祂是依照過去所熏習的習慣性去運作的，因為祂的分別能力很差，卻很伶俐而且相續不斷；從無始劫以來，祂的分別性從來沒有間斷過；你的七轉識裡面，前六識是只有一世存在的，藉著等無間緣而接續昨天晚上睡眠前的最後一剎那，然後今天再度連接上去，所以你能夠記取昨天的事；但是你一定記不起過去世的事，因為你的前六識，是依今生的五勝義根和我們的意根作所緣、所依，才能夠出生的；而過去世的覺知心意識卻是依過去世的前五識所依的五勝義根——依過去世的大腦——作俱有依根，過去世的大腦不能來到這一世，所以這一生的前六識不是前世的覺知心意識轉生過來的，所以這一世與上一世的意識心是絕對不一樣的，世世的意識心都是只有一世存在的，因此說意識是只有一世的，不能延續到未來世去，也不是從前一世轉生過來的。

但是末那識意根則不相同，這個「意」是從無始劫以前，每一世一直存在而不曾間斷過，這樣世世延續下來，從來沒有一剎那間斷過。如果祂曾經有斷過，你就沒有辦法再度醒過來，也沒有辦法再去投胎了，因爲你的阿賴耶識離見聞覺知，也不分別，也不思量，也就是不作主，祂怎麼知道說現在應該去投胎？祂絕對不會知道要去投胎的！去投胎，是由意根決定的；即使是因爲業種的緣故而不得不捨報，但是在阿賴耶識捨報時的那一剎那，也還是意根在決定的；如果沒有意根，你決不會捨報；如果沒有了意根，中陰身也不會生起，也不知道要去投胎，那就是無餘涅槃了啦！

可是，因爲這個阿賴耶識裡面，一直都有意根相應的無明與業種，使得意根不肯自己滅掉，意根就不斷現行、不斷的作粗分別，不斷的執取一切法，就永遠斷不了，所以就叫做遍計執性。因爲祂永遠斷不了，所以色身壞了，沒有見聞覺知了，祂就又讓阿賴耶識再弄出一個中陰身出來，又有見聞覺知了；所以死後家人「腳尾飯」一拜，又有得吃了，就可以維持中陰身的力氣了，就是這樣。但是這個中陰身到第六天時開始衰弱了，到第七天時壞掉了，覺知心又無法現行運作了，意識心就想：「這個中陰身壞掉了，原來只有七天的壽命；這可不行！看來我得要去投胎了！我可不管這些子孫會怎麼樣花掉我的財產，我都不管了，我得要投胎去了！」意識又想：「我自己最重要，我的中陰身有生死，子孫們又沒有辦法保護我的中陰身，沒有辦法幫助我，那我就得自己離開再去投胎，才能再有見聞覺知心，我可不管你們了。」但是意識自己不知道見聞覺知心是不能去到下一世的，以爲下一世還是這一世的同一個見聞覺知心的自己，所以祂誤導了不善於分別的意根，意根誤以爲意識心的認知是正確的，就決定投胎去了。

下一世出生的時候，雖然是同一個意根，但卻是另一個全新的意識覺知心，根本就記不得往世的事情，只知道要保持見聞知覺性來供自己所用，祂的分別性是很差的，但卻是相續不斷的；所以說這些都是意根的作用，祂是相續不斷在運作的，所以 馬鳴菩薩說祂是「分別相續」而從來都不曾斷滅過的，這個處處作主、時時作主的心就叫做「意」，也就是四阿含諸經中所說的意根。可是這個意的運作非常的細膩，即使正死位、悶絕位、滅盡定位、無想定位、眠熟位中，覺知心斷滅了，祂還是繼續不斷的在運作著；這個要靠大家悟後一步一步的自己去體驗祂。

接下來 馬鳴菩薩說：

論文：「此『意』復有五種異名：一名業識，謂無明力不覺心動。二名轉識，謂依動心能見境相。三名現識，謂現一切諸境界相；猶如明鏡現眾色像，現識亦爾，如其五境對至即現，無有前後，不由功力。四名智識，謂分別染淨諸差別法。五名相續識，謂恆作意相應不斷，任持過去善惡等業，令無失壞，成熟現、未苦樂等報，使無違越；已曾經事忽然憶念，未曾經事妄生分別。」

講解：上一週的《起信論》我們講到意根，這個意根就是唯識一切種智裡面所講的第七末那識，在阿含部諸經裡面，把六根、六塵、六識定位成佛法中的基本的法義，能如實現觀這十八界法的人，至少可以親證聲聞乘或者大乘通教的初果；但是對於意根的體性能有如實的瞭解，並且能夠如實的證實祂、體驗祂的人卻很少。這種現象在佛世是很少見的，因為 佛陀在世的時候， 祂說法時把五陰、十二處、十八界都做了很詳細的說明；所以有很多的外道，證得了四禪八定，乃至可以進入非想非非想定中，在那當中，連反照的心都沒有了，那他以為說這樣就是滅盡十八界了；就像鬱頭藍弗，是 佛示現在人間成佛前所參訪的最後一位外道老師，他以爲自己所證得的非想非非想定境界就是無餘涅槃境界，就以爲自己是阿羅漢了。

但是，佛聽他說了非非想定的境界時，馬上靜坐，立刻就證得非非想定的境界，檢查了這個境界以後， 佛跟他說：「你這個境界只是三界中的境界，所以你還不是阿羅漢，因爲這個還是三界法。」他不相信，心想：「你還這麼年輕，不過三十歲，出家修行還不到兩年，你懂什麼？」所以他就不聽 悉達多太子的話，還是自以爲是。後來 世尊成佛以後，第一個就想到他，因爲他只要一聞解脫道正法，一定可以立刻取證滅盡定而成爲大阿羅漢，所以就想要去度他； 佛就以天眼、佛眼觀察他在何處，結果他已經捨報了。很可惜，他跟 世尊當面錯過，失之交臂。

但是 佛出來弘法以來， 祂的弟子們證得四禪八定的人也很多，大部分是從外道來的時候就已經證得四禪八定了。那些外道證得四禪八定時都以爲是阿羅漢了；後來聽人傳說 佛的說法，說他們這樣還是不對，還沒有斷除我見與我執，還是在三界之內，不離生死輪迴；所以就來禮拜 佛陀， 佛說：「你這個境界是落在意識上。」「你這個是落在意根上。」什麼叫做意識？什麼叫做意根？ 佛陀就爲他們把十八界法說清楚了；那些證得四禪八定的外道行者說：「那這樣就很簡單了嘛！那我只要把自己捨掉了就是涅槃了，就出三界了。」佛說：「對啊！你把自己捨掉了，就成爲眞實的無我，眞實的無我才可以出三界生死。」所以佛的大部分聖弟子，都是從外道中來的。

那些親證四禪八定的外道們，聞佛說法以後，當下就成爲俱解脫的大阿羅漢了。這些阿羅漢弟子當中，有一些人是具足聲聞種性的，決不迴心大乘的，所以他剛才成爲阿羅漢，當場就跟佛說：「我已經成阿羅漢了，我現在可不可以在佛前入涅槃？」佛在早期都會說「好」，往往會說：「爾自知時。」或說：「此正是時。」也就是說：「現在正是時候。」就讓他們一一入涅槃了。所以當時有很多人眼見爲憑，就完全相信佛的正法，確定悉達多太子眞的已經成佛了，眞的是世間至尊——三界至尊。因此立刻就傳聞開來，大家漸漸的都相信了。

那爲什麼他們聽佛說了幾句話，就馬上成爲大阿羅漢、馬上可以入涅槃呢？因爲佛很詳細的跟他們解說六根、六識、六塵，他們由於這樣的福報，聽到佛跟他們這樣說明：「你這個住在非非想處定中的覺知心，雖然微細到沒有辦法來反觀自己（作者案：這是法界中最微細的意識，過此境界即無意識存在），但是仍然是三界中的有為法；你認定這個極細意識的自己是眞實常住法，不肯讓這個自己消滅，這樣就會永遠的輪迴生死。你這一個執著而不肯放捨極細意識的心，就是你的意根；你這個意根不肯讓自己的覺知心消失掉，不肯把覺知滅除，那你就落在想陰之中，就必定會繼續輪迴生死。」佛陀如此開示，這些具足四禪八定的外道們，譬如說舍利弗、須菩提、目犍連…這些人；還有迦葉三兄弟尊者，本來都是外道，都是因爲 佛這麼開示，當下就把那個微細的執著捨掉了，不再執著這個三界中最微細的「我」了，所以立刻就成了斷盡我執的俱解脫阿羅漢了。

這種聞法當下就成爲俱解脫的大阿羅漢的現象，在 佛世時是很平常的；可是在今天呢，我們也學著像 佛那樣講解到很微細的地步，雖然已經講解到很微細了，但是並沒有一個人能立刻成爲俱解脫的大阿羅漢而取涅槃；因爲現在還不曾有人證得四禪八定具足，問題就出在這裡。所以說假使你們哪一個人，已經得到非非想處定的時候，如果能夠把——只要一位就好——能夠把你這一世的事與業做一個了斷，然後我再來告訴你「心眞如」的所在，讓你證知無餘涅槃的本際，你就可以在這裡立刻坐脫立亡，並且立刻出離三界生死。以這種當場取證，來做爲證明，證明這個法的正眞。如果能有人當場做這個證明，從此以後，正法至少可以維持五、六十年，沒有什麼可以憂慮的；因爲已經有這麼一個事實來作證據，證明這個解脫道的正確眞實了嘛！那我們可以因此而特地爲你立一個譬如「長生祿位」的紀念牌，或者特地爲你立一個涅槃塔都可以，我們找個地方來幫你立，同修會就爲你建立這麼一個紀念塔，來證明法的正眞，作爲復興佛教正法的表記。

這意思是說，到了末法的時候，沒有眞正的善知識幫你把六根、六塵、六識細說分明；而眾生的根器也跟以前不一樣，所以想要當場取證涅槃的話，是絕無可能的。以前的人，事情很少，反正修道嘛、就是打坐修四禪八定，把修定當作是修證涅槃，這在當時是很常見的，大家都是如此，所以古時候的人得四禪八定的人很多。現在的時代跟以前大不相同，大家都忙得很，所以幾乎是沒有時間修定的。因此，現在想要找一個證得四禪八定具足的人，還眞的是難！更不要說找到一位俱解脫的阿羅漢了。莫說俱解脫，就算是慧解脫的阿羅漢，也眞難找（作者於2004/3/16追按：現在和稍早南洋地區南傳佛法中，傳說還有所謂的阿羅漢，但是依照那些被宣稱為阿羅漢的人對解脫道的開示看來，都還沒有斷除我見，更別說是斷除我執了，所以都不是阿羅漢；也證明他們對四禪八定的修證境界，都還無法具足詳實的略說，可見都還沒有證得四禪八定，所以更不可能是俱解脫的大阿羅漢。將來如果有文獻資料，詳細的證明確有阿羅漢出現，本會將依新證據再作補充宣示，以證明之)。

因此，這個意根，是大家都很需要去瞭解的。因爲意根非常的厲害，而修學大乘別教的佛道，越到最後的階段，越是跟意根有關，所以祂非常的重要，因此這個部分很值得大家去深入證解祂；並且，在地後的無生法忍的修學和體證上面，幾乎可以說每一地都和意根有非常緊密的關聯。言歸正傳，我們就延續到上週所講的這個意根的部分再來講。意根，說一個比較簡單的、較容易記的、容易體驗的，就是指：你時時刻刻在作主的，時時刻刻在思量的心。譬如：我要繼續聽、我不要繼續聽；我要繼續喜歡、我要繼續討厭，或者我現在要立刻轉變。這個時時作主的、處處作主的、剎那剎那作主的心，祂沒有一剎那停止過思量作主，這一個心就是你的意根啊！

輪迴三界生死的根源就是祂，因爲祂自無始劫以來一直「恆、審、思量」的緣故，所以產生了普遍計度執著的體性；就是因爲這種執著性，所以使得眾生不能脫離輪迴生死。那祂的執著性是從哪裡來的？是從熏習來的。過去無量世以來，祂不斷的被意識的錯誤思惟加以熏習：「五蘊的我、十八界的我，是眞實有的，是常住不壞的。」因爲這樣的錯誤知見，累劫熏習下來，就造作成功祂的遍計執性；熏習越久，祂的執著就越強，這樣無量劫熏習下來，因此就無法離開生死的輪迴。這就使得意根的熏習變成了一個習性，使意根直覺的執著自我的一切法，所以意根的運作，大多不是在我們的覺知心的思惟上面去運作的，祂是一個習慣性的比重很大的執著心。因爲意根有這種特性，所以聖 馬鳴菩薩說意根有五種的異名——有五種不同的名字。

祂有哪五個不同的名字呢？第一個名稱是**業識**，第二個名稱是**轉識**，第三個名稱是**現識**，第四個名稱是**智識**，第五個名稱是**相續識**。

現在 馬鳴菩薩說這個意根有五種不同的名稱，第一個叫做**業識**。我們方才有說過，說祂是一個維持著習慣性的心，因爲祂從過去無量劫以來，不斷的被意識覺知心錯誤的思惟所熏習，結果就使得這個心與無明的業力會相應，祂的體性被轉變爲普遍的計度與執著；因爲祂會與這些煩惱相應的緣故，就會讓覺知心不斷的現行，這就是「不覺、一念心動」。覺知心之所以會常常現行，都是因爲這個意根的自我執著性——不斷的執取覺知心和如來藏的無漏有爲法的功德作爲自己所有的功德。如果不是意根恆有這樣的執著，覺知心就不會現行，就會永住無餘涅槃境界中。

講一個比較簡單的比喻好了，譬如說有的人，他對於世間的五欲不太貪著，他大部分都是睡覺的時候多——他認爲沒什麼事的時候就喜歡睡覺——所以沒事的時候他就睡覺：坐著也睡，不是只有躺著睡。這種人就是說他的意根對五塵的執著性比較淡薄，如果對五塵的執著性比較強烈的話，他就不容易睡覺，他老是覺得時間不夠用，這件事情做完了又做那件事，那邊串門子串完了又出門看電影去了。但是這種人跟人家修定有成績而睡不著是不一樣的，人家是定力太好了，所以越是保持一心，就越清明、越睡不著；他卻不是，他是由於攀緣，也就是意根的執著性強烈，所以意根不願睡覺。

有的人對五塵並不起太大的執著，可是他只要有一點小小的聲響變化，還是會馬上就醒過來，這就是對於身見的執著性比較強；也有的人則不是因爲身見的執著，也不是因爲定力太好而睡不著，而是法執比較強，所以睡不著，老是想要在一切時地整理種智；所以睡得淺的人，還是有種種的不同。所以說，末那識——意根——祂很厲害，你睡到迷迷糊糊的時候祂也照樣在運作、在作主，你睡到覺知心消失而進入眠熟位時，祂還是繼續在運作。你睡到迷迷糊糊，半夜裡面一兩點，忽然夢將起來，祂就隨著你進入夢境去了；因爲身體初步得到休息後，意根就又不肯安份守己了，又想要在六塵中遊戲了，所以就把意識喚醒了。

祂把意識喚醒來做什麼？在睡眠位中的這個身體還很累，還不便作什麼活動，那也沒關係，我們就在自己的境界裡面玩一玩也好，所以就不以身體來遊戲，所以就在夢境中自己玩了起來；這時候，或者夢見自己去美國大峽谷玩，去日本北海道賞楓，也許你夢見自己又去印度朝聖去了；這樣夢過了，遊戲一番以後，祂覺得有一點兒滿足了，就讓意識消失、又睡著了，意識覺知心又不見了，此時的覺知心的你又消失掉了，又進入眠熟位中，祂又繼續在那邊做一個「守望者」。祂眞的是一個守望者，一直在幫你注意；祂幫你注意，其實就是你自己在注意啊！因爲覺知心的你並不是背後的眞正的你，這個處處作主、時時作主、剎那剎那思量著一切法塵有無大變動的你——也就是意根——祂才是眞正的你自己，也正是心理學上所講的「潛意識」，其實不是意識，而是意根。

在眠熟位中，你雖然睡得迷迷糊糊，什麼都不知道、不醒人事，但是祂照樣在注意所有的法塵，在注意外面境界有沒有什麼狀況。可是外面狀況的詳情，祂並不很清楚；就好像窗簾都拉下來以後，如果外面是正常的狀況，祂就不理會，繼續當個「清醒的」守望者，但是因爲祂沒有六塵中的證自證分，所以不知道自己其實是沒有睡著的，也不知道自己是在眠熟位的每一個當下都存在著的。可是如果有東西碰撞到玻璃，或者說忽然有猛風吹得窗簾飄得唏哩嘩啦的，法塵上有大變化的時候，祂就緊張了，祂說：「喂！意識啊！快來！快來！這個大變動不曉得什麼情況，得要你來了知，我無法詳細瞭解，你趕快來分別。」意識好不容易出現生起，第一個感覺是：「哎！剛睡著沒多久，累死了，卻又得要醒來！沒辦法好好的睡。」

當覺知心的你被叫起來，配合身體來瞭解狀況以後，你說：「唉！沒事啦！那只是一陣大風吹動而已，沒事！沒事！」祂從覺知心的你這裡瞭解到沒事，就又讓覺知心的你消失了，就又睡著啦！祂又繼續作一個守望者，所以祂是一個不折不扣的守望者、思量者，隨時隨地照顧你自己。可是眾生不曉得祂才是眞正的五蘊中的自己，都是把覺知心當做五蘊法中眞正的自己。所以嚴格來說，那些祖師——錯悟的祖師——都會開示說：「學佛的人要當個眞正的自己。」都是落在覺知心的五蘊我中，可是這個「眞正的自己」就是覺知心我，正是「我見」，連意根都無法了知，怎能說是眞正開悟了？眞悟的祖師們，絕對不會告訴你「要當眞正的自己。要作自己。」

其實，大部分錯悟的古今祖師們，想要當自己，都還當不起，因爲他們落在意識覺知心上面，還沒有取證到意根——末那識，連五蘊中最究竟的自己都還沒有找到，而把意根自己所執取的、附帶的覺知心我，拿來當做眞實的自己，凡夫眾生都是這樣的；縱使親證到這個意根的自己，也都還是五蘊中的意根所攝的我，也還是斷不了我見的，都還只是一個凡夫罷了。所以，這個意根，祂是由於過去累劫來，覺知心的錯誤知見、無明的熏習，使得祂時時刻刻因爲無明和業力的關係（不是只有無明，與無明所造的業的力量合起來）然後使得這個意根不知不覺的就心動了。意根的這種不知不覺就心動，是時時刻刻、分分秒秒、刹那刹那，從無量劫以來，一直這樣不曾間斷過。

因爲祂的無明熏習的關係，使得我執常在，所以意識就會常常現行；意識現行時就有了對於六塵覺知的功能，這就是 馬鳴菩薩所說的「無明力不覺心動」。所以意識會現行的原因，就是由於末那識意根。意識現行的結果，就導致意根的你一定會去執取這個覺知心爲我，害怕覺知心永遠斷滅掉。所以將來這一世的你死了以後，你就一定會再去投胎；因爲你會發覺中陰身不太好用，只有七天的壽命，不能常保覺知心的存在；而且在中陰的階段中所講的話，子孫也都聽不見，眞的是不好用，看來眞是各活各的，了不相干；也就是說緣已經盡了，所以你就得捨下子孫們，自己再去投胎去。這個也就是「無明力不覺心動」。

這都是因爲末那識意根不肯讓自己消失掉，不肯讓自己所附帶的意識的覺知性消失掉，所以祂就一定會造作種種導致自己會繼續投胎、繼續出生的業行，所以會有種種的業行由祂所掌控，指揮意識覺知心不斷的造業，不斷的輪迴生死，所以意根又叫做業識。都是由於祂，所以使見聞覺知心不斷的現行，不斷的去造業，所以祂是名符其實的業識；祂也是在種種的善惡業、異熟業當中，藉著覺知心的了知性，也就是藉著覺知心所有的顯境名言而受苦樂，所以說祂才是眞正的業識。也就是說，由於有意識見聞覺知性來承受苦樂，所以祂就以覺知心的覺受作爲自己的覺受，這樣來受苦樂，所以祂是世間凡夫正受苦樂的主體，不是聖人正受三界境界的主體。

這些三界有爲法中的苦樂受的一切業果——三界中的善惡業果——都是意根在承受，如來藏——心眞如從來不受。如來藏不會像意根一樣，意根配合著意識的時候——跟意識同時現行的時候——祂就會有苦樂受的覺受，祂是間接的從意識來受這個苦樂。祂本身雖然不受苦樂，但與意識在一起的時候，祂以意識的覺受執取爲自己的覺受，所以祂這時候就有苦樂受了，所以祂又叫作業識。因爲造業的也是祂，承受業果苦樂的也是祂，使得業種的果報現行的也還是祂，所以祂叫做業識。

意根的第二個名稱叫做**轉識**。轉識的轉字是什麼意思呢？日據時代汽車司機就叫做「運轉手（日語）」，「運轉手」這個轉字的意思就是指運作、操作的意思；那麼轉識的意思就是說，祂是一種有作用的法性，祂在三界法當中是可以現起作用的；但是轉字也表示祂並不是恆住於一個永遠如如不動的體性當中，所以祂會被叫做轉識。

那祂爲什麼會被　馬鳴菩薩叫做轉識呢？因爲祂由於前面的業識的無明不覺與業力，所以心動了的緣故，祂就開始在三界六塵有爲法當中不斷的運轉。那麼，「依動心」：依意根心動的緣故，譬如說外面突然間「乓！」的一聲，你就醒過來了，意根就把意識喚醒過來而有覺知性生起了。因爲無明業力以及心動的緣故，意根心動就使得意識現前了，意識現前了就會有了「能見」六塵的境界相存在。意根自己的「能見境界相」的功能很低劣，可是由於有意識和祂配合的緣故，祂就變成伶俐得不得了。正因爲祂非常的伶俐，因此說祂是轉識。

而這個轉識意根，在定外時祂是轉識，當你正住在定中時祂也還是轉識；你睡著了，覺知心斷滅了，祂還是照樣繼續不斷的在運作；乃至入了無想定、入了滅盡定或是正死位中，或者悶絕位中，祂也都照樣繼續的在運作不斷，因此叫做轉識——隨時隨處刹那刹那都在運轉——祂沒有一刹那暫停過。那就是說，依於心動的關係，所以祂就有了意識覺知心配合著祂；意識配合著祂的時候，前五識就能夠現起運作，就有了能夠看見六塵境界的那一種法相存在，「能見」的境界相就出現了，因爲祂一直在運轉著，所以說它叫做轉識。如果不是由於祂有**業識**、**轉識**的這一種體性，那你晚上睡著了以後，就會永遠醒不過來了。如果入了無想定呢，那就會永遠住在無餘涅槃中，世間就不會有無想定了。可是爲什麼入了無想定以後還會再出定呢？爲什麼無想定不是涅槃境界呢？爲什麼入了滅盡定還會出定呢？爲什麼滅盡定不是無餘涅槃呢？這就是因爲這個業相識、轉相識的境界相，統統都是還有這個意根在運作的緣故。

意根末那識第三個名稱又叫做**現識**。現識兩個字的意思，是說祂能夠顯現一切的境界相；這個「顯現境界相」有兩個意思，不能從字面上去把它混淆了。在前面我們曾經說過：一切的六塵相其實都是我們的阿賴耶識，藉著五根面對五塵，因此祂顯現了內相分的六塵出來，才能被我們的覺知心與意根所接觸，覺知心意識與作主的意根末那識，是無法接觸到外五塵的。所以我們所接觸到的相分都是阿賴耶識所現起的啊！那為什麼這裡 馬鳴菩薩又說意根能夠現起境界相呢？我們就來討論這個問題！

譬如說阿羅漢入了無餘涅槃，那他的意識滅了、意根也滅了，所有的境界相都不可能再現起了，既然所有境界相都不可能再現起的原因是由於意根消滅了的緣故，那麼你就可以很清楚知道：如果不是意根末那識的作用，你就不可能有境界相存在，所以祂就叫做現識，所以祂是一切境界相現起的動力，也就是說，如果沒有意根的作意，心眞如——因地時名為阿賴耶識——就不會現起五塵與法塵，所以意根末那識就名為現識。

我們這裡以無餘涅槃的境界來做比喻，但是這個比喻對還沒有破參的人來說，不容易理解；對於已經破參的人來說，這個比喻卻是最好，也最容易理解意根會被 馬鳴菩薩稱為現識的原因。因為你們還沒有破參，根本就不知道無餘涅槃的本際是什麼，所以你們只能想像無餘涅槃中的沒有境界的境界相，所以用無餘涅槃境界來說明意根是現識，你們比較難以理解；那我們就換一個說明，我們以睡眠來說好了。

正當我們睡著無夢的時候，因爲意根的你沒有喚起意識來配合運作，還沒有喚起意識來作爲你自己的所用功能，這個時候你就不會有境界相存在，因爲意識的你斷滅了，所以就沒有覺知性在運作，所以就沒有境界相了。這是從一般人所瞭解的常識上面來說，可是，在眠熟無夢時，眞的就沒有顯示境界相嗎？如果眠熟無夢時就沒有顯現五塵法塵境界相的話，那就應該意根的你——你的意根——應該不可能會接觸到法塵；如果是不接觸到法塵的時候，法塵突然有大變化了，那你就不應該會醒過來了。

可是外境有大變動的時候，你爲什麼一定會醒過來呢？這就表示說，意根這個你呢，其實還是有境界相的接觸。所以正當天亮的時候，你喚醒粗意識來，了知天已經很亮了，粗意識知道是應該起床了，祂認爲：「現在這眼皮上感覺的光線已經很亮了，確實是天亮了，該起來了！」意根就決定讓意識完全現起，祂就決定：「該起床了！」祂每一剎那都一直在觀察，每一剎那都下決定：該起床囉！意識的你就出現了，就有了六塵上的覺知，那就是醒過來了。

同樣的道理，阿羅漢——俱解脫的大阿羅漢——他今天中午用完齋飯，沒事了，今午 佛陀也不說法，那他就找個樹下陰涼處打坐去了，他就入滅盡定去了。入定前，他先有個設定：「明天早上，太陽曬到身體溫暖的時候，我就又要托缽去了。」設定好了以後，定中就只有這件事情吵得了他，只有這件事情能使他出定；不然的話，即使是通常的打雷下雨，他往往是不會出定的；除非打雷打到唏哩嘩啦，雨下得唏哩嘩啦，一直不停的有很大變動，否則他是不會出定的。一直要到那一種他覺得應該要出定的狀況出現，也就是他預先設定的情境出現了，他才會出定。可是那個離開滅盡定的狀況出現的時候，他爲什麼能知道呢？這就是因爲一直都有意根存在的緣故，也都是因爲意根有思量性的緣故啊！

這就表示滅盡定中一直都有境界相存在，只是那個境界相極微細，不是被意識覺知心所體會的——不是覺知心的你所能體會的——而是那個作主的、思量性的你所體會的；因爲在滅盡定中，覺知心意識已經斷滅而不存在了。但是滅盡定中的境界相法塵很微細，阿羅漢就是因爲有這個設定，所以時間到了，預定的境界相出現了，不必別人敲引磬叫喚他，他自己就出定了。這意思就是說，意根能領納那個極微細的法塵相，也就是說：意根是能令境界相現前的心，所以 馬鳴菩薩說祂是現識。

雖然阿賴耶識不斷的有六塵相分在生起顯現，但是還得要有意根去領納，如果不是祂在領受這個境界相的話，那你睡著以後就會永遠醒不過來了；由於意根末那識能促使阿賴耶識流注出意識覺知心的種子，使得境界相能夠有人領納，因此而出現了境界相，所以意根就叫作現識；凡是我們所安住的六塵境界相中，一切能夠有所見、有所聞、有所嗅、有所嚐、有所覺、有所知，統統是由於這個意根的關係，所以 馬鳴菩薩才會說祂是現識。

換句話說，只要有祂在，阿賴耶識就會「猶如明鏡現眾色相」。再換句話說，如果祂不在了，阿賴耶識就不會再現起內相分了，就成爲涅槃寂靜的「無境界」境界。所以，一切有情眾生的內相分的現前，都是跟意根有關的；得要有祂的攀緣性、執著性存在，阿賴耶識才會不斷的流注內相分的種子出來，才會有境界相的顯現。這個阿賴耶識流注內相分境界相的流注功能，還是不能離於意根的作主性；意根的作主性如果斷滅了，你捨報的時候就會進入無餘涅槃了，中陰身也就不會再現行了。有情眾生死後，中陰身會一再的現前，就是由於意根的我執煩惱在作怪。

二乘解脫道的親證者——慧解脫的阿羅漢——對這個部分不能深入瞭解，所以慧解脫的阿羅漢大部分都是中般涅槃的，大部份人不是現般涅槃。往往是在中陰身出現了以後，自己檢討說：「我不是已經入無餘涅槃了嗎？怎麼又有這個中陰身出現？那我這個極微細的我執還是沒有究竟斷盡啊！現在我可不要有一絲一毫的自己繼續存在。」這一下才算能夠滅掉中陰身，但是這種慧解脫的阿羅漢，得要等到中陰身的第七天到了，他才能進入無餘涅槃，他的第二個中陰身就不再現前了。斷盡極微細我執的慧解脫阿羅漢，就不會有這種現象，就可以現般涅槃。

由這裡就可以知道這都是意根的作用啊！你看這個意根伶俐不伶俐呢？眞的是很厲害！所以禪宗祖師往往會這樣講：「但有絲毫簾纖，必定輪迴生死。」只要有一點點放捨不下，你就得要重新輪轉生死。但是俱解脫的大阿羅漢，他經由四禪八定與滅盡定，已經能夠完全把極微細我執在平常就修除掉了，所以他們捨壽的時候都可以「現般涅槃」，跟慧解脫阿羅漢有很多人是中般涅槃大不一樣；慧解脫的阿羅漢，十個人有八個是中般涅槃的。從這裡就可以知道說意根是令一切境界相現起的根源。

乃至往往有人死掉捨報，你們有沒有人常常去助念啊？往往有人在你跟他助念了三天三夜以後，他還是不肯捨報。你心裡想：「死不了的，不幫他助念了，走了！走了！」大家漸漸的散去了，不再幫他助念了。可是你才剛剛到家，電話來了，說他捨報了、走了，你又得要趕快回去幫他助念。他就是一直想要繼續存活，想要繼續保持見聞覺知心的存在，不肯把自己丟棄啊！到最後，他的意根透過粗意識不斷的觀察、觀察、觀察，發現這個色身實在沒辦法支持運用了，真的撐不過去了，最後才算認命，終於肯死了，才開始捨報。意根的我執正是這個樣子，這就是一般人的意根。

所以從一個人臨命終時，也可以很清楚的看見祂的我執作用；像這樣的人，就表示他的意根對五蘊的執取性非常的強烈，所以他在捨報時就捨不了啊！他有事情掛心，落在我所上面；如果那一件他所掛心的事情，你很清楚的知道，你就跟他咬耳朵、跟他講：「這個事情你安心啦！我會幫你怎麼處理、怎麼處理，一定幫你處理得很圓滿。」你跟他一講完，他也許眼睛張一下就死了，很快的。這也就是意根在我所上面的執著。

他這一死呢，六塵上的境界相就馬上消失掉了；但是因爲他死的時候，我執都沒有斷，我見也沒有斷，所以因爲意根的遍計執性的作用，又會促使心眞如另外在身體旁邊，生出一個中陰身出來。中陰身現起一分，心眞如就移過去一分；中陰身現起五分，就移過去五分；中陰身全部具足了，心眞如就完全轉移到中陰身裡，也就是完全捨報了，這樣才叫做死透、死盡，不然都還不叫做死透、死盡。所以，人的捨報，並不是一斷氣就叫做死盡；斷氣之時只是正死位即將開始，正式進入正死位中，快的人大約半個小時、或三四個鐘頭；慢的話，有人甚至會拖到一個對時——也就是二十四個鐘頭。但是這個捨報的過程快慢，統統是這個意根在作怪、在決定，如果他沒有大善業、大惡業的話。

那麼說意根「如其五境對至即現」，意根時時刻刻接觸到五塵境，但是五塵境界祂其實是不能了知的，祂只能在五塵上的法塵加以了知，而且祂所了知的法塵也是很粗略的、很粗糙的法塵，祂沒辦法作詳細的分別。馬鳴菩薩所說的五境，也就是色聲香味觸等五塵境界，意根只要面對境界，接觸到境界中的法塵，和法塵接觸——「至」就是接觸——境界就現前了，沒有前後的分別；不是說我們接觸到了，然後接下去境界才現前；而是接觸的當下，境界相就現前了。那這個是不必有任何的「功力」，「功」就是施加人爲的加行才產生那個力量；意根的這種功能，不必加行就已經本然而有，是祂自然就有的功能性。

好像有的人破參之後問我說：「咦？這個心眞如怎麼會有這個體性呢？這到底是甚麼緣故？」我說：「你不要問我，你去問 佛，佛也會是這麼說：心眞如本來就有這個體性」。祂不必另外再有什麼原因，本來就是這個樣子。你如果要問 佛說：「一定有個原因嘛！眞如怎麼會有這個體性？」那你就把 佛問倒了。因爲這個本來就是祂的體性嘛！你爲什麼要問「祂怎麼會有那個體性」。譬如水，水本來就有濕性嘛！你爲什麼要問「水爲什麼有濕性」？水本來就有濕性，法爾如是嘛！不必問什麼理由，祂就是這樣子。那麼意根只要面對五塵境界時（也就是說正在清醒位時），祂就一定會促使阿賴耶識心眞如猶如明鏡一樣的現起種種境界相，意根是心眞如猶如明鏡現起一切境界相的動力；因此，由於意根的有這種促使第八識顯現境界的體性，所以 馬鳴菩薩把祂叫做現識。（編者補案：後來平實導師之學法弟子楊先生、法蓮師、悟觀師，與慧廣法師串聯起來，將偽稱為龍樹菩薩所造的偽論《釋摩訶衍論》中的所說「阿賴耶識是現識」的謬論，取來否定平實導師在《楞伽經詳解》中所判「意根是現識」的說法，在此問題上大作文章。詳見《燈影、假如來藏、辨唯識性相》三書，以及《學佛之心態》書末附錄〈略說第九識與第八識並存之種種過失〉一文辨正。今此 馬鳴菩薩論文亦稱意根為現識，說意根的體性具有「五境對至即現，無有前後、不由功力」的現識功能，證實平實導師所說無誤，亦證實彼等不懂佛法。）

第四個名稱說意根又叫做**智識**。智識兩字是說意根和意識同時現起的時候，祂不但叫做現識，也叫做智識；如果祂不和意識同時現起的話，那祂的了別境界相的慧心所是很差的，祂自己慧心所的功能性很低劣，所以在種智上，說祂在別境五心所法裡面僅有的慧心所，也只有一小部份相應，而不是具足慧心所功能的全部。祂之所以會只有一小部份慧心所的相應，是因為祂本身是**恆遍緣一切境**的緣故。因為祂於一切境遍緣，這個「遍緣一切境」裡面，有一些法是不可明講的，這個要你破參以後自己去體驗；因為如果我們把這個遍緣一切境的密意都說了，那諸位就不必參禪了，也無法生起深妙的般若實相智慧了。

我如果跟你明講的話，你就會像以前那些人一樣的退轉掉——就像第一批被自在居士轉走的人一樣——我的好意就產生不好的結果，因此這個「意根遍緣一切境界」的密意，我們在這裡就不公開說它。但是在這裡我們得要略說其中的一小部份，也就是說，祂之所以會被稱為智識，就表示祂並不完全像第八識一樣完全的離六塵分別，第八識對六塵境界是完全離見聞覺知的，是完全不分別六塵的。

當你眠熟無夢的時候，那五塵相分究竟是怎麼樣，第八識是完全不管的；但是末那識卻不一樣，末那在這個時候，依舊是繼續以很差的慧心所，在了知法塵有沒有大變動的。

意根會常常分別染淨諸法，可是祂的分別染淨諸法，是和意識同時在一起的時候，才會做這樣的分別。換句話說，只有「意識俱」位，祂才會作染淨分別。而祂的那一種染淨分別非常的迅速，非常迅速的意思就是說，祂要跟你的意識配合，加上原有出生以來的熏習，以及被教導分別所產生的分別性的過去的記憶。

譬如說——這邊女眾有沒有人剛生過嬰兒？嬰兒剛學會坐，也許他剛撒了一泡尿在地板上，小手就在那邊拍呀！拍呀！有沒有？也許旁邊剛好你家裡養了一條狗，在旁邊拉了屎，他看看也許覺得好玩，就把手伸出兒車之外，他就伸手去拿狗屎來玩，甚至還可能會塞進嘴裡面嚐一嚐。有沒有這種事？（大眾答：有！）有嘛！這很平常啊！因爲他出生以來的意識是這一世才有的，所以他沒有往世的記憶，這一世也還沒有人教他說：「這個叫做髒！不可以玩。」所以他沒有所謂清潔與髒的觀念，他只覺得這個尿水拍起來很好玩；他認爲尿水只是水，他不認爲那是尿。他也不曉得那條狗拉出來的固體很髒，他也不知道那個叫做屎，也不知道很髒。你聞起來覺得很臭，嬰兒卻不覺得臭，因爲他的意識心是全新的，不曾學習過，而他的意根也無法在這上面作分別，所以他玩尿水、玩狗屎，玩得很高興。

當你看到的時候就說：「唉呀！這個好髒欸！你怎麼可以玩呢？臭死了！臭死了！」手就在鼻子前面一直撥，那他看到你這個表情：「喔！這個是不可摸的，這味道是髒的、臭的。」他就學會了，下一回當他看見了的時候就會跟你講：「媽媽！臭臭！臭臭！」他就會這樣跟你講。以後在他一見到的當下，意根就馬上知道這個是臭的、這個不可以摸，那時他不必再用意識去分析說：「嗯！這個媽媽有教過，這個叫做屎、這個是臭的……」，他不必這樣，他一見的當下就知道了；這就是意根的功能，只要經過意識的分別與領受，祂就會直接的反應出來，所以祂不是完全沒有六塵上的了別性；只是說，祂這個六塵上的了別性，必須與意識覺知心同在的時候，才能有這種直接反應的了別性。也正因爲祂有這種了別性，而不是完全沒有了別性的緣故，所以 馬鳴菩薩就稱祂爲智識。

這個第七識——智識意根——當祂和意識覺知心在一起的時候（但這是指跟過去熏習的記憶有關的），祂不必再用意識覺知心在那邊分別思惟，祂不需要，祂透過意識的覺照就直接了知「這是錯的、這是對的」。祂如果看見某某小朋友在打另一個小朋友，他馬上就知道這是錯的，所以你看幼稚園的小朋友，某甲欺負某乙，某丙看到了，馬上跑去跟老師講：某甲在打某乙。馬上去講了，他不必用覺知心去分別說：「某甲打某乙，這個老師以前說過，這個叫做錯」，等他這樣子思惟過了以後再去講；他不必先用意識覺知心思惟過了再去講，他一看見，馬上就去跟老師講，這就是意根的智性，所以說這個意根叫做智識。

這個意根的分別性很厲害的，在一刹那之間，只要意識在的時候祂就分別完成了；可是這個分別性，是依於過去的熏習的記憶，是從記憶所形成的慣性來的，因爲有這個分別性，所以 馬鳴菩薩說意根是智識。因爲祂有這種分別性，有這種直覺的智慧能夠做了別，所以也說祂叫做智識，所以 馬鳴菩薩說祂能「分別染淨諸差別法」。

那這個「分別染淨諸差別法」，順便跟你們講一個知見，那就是先跟你打預防針，以後你只要一聽到別人這樣亂說法，你就說：「啊！這個錯了，這個不對，趕快走！」就不會被誤導了。譬如說《大正藏》裡面收集了一些西藏密宗的東西，可是那裡面有一些法都是錯誤的，卻有著至高無上的名相——「無上瑜伽」。瑜伽是解脫境界啊！藏密說他們所證的這個「解脫」境界是至高無上的，他教他派都無法與他們相比，所以它叫做無上瑜伽；那就是印順所判的天竺「晚期佛教（其實已經全面外道化而不是佛教了）」從印度教中的一個支派，也就是從性力派思想裡面攝取來的，那個境界都是不離欲界六天的境界；而且是欲界六天最低的人間的境界。四天王天以及忉利天的天人，因爲還未離欲，所以還有男女相，但是男女欲已經比人間輕微了；再上去到夜摩天的天人，雖然還是有男女相，可是已經不用二根相交了，他們就只是拉拉手、身體抱一抱，也就覺得很滿足了，淫欲也就解決了；但是這些境界，都仍然還在欲界之中，還沒有超出欲界的境界。

可是西藏密宗的那個修法，將來如果有機會，可以注意觀察一下；你們如果去印度朝禮聖地的時候，到了印度時，他們那些賣印度教用品的，以及賣喇嘛教物品的店裡面，你們都會看見一些雕像；當你們女眾看到的時候可不要臉紅喔！你如果臉紅了，在那邊指指點點，你就犯了人家的大忌諱喔！對他們來講，男女雙身交合的彫像，以及所代表的男女交合的樂空雙運的法義，是很神聖的，他們自認爲是至高無上的法義。但是，它的本質是什麼？其實是欲界裡最低層次的法，絕不是佛法。所以你們現在聽我說過了，稍微有些知道了，以後假使有人跟你說：

「我們西密有即身成佛的法，能夠讓你一世之中成就正遍知覺。」他們認為樂觸全身都遍知時，覺知心如果能夠了了分明而不散亂了知樂觸無形無色、專心享受樂觸的覺知心也是無形無色，而繼續保持樂觸的遍身享受，那就叫做正遍知覺，就是樂空雙運。

但是，這能叫作正遍知覺嗎？你現在聽我說過了，知道了：「喔！這是個錯誤的思想！」以後如果有人跟你說：「喂！你來當我的佛母，當我的空行母，好不好？」你初聽時，覺得當佛母好像不錯，地位很高，是佛的母親；然而其實不是，他們就只是拉你去修雙身修法；修過之後，你就完了：既破邪淫戒，又犯大妄語戒。因為他們說，當你正當享受性高潮時，你能一心不亂，而且能了知受樂觸時的覺知心是空無形色的，樂觸的本身也是空無形色的，這樣的空性見和淫樂同時存在的安住在這種境界之中，那就是樂空雙運，就是成就西藏密宗的報身佛果了，所以他看見你美麗端莊，就想要和你合修雙身法，所以才會邀請你當他的佛母、空行母。現在你稍微懂了，所以你一聽到這種邀請的話，當時轉頭就走，也不必跟他說不；你轉頭就走，就對了。

言歸正傳，如前所說，今天你聽我說過意根是智識以後，這樣你腦海裡就有這個智識的印象了，也聽過我略說雙身法的錯誤了，這就是正法的熏習。熏習過了以後，特別是年輕漂亮的女眾，你得要特別注意，人家會因為你美麗而喜歡找你合修雙身法。你現在有這個正法知見熏習在心田裡頭了，以後你只要一聽到雙身法、佛母、空行母，你的意根不必再透過意識來分別說：「喔！以前蕭老師有講過什麼樂空雙運的錯誤。」你不必再以意識來思惟，你只要一聽，當下就知道不對，轉頭就走了！那我這個預防針就打完了（大眾皆笑）。所以，從這裡就可以知道，意根的了別慧雖然很差，但是祂也很伶俐的，不必等思惟，祂就知道錯了，所以祂還是有一些分別慧的功能，這樣，你對這個智識的意思就能夠瞭解了嘛！

所以，意根就是有這個功能性，祂是很厲害的。但是祂這個厲害，得要配合意識覺知心，再配合原來在祂背後的意識熏習過的記憶——意識所熏習過的那個記憶種子——就可以在當下就判定：「這個雙身法不是佛法！」因為意根有這個利用意識記憶的功能性，所以祂才會被 馬鳴菩薩叫做智識，能夠在剎那之間就分別染淨諸法。這個染淨諸法裡面也有很多的差別啊：譬如說特別不好的法，或者稍微不好的法；特別勝妙的法；稍微勝妙的法，所以才叫做差別法——在染淨法的當中有種種的差別相。

那麼第五呢，馬鳴菩薩說意根又叫做**相續識**。為什麼說祂是相續識？意識算不算相續識呢？意識就是覺知心，祂是斷續的嘛！你只要累了，心裡想：「現在是中午休息時間，我不妨就在座位上坐一坐、打個盹兒。」一坐上去不久，意識也就斷滅了，因為那個境界中的意識覺知心斷滅了，所以才叫做睡覺、才叫做眠熟；因為祂很容易斷滅，所以祂不能叫做相續的識。意識覺知心，只要一現起，就一定會有覺知，而且常常間斷，譬如每天夜裡睡覺一定會斷滅，所以意識是斷續的識，不是相續的識。但是這個意根呢，祂可就完全不同了，祂從無始劫以來一直都是相續不斷的識，所以馬鳴菩薩說祂是「恆作意相應不斷」。

「恆」就是表示：祂永遠常在而不曾一剎那間斷過，而且都是這樣的體性，從過去無量劫以來，一直到現在，乃至未來無量世以後，除非你入無餘涅槃，否則祂照樣是恆而不間斷的，永遠都是相續不斷的，所以稱為相續識。你在過去世死掉了，在正死位時意識斷了，意根還是不斷的，祂照樣在運作啊！因為祂一直繼續在運作，所以你的中陰身就會從阿賴耶識心體中出現了；也因為祂繼續不斷的運作，所以你就會去投胎。如果不是祂一直在不斷的運作，上一世的你死後不會有中陰身出現的，所以中陰身的出現就是因為祂的我執相續不斷的緣故，可以說祂就是輪迴生死的罪魁禍首。

可是，相反的，如果不是因爲有祂，那你也沒得成佛了；因爲，就是要靠祂在你証悟之後發了菩薩願，起了受生願：「我一定要世世受生，絕對不要入無餘涅槃，所以我不要把對自己的執著全部斷盡，我要留一點點思惑下來，那我死後呢，我還得要有中陰身，然後我再選擇適合的因緣再去投胎，我不要入了涅槃了。」有這樣的願的時候，那你就不會入涅槃去，就可以繼續受生投胎，轉入下一世，再去自度度他，這就是因爲意根有相續不斷性，才能夠在捨報的時候，不會入了無餘涅槃，所以還是得要靠祂這種相續不斷的體性，來分別染淨諸差別法，才能夠世世捨報以後不會進入無餘涅槃裡面去。不然的話你只要把我見和我執斷盡，捨報就一定會入涅槃。

可是菩薩斷了思惑，以後卻故意再起意留一點思惑，不要全部斷盡。當覺知心知道這個道理以後，意根心裡面就有了一個決定：「我捨報以後，我要經過中陰身，不可滅除自己。然後由中陰階段，再來觀察我受生的因緣：未來世的父母，是那一對比較適當？他的家世如何？是不是適合我？」意根會做這樣的決定，就會有中陰身生起，再於中陰階段中由意識分別、觀察、選擇，再由意根來決定；

這些也都不離意根的作用，也都是由意根來作用，因爲意識只是意根的工具而已，都是由意根所掌控的。然而意根能作這件重要的事情，正是因爲祂有著恆住不斷的相續特性，才能夠掌控意識覺知心，才能使我們在未來緣熟時成就佛道。

這個意根，自無量劫以來，就已經是這樣的延續下來了，從來沒有一剎那間斷過。因爲意根如果有一剎那間斷的話，當下會就變成無餘涅槃境界了，就再也不可能有中陰身或下一世存在了。當意根斷了的時候，蘊處界萬法中，還有哪個法不斷的？蘊處界所攝的一切法中，都不可能有一法不斷嘛！因爲五塵境界是由眼耳鼻舌身五識的現前領受，覺知心中才會有五塵境界的啊！法塵的境界則是由意識的現前才能領納，而意識又是以意根作俱有依而現前運作的啊！如果意根斷了，意識哪有可能現前？不可能現前了！意識不現前的話，前五識也不可能現前的，那就會使得蘊處界…等法全部都消失了，一切法都滅盡了，無六塵、無我、無我所，絕對的寂靜，那不是涅槃又是什麼呢？所以正確知見的建立非常重要。

印順法師的書裡面說：「人睡著了，意根是要斷的。」請諸位思索一下看看，你說：「嘿！人睡著了，意根就得要斷了；可是意根斷了就是無餘涅槃境界欸！啊！我賺到了！我今晚上回去可得要好好的睡一大覺，最好是睡得萬事都不知，永遠都醒不過來，就進入無餘涅槃境界了。」如果怕睡得不沉，怕意根斷不了，那就打一劑安眠藥好了。但是，是否這樣就可滅了意根而成爲阿羅漢呢？不是的！意根是不會因爲睡眠而間斷的，不管你睡得再怎麼沉，祂都是不會暫時間斷的。如果誤以他的說法正確，也可能會把安眠藥施打過量了，色身就壞掉了，意根觀察的結果確實如此，祂就說：「這個身體既然已經壞掉了，那我就只好捨報了。」你就會被轉到中陰身去了，可是在正死位中，你的意根還是斷不了的，所以印順老法師的說法，是不正確的，眠熟時的意根還不曾有一剎那間斷過。所以說，法的如實証解是非常困難的，特別是在末法的現在。佛在世的時代不會有這種現象出現的，這種不懂涅槃，不懂意根，也不懂睡眠，而說眠熟位中的意根會斷滅，這種話，說出來會讓人家笑的。

馬鳴菩薩說這個意根的體性是「恆」，恆就是永遠都這樣。「作意」是說，祂永遠都有一個作意存在，這個作意就是不願意讓意根自己消失掉，希望永遠都可以這樣處處作主、時時作主，也正是我執。由於意根相續不斷的緣故，所以這個作意也就一直會與意根相應不斷；這個意根的作意，是從過去無量劫以來，沒有一剎那間斷過，永遠這樣的保持和延續下來。

馬鳴菩薩又說意根「任持過去善惡等業令無失壞」。任持，就是說根本就不必要起意念，就能夠隨緣任運的執取過去所造的一切善業惡業以及一切無記業的習氣，使得這些業種都不會失壞。意根有這種體性，是很多人所不知道的。有的人說：「那些美國越戰退伍軍人眞的很奇怪呢！在越戰過程中那麼恐怖、那麼痛苦，回來以後就應該趕快把它忘掉，他們卻每天還要去夢到它，好笨喔！笨死了！笨到每天還要去看心理醫生，還看不好。」因爲那個恐怖境界實在太慘烈了、太殘忍了，對他們來講，眞的受不了哪！

又好像我們台灣在九二一大地震的時候，那些國軍士兵去幫忙、去救人，他們去救助那些罹難者，結果有的人就心理崩潰了。他也知道應該把那些痛苦的記憶丟掉，可是偏偏每天晚上他就是會不斷的夢見，每晚都要承受那個痛苦折磨。意根就正是這個特性，祂什麼都要拿，好的種子祂拿到手，存到阿賴耶識裡；不好的種子祂也要拿，一樣存起來，所以祂統統都執取。等到他醒過來的時候，他想：「我不要再執取這些東西了。」他的意識也明白這個道理啊！所以想要把它遺忘、要把它丟掉。心裡很清楚的知道：「這個痛苦的經驗，我再把它留著，對自己不利。」可是偏偏又丟不掉。

意根就是這樣，像個垃圾收集者一樣，不論什麼東西，祂都收藏起來，祂統統往裡面的如來藏收存。所以有一些惡人造了惡業，他的覺知心想要把所造的惡業種子丟掉；可是偏偏不行，到了捨報的時候，那個業鏡就這樣一片一片都出現了，好像幻燈片一樣的很快的拉過去，速度很快！這時候心裡的一個念頭就是：「我死前確實作過這些事。」如果能夠有多餘時間的話，作過惡事的修行人心裡會說：「啊！原來都還在欸！我以為都丟掉了，沒想到還是丟不掉！」他這個時候才知道所有的善惡業種都丟不掉，原來覺知心以為意根的自己已經把惡業的記憶全都丟了，結果是一一都還在，可是已經來不及補救了；接下來的境界，就得要憑他那個時候所現前的種種善惡業的境界相，來論定這一生的功過，接著就由因果律的緣故而受報去了。

任何一個人都想要丟掉惡業種子，但是何嘗有人能丟棄過？永遠都丟不掉的。這也就是意根任持過去的善惡等業，祂都會把一切善惡業種收存在心眞如裡面，祂會使得一切眾生所造的善惡業種子，都執持在阿賴耶識心田裡；覺知心的你想要叫祂丟掉一切惡業種子——想要叫祂忘記一切惡業種子——但是祂永遠都不會忘掉的；你意識再怎樣勸說祂都沒有用，祂會永遠把它們收藏在第八識心田裡，永遠都忘不掉；當因緣成熟而應該現前的時候，印象一定永遠都是非常深刻的，所以呢，這些業就不會失壞了。

既然業不失壞，當然它就會成熟你現在世、以及未來世的苦報樂報，以及無記業的異熟報。這些有記與無記性的異熟果報，使得這些果報不會有違背因果律的情形，不會讓有些人所妄想的能將「不好的果報跳過去」。越！不可能越的；跳不過去，該報的還是得要報。「已曾經事」，就是以前經歷過的那件事情，本來你已經很久很久都沒有想到它，也許十年前、也許五十年前的事情，突然間你一念想了起來：「**啊！我小時候有個同學怎麼樣、怎麼樣的……**」咦！又出現了。可是有時特地叫你回憶他的時候，你又怎麼都想不起來：這個人長什麼樣子，想不起來，名字也想不起來。可是往往你並沒有在想他的時候，突然間一念，欸！它出現了，臉型、名字、事件，都想起來了，這就是意根的功能。

甚至於過去世的事情，有時當你正在打坐修定的時候，它忽然就出現了，你並沒有想要知道那些往世的事啊！結果它自己出現了。或者你夢中睡得正香，忽然間開始夢起來，又夢見過去世的事情，它又出現了。所以說，意根有它的相續不斷的作用，相續不斷的執取一切事物的作用，使得這種事情能夠永遠都不遺失。

如果意根不是相續不斷的，那你過去世死了的時候，意根也就一定會間斷了。意根如果也跟著意識與色身的死亡而間斷了，那麼往世的你跟這一生的你就沒有連結了嘛！假使沒有連結的話，怎麼這一世的覺知心的你心中，會有過去世的東西又跑出來呢？但是覺知心明明與過去世的覺知心無關啊！覺知心明明只有一世啊！所以一定是有一個相續不斷的意根存在嘛！

可是這個不斷的意根呢，祂就有能力從那個永不作主的眞心裡面去接觸到那些業行的記憶，如果因緣成熟的時候，譬如說靜坐進入等持位定中，或者是緣熟時的夢中。然而你的覺知心想接觸都接觸不到，除非你修成宿命通。你如果沒有修成宿命通，那你就只能靠打坐入定時，誤打誤撞而知道某些事情。但是並不是說，你想要看三輩子前的事情，祂就給你三輩子的事情來看；也許給你看到的是無量劫前的事，也許給你看一劫前、也許給你看十世前，你無法指定的。只有修成宿命通的人才能指定，說我要看哪一輩子或另一輩子，這樣一輩子、一輩子的看過去。但是修成宿命通的人，大多是只能看到前一世、前兩世，能夠看到前十世、百世的人，就算是很強的宿命通了；但是沒有宿命通的無生法忍菩薩，卻往往可以由定中看到過去無量劫以前的事情，這就是心清淨以後意根所發起的功能。

沒有宿命通的人，無法指定所要了知的時代與事件，無法在定中隨意選擇世代與事件，只能像是誤打誤撞一般的了知某些年代中的某些事，因爲你沒有鍛鍊出那個多世宿命通的選擇能力；這就好像不會玩電腦的人，開了電腦以後，胡亂的弄來弄去，也許看到這個，也許看到那個，沒有能力控制與自由操作；並不是像很懂電腦的人想要查什麼，就可以查到什麼。意根在特定時空與環境中，能使過去世的某些事情出現或了知，就是這個道理。所以，由於祂的相續不斷特性，才會使得你的眞心裡面的某一些過去世的東西，突然出現了。有時是小時候的事情；有時則是過去一世、過去兩世、乃至過去無量世的事，在定中突然就出現了。

那麼這是過去曾經經歷過的事喔！這個曾經經歷過的事的出現是好、不好呢？從修道上來講，它是好的；但是如果從造惡業的人來講，那卻是不好的，因爲會使他受苦報，他一定會說這樣不好。可是對修道的人來講，卻是很好啊！當你這一世因爲胎昧而忘掉過去世的證悟內容，而重新在參禪的時候，它就會跑了出來：「眞如一定是這個什麼樣的事物……，一定不屬於某類的事物。」你在參禪時，你在往世所曾經歷過的開悟的內容與知見，就會顯現出來，使你導向正確的方向；當你在參究的過程當中，它就一定會出現。一出現的時候，你就知道：「啊！

心眞如就是這個。」不會落入見聞覺知心裡面，去誤認爲眞心；你馬上就會曉得、馬上就知道，就是這樣子。

那麼有這個現識，對你是好、還是不好呢？還眞的是好呢！如果不是因爲有祂的相續不斷性，你這一世就無法跟過去世所修的無漏業的種子連結起來，一定連結不起來的。正因爲有這個相續識的作用存在，所以我這一世雖然被名師誤導了，但是我後來決定自己在家裡閉關參究，前後十九天，我還是把往世證悟的內容弄出來了；我參禪的過程中並沒有別人來教導，並且在這十九天的參禪之前，名師教我的知見也都是錯誤的。結果，我自己還是可以參出來，這不是很好嗎？正因爲有這個相續識，藉著祂——因爲祂從過去無量劫延續下來不斷——藉著祂可以跟阿賴耶識裡面的過去世的善業種、無漏法種，可以再度連結起來，使得過去世所修的一些內容，又開始漸漸的出現了。

譬如說，有人提出問題，問我同修說：「你們蕭老師書中不是有寫過嗎，說他過去不是在覺囊派裡面嗎？那覺囊派裡面，密宗覺囊派縱使法是正確而沒有錯誤，可是他們當年也有傳雙身修法啊！那爲什麼他這輩子要反對？」咦！這個質問好像也有道理喔！你過去世都在傳了，爲什麼這輩子你又要來反對？但這個事情得要跟大家說明一下。

我們過去世雖然也傳雙身法，但那是情勢所逼而不得不傳，因爲那個年代是在西藏；當時西藏的環境，娶一個老婆是很困難的；有的人是四個男人共事一婆（不是共事一夫，是共事一婆，是這樣的喔！所以當時西藏男人娶妻很不容易的）。那個時候，西藏的整體環境，是不容許稍微否定雙身法的；正因爲那個環境是這樣，你當時如果不在表面上隨俗來傳的話，黃教達賴喇嘛會說：「你這個不是佛法。」就會馬上把你消滅掉，不容許你存在，不允許你繼續弘傳正法，因爲雙身法的樂空雙運是藏密四大教派共通的，而且是最重要的法義。所以我們當年在表面上也傳，也跟他們一樣，讓他們在一段時間裡誤以爲和他們是一樣的，但我們在暗地裡傳的是什麼？是「他空見」；我們傳的是眞正的法，是在他空見上面，所以我們就像《華嚴經》中的婆須密多尊者一樣，「先以欲勾牽」，但是暗地裡指明雙身法中隨處運行的第八識如來藏的所在，表面上看來好像也是雙身法，實際上卻根本不是雙身法的內容。

但是這個表面傳時輪金剛雙身法，暗地裡實傳如來藏的事情，這個弘傳正法的事情漸漸的被人家知道了，他們就來跟我們辯論法義了；辯論法義當然輸給我們，所以接著就馬上派人來打殺我們了；經過前後五、六次的法義辯論的勝利，和每次緊接著就來的泥濘地上的混戰，死了許多同修以後，我們就被趕出西藏了，實情就是這樣。我們當年在早期的情勢算是不錯的，早期有朗達瑪王，因爲他們支持我們嘛！因此我們弘法沒有問題。可是達賴五世就去跟蒙古可汗結盟，所以政治勢力被孤立了；達賴五世又去跟清朝不曉得是雍正還是哪一位皇帝拉上關係，所以就來夾攻我們，就把那西藏地方性的國王滅掉。到了那個時候，我們就只能純粹靠自己的法義，來對抗達賴的政教合一的勢力，沒有任何政治上的依靠。

在西藏，一旦沒有政治上的依靠就完了；在當時的西藏是政教合一的，不是分離的，因此，最後我們還是被滅掉了。就這樣子，每一次辯經我們就贏，贏了之後只過幾天就要被打、殺。這樣經過五、六次的辯經勝利，緊接著每一次辯經的勝利就有一次打、殺，這樣經過五、六次的辯經勝利與五六次的打殺失敗，我們就被消滅了。那時候的打殺，都是在泥濘地上混戰欸！每次都是這樣子。這樣經過五、六次，我就被趕出西藏去了，覺囊派的寺院就全部被藏密黃教接管了，覺囊派的他空見也就消失掉了、滅掉了，不許弘傳了。到如今，覺囊派只剩下表相，覺囊派的名稱還存在著，他空見的正法卻是失傳、斷滅了。這是我定中所見的，我也曾在夢中見過啊！不是只有定中看見過，夢中也夢見過。

所以，雙身法很適合西藏那個地方，他們的生活環境與宗教都是那樣，都很適合弘傳雙身法；當時的政治情勢上也必須弘傳雙身法，不能與他們不同，所以我們在初期得要維持跟他們一樣的表面印象，方便弘法。你如果跟他們完全不同，在剛開始時是沒辦法弘傳的。就好像說，如果有人想要破壞佛教的法，他們在表面上一定要和佛教類似，說法也必須類似，人家才會相信你嘛！不然誰會相信你是佛教、佛法呢？西藏密宗和妙天「禪師」這位外道，他們不就是這樣嗎？他們在表面上是披著佛教外表，讓你覺得他眞的是教佛教中的禪法，才會有人相信他們啊！實際上卻是搞他們自己的冒牌禪。

我們當年在西藏也不得不這樣啊！我們表面上跟他們一樣傳雙身法，使他們不會排斥，但實際上我們不是在傳雙身法，實際上講的是他空見，把應成派中觀的斷滅論破了；後來被五世達賴知道了，我們才把他空見正式提到檯面上來，希望可以藉由法義的勝妙而繼續利樂眾生，可惜的是仍然敵不過藏人的業力。這是西藏歷史所故意被遺漏掉、故意被扭曲掉的一段事實。因此過去世我所接觸的、我從那些金剛上師所學到的，在後來成爲一派之主而了知的雙身法的事情，那些東西在我這一世初學佛時一讀到密教部中的《大聖歡喜雙身修法、大日經》等隱密的教義，我一讀就知道它的意義了，根本就不必再向別人學習；現在呢，又有一些更詳細的內容，它又開始出來了。所以我一讀就知道那些都是雙身修法，包括一些細節都會出現；這部份細節我們且暫時不去談它，免得你們女眾聽了會臉紅；但這些都是意根的作用，才能使我在這一世還會繼續了知藏密的邪法。

這意思就是說，由於有這個相續識意根——末那識——從過去世不斷的這樣連結下來，然後你的阿賴耶在過去世所熏習的種子一直存進去，漸次來到這一世的時候，這個意根還是可以透過三昧，或者透過夢境使它們又再度出現。然後你就會知道，原來這首偈雖然只有四個字，但是樂空雙運是在講什麼？你還是會知道的。雖然那個雙身法對他們西藏密宗來講，是無上密，所以不輕易傳給學密十幾年的藏密行者，只對極少數人才傳，當然是不能跟你明講的，所以雙身法中大多是只有偈語的。

那麼這個偈語中的祕密意思，當然就是由上師跟你口耳相傳，不把密意寫在文字上的；而且都是只對學密二、三十年，並且大力供養上師的徒弟才會傳授的。在台灣，因爲民情厭惡邪淫的緣故，所以到最後必須和異性上師上床實修的事情，以及第四灌完成後的雙身法共修（輪座雜交：女行者須與所有法座上的男行者一一坐姦交合），被普遍的排斥，所以來到台灣的喇嘛們很謹慎的傳授雙身法，以致台灣一般密教學者大多沒機會聽聞與修學。但是我這一世才剛讀到《大正藏》密教部中的經論時，那裡面的雙身法的意思，我就已經曉得了；包括那個細節——那些偈裡面還有一些隱藏的細節——也會知道。爲什麼我能夠這樣呢？正因爲是意根相續識的延續不斷，能夠把阿賴耶識裡面往世的東西再接觸到、再取出來，所以境界相又現前了。這個就是 馬鳴菩薩論中所講的：意根對「已曾經事，忽然憶念」。

那麼意根對「未曾經事」，祂可就會「妄生分別」：指揮著意識覺知心、思惟心，去妄生分別。如果你過去世一直都沒有證悟過的話，那人家跟你講有個眞如心如何如何的，你就會指揮意識覺知心妄生分別：「眞如大概是什麼，這個離念靈知應該沒錯。」可是過個幾天，你可能又會推翻掉：「我想到的這個眞如，好像跟經典講的不太一樣。」然後又去參究。結果：「這個應該就是眞如，應該沒錯啦！」這一回也許維持久一點，但是十天半個月過後，想一想：「嗯！還是不太對。」又把它推翻掉。這些都叫做「妄生分別」，但都是意根藉著意識心在作妄生分別的。

事實上，你是不知道、不瞭解眞實的本際是什麼的，因爲這個悟境是你過去無量世以來一直都沒有證悟過的。

你如果在過去曾經證悟過的話，這一世不一定要讓你辛辛苦苦的參究，就算是跟你明講了，你也是不會退轉的，因爲你的意根在往世熏習過證悟的實境了嘛！這是你過去世所曾經知道過的，所以在這一世跟你明說了以後，雖然你在明聞當時一定會有一點兒猶豫：「嗯？對嗎？是這個嗎？」但是你會在聽聞而悟的後來體驗的過程當中，一定會加以認定：「是祂！沒有錯。」因爲你會對祂有一種熟悉感；雖然意識覺知心是這一世新生起的心，但是意根卻是從往世相續不斷的延續過來的；意根的你，曾經在過去世以意識覺知心找到心眞如，曾經與往世的意識覺知心共同體驗過祂了，當時的無漏清淨法種還在；所以在善知識跟你明說而找到了眞心以後，就會跟過去世的記憶配合起來，你就會覺得祂很熟悉；因爲很熟悉的緣故，你就不會排斥所聽聞熏習、並且可以現觀的心眞如，這個就是相續識意根的功勞。

所以，對一個修學佛道的人來講，沒有相續識的話，就沒有辦法延續過去世所修學的佛道。雖然已經有阿賴耶識在，可是阿賴耶識一向都離見聞覺知，離六塵上的一切分別，那你這個第七識意根相續識又不存在的話，往世的你死了的時候，阿賴耶識也不會爲你再出生一個中陰身，那就無法投胎而到這一世來啊！所以你也得靠這個意根，只有祂才會使得阿賴耶識所收藏的中陰身的種子流注現前，才會有中陰身的出生。所以，修學佛道還得要靠祂，如果沒有祂，你連轉生到這一世來都不可能了，哪還能在未來的三大阿僧祇劫後成就佛道呢？不可能有這回事啦！所以一定要有這個相續識，必須依靠這個相續識意根。

而這個相續識的體性，一定是跟阿賴耶識有所不同的；也一定是跟意識有所不同的。因爲如果祂跟意識完全相同的話，那麼一切造惡業的人就不會投胎去當畜生了。爲什麼呢？因爲祂可以分別啊！「嗯！這個境界相不對，依照這樣投胎的結果會在來世當畜生，生活在畜生道裡，那還得了？我不投胎去了！」正因爲有這個意根隨著習性，而又不像意識那樣能詳細分別判斷，又因爲死後業報所現起的業風帶動，就是過去世死前所造的業所導致的境界相現前，所以才會有投胎這回事哪！才會有生到天界、人間乃至到畜生道、地獄道去的事。這個因果實現的動力，全部都是現識，阿賴耶識只是執藏業種者，只是執藏一切種子者，不是實現因果的動力者。乃至佛門修行人最後的成佛果報，也要靠這個現識作動力，如果沒有祂的動力，如果沒有祂的相續不斷的「緣」因，是絕無可能成就究竟佛道的。

論文：「是故三界一切皆以心爲自性，離心則無六塵境界；何以故？一切諸法以心爲主，從妄念起；凡所分別，皆分別自心；心不見心，無相可得。」

講解：這一段論文，是 馬鳴菩薩把前面所說的「生滅因緣」眞實義，作一個總結。馬鳴菩薩的意思是說，心生滅門的正理就是由於眾生都有第八識心眞如，都有被稱爲現識、轉識…等五種名稱的意根，都有能覺知萬法的意識心，所以才能夠有萬法生住異滅的生滅現象，所以說一切眾生都是依於心、意、識三個心的功能性，才能夠在三界中運作和轉變。又特地說明了眾生所有的無明都是依阿賴耶識而有的，離開阿賴耶識就不可能有無明存在，所以說：「以依阿賴耶識有無明不覺。」然後再特別強調說，眾生都是由於這個具有五種名稱的意根的五種體性，所以才能有阿賴耶識所收藏的一切法種現行，才能夠有能見、能現、能取的境界相出現，三界中的一切法才能現起運作；宣示一項正理：都因爲意根的作用，才能促使阿賴耶識所含藏的業種和無明的現行，所以依意根的五種特性，加以一一說明。

這就顯示了一個事實：正因爲有第八識心眞如（如來藏）的收存一切法的種子，以及收存七識心王種子的體性，所以三界中的一切法才有可能出生，因此而有生住異滅的現象不斷輪替，所以 馬鳴菩薩說：「**三界的一切萬法，都是以心爲自性；而這個心字則是說阿賴耶識，這個阿賴耶識心的名稱卻是包含七轉識在阿賴耶識內的**」，所以說：「**心生滅門者，謂依如來藏有生滅心轉，不生滅與生滅和合，非一非異，名阿賴耶識。**」也就是說，依第八識如來藏爲體，才會有生滅性的第七識意根與意識等前六識共同運轉，這生滅性的七識心王與不生滅性的如來藏和合運作；因爲生滅性的七轉識是由不生滅性的如來藏所出生的，繫屬如來藏本體，所以七轉識與如來藏是非一亦非異的；這樣函蓋如來藏與七轉識等八識心王爲一心時，就稱之爲阿賴耶識，也就是祖師們在論中所說的「一心唯攝八識」的意思。換句話說，如果要說眾生都是只有一個心的時候，那就一定得說這個心就是阿賴耶識。換句話說，如果離開了這個眾生的八識心——阿賴耶識，那就沒有三界存在了，更沒有萬法可說了，也沒有一切二乘解脫道佛法可說了，當然也沒有大乘別教的世出世間上上法可說了。

正因爲有如來藏心，所以才會有意根與意識的出生，有了心、意、識等八識心王，才會有三界境界的存在，才會有一切法可說。再說清楚一些：如果離開如來藏心與意根，而想求悟法性眞理的話，就不是眞正的佛法，就會成爲「心外求法」的外道見了，那正是印順法師和西藏密宗黃教應成派中觀邪見者的落處，所以說他們都是心外求法的佛門外道。而如來藏正因爲有這種能生七轉識……等生滅法的特性，所以從世間萬法流轉的現象上，來說阿賴耶識具有生滅性。但若從阿賴耶識心體自身來說，即說阿賴耶識心體自身名爲如來藏，則因爲如來藏體恆常住、永無生時，故無滅時，故說恆不生滅；由於阿賴耶識心體自身不生不滅，而又恆於萬法如如不動，心體永遠不起妄念；不論七轉識如何流轉生死及不斷生滅，阿賴耶識心體自身——如來藏——恆無生滅，故若單從阿賴耶識心體自身來說時，就稱之爲心眞如，所以心眞如就是指第八識心體自身，就是阿賴耶識心體自身。《起信論》就是從第八識心體自身的不生滅性，來建立心眞如門；又從第八識心體能出生七轉識……等法而有萬法的生滅現象，來說心生滅門；以這兩門來函蓋三乘菩提等一切佛法，來函蓋世出世間萬法，這眞是面面俱到、攝盡萬法的妙論啊！

眾生的心種，如果是具有欲界性的，就會形成了欲界世間，就會出生在欲界中；眾生的心若是適合色界或者適合無色界，就會有色界和無色界的境界出現，就成爲色界與無色界天，所以三界境界與萬法，都是依眾生心而有的；如果不是因爲眾生的心有三界的體性，就不可能有三界境界的存在。因此 馬鳴菩薩說**一切法都以心爲自性**。可是這裡所講的心，那就包含了我們的心眞如以及我們的這個末那識意根，如果不是心眞如以及相續不斷的末那識，就不會有意識覺知心的出現，當然就不會有眼等五識的出現，更不會有三界的境界與現象出現。

如果這個現識意根，在過去世所熏習而累積、而積存到阿賴耶識心體裡面的種子，全部都是四空定的種子，那他捨報以後就一定會生到無色界去，都不經過中陰身的階段。無色界境界並不是一般所想的有一個境界在色界天的上面，爲什麼呢？這是因爲無色界並沒有五塵或三塵的境界啊！色界都還有極微細的物質存在，還有色界天身極微細的物質相，所以在等持位中還是有色塵、聲塵、觸塵存在的。可是無色界都沒有這三塵的存在，都沒有色身存在，純粹是精神境界，只有定境中的法塵啊！純精神的無色境界中，不需要有色身來安住於一種物質境界中，怎麼會說它有色界天的環境世界？所以無色界就只是覺知心與意根所安住的一個定境而已，所以不像是色界天有物質的環境，所以沒有上下分位可說的。從表面上來說，無色界的修證境界一定是在色界諸天之上的，但是因爲沒有色法上的環境，所以其實沒有所謂之上或之下可說；因爲無色界無色法的緣故，純粹是意識覺知心自住的離色境界。

覺知心修定之後，如果已經證得四空定，而又執著四空定，捨報後就直接住入四空天的那種境界中，沒有經過中陰身，因爲無色界是沒有色身的，不需要色身的，所以也就不需要中陰身作爲往生的媒介。那其他往生到色界天、以及欲界天的人，除掉往生地獄的人以外，所有色界與欲界眾生，死後都會有中陰身出現。那麼往生地獄的人爲什麼會沒有中陰身呢？這是因爲地獄有情的往生過程並不需要透過中陰身，因爲地獄眾生是化生的，不是胎生的，也不是由定力而往生的。

法界因果律，對於即將要下墮地獄的人，不會有機會給他預先看一看：「喔！這個是我要去的地方喔！這可眞的是恐怖哩！我得趕快逃命！」沒有機會了，爲什麼呢？因爲地獄有情的往生情形是：他在人間的色身上捨報一分時，在地獄那邊的地獄身就直接出生一分了；他在這邊捨報五分，地獄那邊就成就五分地獄身，直接在那邊出現了，不經過中陰的。等到他的意識全部現起的時候，已經身在地獄中了：「哎呀！怎麼我會在這裡呢？爲什麼沒有逃掉呢？爲什麼還沒有出現中陰身就出生在這裡呢？」這一剎那的疑心剛過，就開始受無量的苦果了，根本就沒有後悔、改變的機會了。

如果他是出生到某一類畜生道裡去的話，還能有機會重新往生善處。他心裡想說：「哎呀！我怎麼會跑到這裡來？趕快餓死算了，重新再投生去。」餓死就又可以重新再投胎了嘛！如果他過去所修的福報夠大，現在的果報只是因爲一件不經意中所犯的大過失，譬如犯了無心謗法的過失，不是起貪或起瞋而故意謗法、極力謗法的過失，只是輕謗一句就過去了，惡業較小，卻有長時間的護持正法大功德，所以他出生在畜生道中餓死了，一世就可以趕快回生到人間了。譬如說，在佛世（能出生在佛世是很好的事呢，但是也有一些人出生在佛世時反而是很倒楣的事）因爲有些阿羅漢，他們並不是俱解脫的大阿羅漢，他在四禪八定和滅盡定、五神通的境界修證上，都沒有證量，所以他看來就像是一個凡夫俗子一樣，他只是慧解脫的聖者，一點兒都不起眼的；對於這種慧解脫的二乘聖者，那些倒楣的人如果一個不小心，以爲這個人既然沒有什麼神異的境界，應該不會是阿羅漢，心想罵一罵他們大概是沒什麼關係的。所以他就把那些看似凡夫的阿羅漢們

「罵一罵」，那他未來無量世可就慘了，一定很慘的。

那你如果遇到一個阿羅漢呢，雖然說他只是慧解脫的聖者，看來也沒什麼，跟凡夫似乎沒有兩樣；不過你心裡面想：「我今天的午飯煮了很多，我就布施一點供養他罷！」哎！你可就因此而會在未來世中得到大福報了，可就衣食住行都無憂慮了。你們看！有人因爲聖人住世而得大福報，有人卻因爲心存輕藐而恣意輕嫌，就得到淪落惡道的果報，所以眞的是「聖人在世，對眾生有好處、也有壞處。」對心性好的人來說，未來會越好；對心性不好的人而言，未來會越壞。那同樣的道理，萬一不小心，你對很多大阿羅漢作了供養，然後不小心誹謗到一個慧解脫的阿羅漢，就會因爲不小心犯過而下墮；但因爲你修福很多，福報很大，所以不下地獄，而且不是在正法上面誹謗他，你只是隨便說上這麼一句：「唉呀！這個人哪有可能是阿羅漢，你看他明明是個凡夫肉胎，也沒有神通，也入不了定境中，絕對不是阿羅漢。」你只要這麼一句，你就下去畜生道了——還好不是下地獄。

那你一看：「唉呀！怎麼我變成這副模樣呢？我可不要繼續當這隻鵝！」你就絕食不吃，不久就死掉了，很快就回來人間了。但是，那個情形得要你上一世所修集的福業很大，而謗法、謗聖的口業又正好不大，才有這種可能。這意思就是說，三界六道的境界，全部都是由於眾生的心所造作和累積業種而成就的。眾生修學佛法的智慧——所破除的無明的程度——以及所累積的福業、淨業、惡業等等的差別不同，心中所含藏的種子就會有種種不同，因此呢，眾生心究竟比較適合當什麼，譬如比較適合當畜生，下輩子就出生到畜生道去；比較適合當人，那下輩子就出生到人間來；比較適合升天，那下輩子就生到天上去。所以說三界境界的出現和存在，都是以心爲自性的。

但是這個「心爲自性」呢，得要阿賴耶識自身的那個離見聞覺知的體性、恆而永不思量的體性，以及祂所集藏七轉識心王造作的種種業種，和原有的自身的無漏法種的體性，配合前面所說意根的五種體性作爲動力，然後才會有三界六道、二十五有的種種眾生的差別性出現。所以說，三界的一切，全部都是「以心爲自性」；如果沒有第八阿賴耶識，就沒有七轉識的存在；如果沒有七轉識，就不會有萬法的存在。也許有人會這樣想：「你這樣說，好像有一點不對喔！如果照你這樣講的話，那我問你：『原子彈是不是心的自性？』」請問大家：原子彈是不是心的自性？（大眾答是！）是！它當然也是心的自性嘛！

由於眾生心能夠去弄出這樣的一個東西出來，而且製造原子彈的物質也是由眾生心含藏的業種所出生的，所以原子彈當然還是心的自性。所以原子彈會爆炸，當然也是眾生心的自性啊！TNT包紮好以後，把雷管放進去，火一點，「砰！」就爆了。那爲什麼它能夠爆炸？那當然也是眾生心的自性嘛！由於眾生的心懂得怎麼去做，所以它就出現了。所以未來的科技要怎麼發展，我們現在雖然不能確定，但卻一定是無可限量的，因爲心的種子無可限量，所以未來世的科技發展，也將同樣是無可限量的、沒有限制的；差別只是：我們將來能夠看見科技發展到什麼地步而已。想像未來的科技，是沒有辦法具足的想像出來的。

以前的人能想像到會有人在天空飛來飛去嗎？以前的人能想像現在這邊弄這麼一個小麥克風，在那麼遠的地方還可以聽的到嗎？能想像說在台灣講話而在美國聽得到嗎？甚至還跑到月球漫步去了，以前的人是不能想像得出的。所以，眾生心的種種想，是無量無數的、變化多端的，沒有辦法做局部的限制的。既然是這樣，未來的科技當然也是無可限量的，一定會是日新月異的。非常進步的科技，諸位體驗過嗎？體驗過沒有？（大眾答：沒有！）其實你只是今生沒有體驗過，過去世也許曾經在別的世界體驗過了；也許是極爲進步的科技世界，甚至發明一種讓你處於無重力狀態科技，讓你可以自由自在的在天空中飛來飛去，也可以這樣子啊！那就是說，無量世以前，每一個人都曾經歷過很多的高科技的享受，或者是曾經遭受過科技後遺症的荼毒，都曾親自經歷過。不然的話，人怎麼可能發明出電腦來呢？正因為過去無量世以來曾經有所熏習嘛！

正因為過去世的你們曾經熏習在心中，世世累積下來，而眾生心的本身又有無量無數的法種，所以有無量數的可能性，所以眾生能夠發展出電腦來啊！那這些三界中一切的法，不都是「心的自性」嗎？如果不是以心為自性，怎麼可能發明出這些東西呢？所以說，三界一切境界相，不管是什麼境界——世間法全部也是心的自性——如果離開了眾生的心，就沒有六塵的境界；如果沒有六塵的境界，還會有原子彈嗎？統統沒了！

又比如說，也許有一天，有一個人發明出一輛汽車：只要把水加進發動機裡面去，就可以開著到處跑，你不能說它沒有可能啊！水，是由什麼東西組合成的？（大眾答：氫與氧）是氫跟氧嘛！氧可以燃燒啊！氫也可以燃燒啊！只是有個問題：你應該怎樣才能把它們很迅速的分解出來，立刻送進引擎裡面燃燒，產生動力；又譬如你要怎樣讓它達到商業化的量產地步，而不只是停留在原型機的研究階段。這個從水中分解出來的能量，據說比原子彈還要大，科學家說這個叫做「核融合」。

我們共有的太陽，自古以來就一直燃燒，燒了那麼久，現在還在燃燒，似乎燒不完，這種似是無盡的偉大能源，就是從核融合的過程中產生出來的。那個氫的核子、氧的核子，是一直燃燒不完的，所以能量很大。但也因爲眾生有這個心的共業種子，又有七識心的研究與瞭解，所以能體會、能研究、能發明出來，能把它實現。當核融合的機器研究成功的時候，我們大家就都會有用不完的能源啦。也不必像現在有人想要停建核四啦！因爲水一加就解決了，燃燒以後又沒有污染之虞，當然不需要反對。這樣一來，家家戶戶自己都可以有能源，因爲只要有水就可以了；而這些水呢，在地球上循環不盡物質不滅，能源問題不就解決了嗎？

所以，因爲心不可限量，因此世間的科技、一切法，也都不可限量，這些都是可能的。因此說，所有三界一切的法，都是依於六塵境界而有。可是六塵境卻不能離開心的自性。離開了心的自性，就沒有六塵境界，當然也就不會有任何一法存在了。何以故呢？「一切諸法，以心爲主」，所有的法，都是猶如 馬鳴菩薩在論中所說的**以心爲主**，離開了眾生的阿賴耶識、末那識、意識、前五識，那就沒有一切諸法的生起與存在，也就沒有一切法可說了，因爲一切法都是從心眞如中出生的，都是由心眞如所出生的意與識來領納的，所以說一切法都是以心爲主的。可是一切諸法的現起，它們都必定有個現起的原因，都不會無緣無故現起，都是因爲有眾生心——阿賴耶識——才會現起的啊！這就好像說，一輛汽車，它不會無緣無故的發動嘛！它會發動起來而能開著到處跑，一定有個原因啊！就是因爲有人去發動它、操作它嘛！同樣的，意與識等七識心會現起而運作，導致萬法的出現，一定有個原因；最根本的原因，就是如來藏爲因，無明與業力爲緣。

就好像一支鎖匙把鎖開動一樣，由於無明以及業力，那麼眾生所知的七識心就現起了。但是心的現起，都是從妄念來的；妄念不是講打坐時心裡出現了語言文字妄想的那個妄念，而是講虛妄的念、虛妄的想念；虛妄之想，在《楞伽經》裡面稱爲妄想。從無明與業力的關係，使得虛妄念想生起來；妄念生起來以後，覺知心就出現了；心動了，心一出現，種種法就出現了。所以說，既然眾生在三界六道中分別種種法，而種種法都是由心而起，那麼眾生分別這些心所生起的種種法，不就是在分別自心了嗎？所以《成唯識論》中講來講去講了一大堆，都是在講心。也就是說，因爲有心，所以就有種種諸法。至於心，那就有三大類的心可說了，也就是第一能變識的阿賴耶、第二能變識的意根、第三能變識的意識和前五識。種種法，都依這八識心王而生起，外於八識心王，也就沒有任何一法可以存在；而你在分別種種法，其實也就是在分別自心。

馬鳴菩薩又說：「心不見心，無相可得。」心，是看不見的。先說第八識如來藏，也就是阿賴耶識；祂離六塵中的見聞與分別，所以祂當然看不見自己。祂絕不會這麼說：「我現在爲你做事，我現在爲你睡覺，我現在自己要睡覺，我現在不想睡覺。」祂永遠都不會這樣的，因爲祂本身自無始以來就一直都是離見聞覺知的嘛！祂也絕對不對六塵中的一切法做任何思索與了知的。既然如此，又如何能返觀自己？當然是無分別相、我相可得的，當然這個如來藏心是不見自己的，所以才說「心不自見心，猶如刀不自割」；這是講第八識如來藏，不是講意識靈知心。又因爲這個第八識心無形無色，所以也是無相可得的。

那麼意根呢，祂也沒有能力去反觀自己啊！除非你修行的層次很高，已經成佛了，不然是不可能的；既然不能反觀自己的存在，何況能分別自己的存在與否？所以意根既不分別自心，也不反觀自己的存在啊！所以說心不見心。意根如果能分別自己的存在與否，那你睡著無夢的時候，你應該會很清楚知道：「我現在在睡覺，我現在清楚分明的在睡覺。」可是當你睡著的時候，知道自己正在睡覺，那你這個境界還能叫作睡覺嗎？所以意識覺知心滅了以後，才能叫作睡眠；那時七識心王只剩下意根繼續在運作，而祂本身也不能觀察自己，無法了知自己在或不在。意根如果想要了知自己，還得要透過意識，才能了知自己是否存在，所以馬鳴菩薩說：「心不見心。」

接下來解說意識。意識能不能了知自己？（大眾答：可以。）可以啊！但是祂自己一樣是無法只靠自己來了知自己的。因爲祂得要藉緣，如果不藉緣，祂也是一樣「心不見心」。那祂得要藉什麼緣呢？要藉意根爲緣，要藉有根身爲緣——就是藉五勝義根、五扶塵根爲緣——還得要藉阿賴耶識心體爲緣，還要再藉阿賴耶識心體所現起的內相分作緣，要有這麼多的藉緣，意識覺知心才能夠反觀自己：「我現在正在欣賞這盆花。」「我現在正在說法。」「我現在正在聽法。」祂得要憑藉種種緣，才能看見祂自己的存在。如果離開了這些緣，或者這些緣不具足，祂也沒辦法看見自己的存在啊！單單有祂自己，也是沒有辦法反觀自己的，所以說：「心不見心。」那麼前五識更是這樣，請問：眼識能了知自己是眼識嗎？你的耳識能了知你自己是耳識嗎？（大眾答：不能。）不可能嘛！所以，馬鳴菩薩說

「心不見心」。所以這八個心，都是無相可得的。

有人聽到這麼說，也許就說：「這樣子，無相就是實相啊！所以，沒有任何一個心可得，無心就是實相。」欸！聽起來好像對啊！可是其實不對。你得要證實了這八個識都一一存在，然後去檢查、去證驗祂們確實是這樣的體性，你才能夠說這樣叫做**無心相心**——沒有眾生心相的心——你才能這麼說啊！你還沒有證得祂的時候，怎麼可以這樣說祂？因爲你是想像來的嘛！所以說，「心不見心，無相可得」，還得要你把這八識心王的一一心都加以親自去證實，並且現前體驗祂們，領受八個心各自不同的體性後，然後你才可以說：「心不見心，無相可得。」這樣來說的無相，才是眞的實相。

說到這裡，請問諸位：「無相念佛是不是實相念佛？」（大眾答：不是。）當然不是！無相念佛只是說這種念佛的境界中，「沒有見聞覺知心在世間法上所起種種的佛影相或者佛號聲相名相」，只是相對於世間有相的法而說是無相，並不是實相上的無相。所以，無相念佛境界，是相對於六塵當中的語言相、文字相、形像，而說它叫做無相，所以我們從來沒有說過無相念佛就是實相念佛，這個分位，諸位在證悟之前也得要先瞭解，以免誤會無相念佛境界就是實相念佛境界。如果無相念佛就是實相念佛，那諸位啊！今天我可要跟你們恭喜了：「你們會無相念佛時，那就是實相念佛了，那就是開悟了嘛！會無相念佛就是開悟了，恭喜你了。」在西藏密宗裡面，這樣就算是開悟成佛了；可是來到顯宗裡面，這樣子還不能叫作初見道的開悟啊！所以無相念佛絕不是開悟實相的境界，但卻是開悟實相境界的很好助緣。

論文：「是故當知，一切世間境界之相，皆依眾生無明、妄念而得建立，如鏡中像無體可得，唯從虛妄分別心轉。心生則種種法生，心滅則種種法滅故。」

講解：接下來，馬鳴菩薩又做出一個結論；他說：「由於這個緣故，大家應當都要知道，一切的世間的所有境界相，都是依眾生心中所含藏的無明和妄想、妄覺之念，才能夠建立起來。」如果眾生的心中，沒有無明、沒有妄念相；也就是說，眾生心中的無明去掉了，虛妄念也不生起了，那每一個人，每一個有情，死掉的時候就都會進入了無餘涅槃中了；因為滅掉無明，也沒有妄念了，死後一定是進入無餘涅槃的。如果入涅槃了，還會有三界嗎？當然沒啦！也沒有一切世間的境界啊！因爲三界境界都沒有了，都消失了，十方虛空當然也不會再有世界出現了嘛！

假使眾生的無明都滅了，器世間就不會從共業眾生的阿賴耶識中的共業種子的感應而出生，也就不會有眾生再來投胎了。所以說，一切的三界的境界相，都會因此而消失掉了。因此說，由於眾生有無明的關係，有妄覺之念的關係，所以使得三界中會有六道、四生、二十五有的種種不同種類的不同有情在三界中出現。這些三界裡的眾生，在三界當中的出現，其實都是因爲七八識心而出現，如果不是眾生的第八識與第七識，加上第八識所蘊藏的無明種子和妄覺之念，那麼三界中的一切世間就都消失了。

那就好像說一面鏡子，如果不是有光影，不是有鏡體，鏡子裡面就不應該會有影像出現。那麼光影就像什麼呢？就好像是無明以及妄想之念，鏡體就像是阿賴耶識心體。如果沒有那些意根相應的無明、妄念，阿賴耶識就不會出生六識心王，就不會顯現出三界六道的眾生了。因爲有無明和妄覺之念，就會有三界六道的眾生，好像鏡子因爲有光影的緣故，所以鏡子裡面就會有影像出現一樣，三界六道的眾生就是因爲這個緣故而出現了。因此說，三界六道所有的有情，以及三界器世間，其實都是依眾生的無明和妄念才能夠建立得起來。

就好像鏡中的像，並不是眞實有的法，鏡體本身才是眞實有的法性。從眾生心來說，眞實有的法，就是眾生的八識心王中的如來藏——阿賴耶識心體自身。離開了眾生的如來藏，就不會有八識心王；離開了八識心王，也就沒有三界六道的眾生存在了；所以說，三界六道有情的一切世間的境界相，都是從無明妄念而建立的，都是依於眾生的虛妄分別心而去運作的。離開眾生的虛妄分別心，就不會有三界六道種種的法出現運作，只有無餘涅槃的無境界法存在，所有三界中的一切法也就跟著全部消失了。正因爲眾生有無明妄念，所以意根不能滅除；意根出生了——心動了——也就是心生了，種種法就跟著輾轉而出生了。

因爲無明與業力，所以眾生死後一定會去投胎；投胎而出生了，所以覺知心就在三界世間中現起；覺知心現起了，因爲有末那識意根，以及阿賴耶識心體的配合，就會有種種的法跟著出現了。那麼，如果你把這七個識滅了，就不會有三界中的任何一法繼續存在，就成了無餘涅槃。無餘涅槃之中，什麼法都不再存在，六根、六塵、六識都滅盡了，完全沒有見聞覺知，也沒有六塵，所以三法印中才會說涅槃寂靜啊！如果不是這樣的話，那三法印中的這句涅槃寂靜就要改了，叫做涅槃叢鬧、涅槃不靜。為什麼不安靜？因為還有見聞覺知嘛！因為還有自己的境界相存在，因為還有定境法塵存在啊！可是無餘涅槃之中，所有的境界相統統沒有了，那才叫做眞正的寂靜，所以是眞寂靜。

可是這樣想起來，無餘涅槃裡面到底是什麼？嘖！不知道！等你破參了以後就會曉得：原來無餘涅槃裡面就是如來藏離見聞覺知而單獨存在於絕對寂靜的無境界的境界中！定性阿羅漢都還不曉得無餘涅槃裡面是什麼，可是菩薩們呢，他們還沒有斷盡煩惱障的現行，還沒有成為阿羅漢時，就已經證得菩提了，還沒有斷除思惑煩惱時就先證得無餘涅槃的實際了。但是定性阿羅漢，斷了見、思惑煩惱以後，卻仍然不見涅槃中的實際。這話聽來似乎很奇怪，似乎不合常理，但是實際情形卻眞的是這樣。等到元月中旬或下旬時，《邪見與佛法》出版時，諸位好好去讀一讀，就會明白為什麼會這樣？瞭解了以後，可就一點兒都不奇怪了（編案：已經出版）。今天就說到這裡。

上一回我們講心意識中的「意」，意根已經說過了。在這一週的《起信論》中，要開始講意識以及熏習的道理。馬鳴菩薩說：

論文：「言意識者，謂一切凡夫依相續識，執我、我所，種種妄取六種境界。亦名分離識，亦名分別事識，以依見愛等熏而增長故。」

講解：在一切種智裡面，也就是在增上慧學上粗分為三種法門時，主要是說：心、意、識三個不同類別的心體與心性，通常「心」是指我們的第八識——如來藏阿賴耶識；這個第八識如來藏，在阿羅漢位時稱為異熟識；菩薩在初地滿心位以上可以斷盡思惑而改名為異熟識，但是都故意留惑潤生而不斷盡思惑；乃至六地滿心證得滅盡定時，都還不斷除思惑，故意起心留惑，直到菩薩八地入地心時，才不得不斷盡思惑而改名為異熟識；到了佛地時才又改名為無垢識，又名佛地眞如。這就是心意識中所說的心。

那麼意識覺知心呢？祂和意根不同。從第八識第一能變識的種種法的宣說，而說到第七識意根是第二能變識，然後又說到第三能變識就是意識，由這三種法的全部證知，能證得佛地的一切種智。所以成佛之道的一切種智，主要就是在說這三種能變生諸法的識體。至於前五識，是附帶於意識而運作的，其中會與一切種智相關的實相法義也很少，所以就不是顯得那麼重要。因此，馬鳴菩薩論中為大眾說完第一能變的如來藏識，又說完第二能變的意根以後，就該說到意識了。

這個意識心，也就是大家所熟知的覺知心，也就是那些悟錯了實相心的大法師、大居士們所說的離念靈知。在《大乘起信論》裡面，再繼續跟我們說明，說一切凡夫依於相續識意根所擁有的遍計執性、虛妄想，而執著蘊處界我，以及執著這個「蘊處界我」所有的種種法，稱爲執著「我所」。我們在前面也曾經說過，不相續識是講意識，意識覺知心能夠謾罵他人、讚歎他人，這個覺知心就是不相續識，而相續識就是講我們的意根。意根之所以會被稱爲相續識，是因爲這意根從無量劫以來，祂不曾有一剎那斷滅過；不像我們的意識覺知心（離念靈知），夜晚睡著無夢時就斷滅了，中午打個盹的時候祂也斷滅了，悶絕時也斷滅了，在正死位時也斷滅了，在兩個無心定當中也斷滅了；最後，在死亡後的中陰身去投胎時，入胎以後就斷滅而永遠不再現起了，這一世的意識就永遠斷了而沒有再度現起的時候了；下輩子則是另一個全新的意識——新生起的意識，不是這一世的意識覺知心出生到下一世中去，所以意識不是相續識，因此末那識——意根——才是相續識。

但是這個相續識的名相，是相對於會斷滅、常常斷滅的意識心，而說是相續識；但祂也是可以經由修行而斷除祂、斷滅祂的，譬如定性聲聞阿羅漢捨報滅除意根而入無餘涅槃界，十八界法永滅，永遠不再有意根再出現於三界中，所以這個相續識的名稱，是相對於可滅、常滅的意識覺知心而施設的，本身並非是絕對相續的，因爲只有心眞如——如來藏阿賴耶識心體——才是眞正的相續不斷的眞識。好比無覺無觀三昧，並非完全無覺無觀，而是相對於欲界五塵的覺觀，而說第二禪以上的定境是無覺無觀三昧境界，所以在二、三、四禪定中，並不是絕對的無覺無觀。同理，意根被稱爲相續識，是相對於意識的常常斷滅而稱爲相續識，不可因此便認作是絕對相續不斷的心體，因爲進入無餘涅槃時的祂還是可以自我斷滅的。

意根末那識在一切種智佛法中，之所以會很重要，是因爲祂剎那剎那不斷的恆時存在而審察與思量，剎那剎那不斷的在作主與決定，不曾有一剎那間斷過。祂的心相很微細，但是很多人不懂得運用祂；譬如說觀想，很多人修學觀想，所謂觀想，當然是有觀有想；觀想要能成就，得要先用想，可是想的時候不能偏在意識，要偏在末那，意識不能多用，所以要用末那來想；但是末那如果離開了意識，祂本身是不會想的，祂自己沒有那個能力，所以祂得要運用意識來想——要在末那與意識同時存在的時候，偏在末那識上面來想；想成影像的時候，再用意識來觀：觀察所想出來的影像有沒有分明？夠不夠微細？具足不具足？廣大不廣大？所以觀想的第一步，主要在想，主要在末那。

但末那識不能自己想，祂必須要靠意識來配合，祂才能想。但是末那識又是誰呢？末那識其實就是你、就是我，就是我們大家在「潛意識中」所認爲的常而不壞的我，也是一切外道在「潛意識中」所知、所認爲的我，可是大眾其實都還不曉得這個我，所以就把見聞覺知的意識當作是我，或者是把離念靈知的意識心當作是常住不壞的我；爲了這個緣故，所以在初轉法輪的二乘菩提裡面，也就是四阿含諸經裡面，佛用五陰、十八界、六根、十二處、六入網括外道常見的我，讓常見外道們知道：離念靈知心的意識，乃至修成三界中最高層次的非非想定境界，都還是落在五陰、十八界中，都仍然是因緣所生法，都是無常虛妄的；這樣把常見外道們所說的離念靈知的意識心，網括進陰界入中，而陰界入虛妄，所以離念靈知心虛妄；這樣，常見外道們就可以建立正知正見，就可以斷三縛結，成爲佛弟子中的初果人。佛會這樣建立陰界入等法理，來爲常見外道們說明離念靈知心的虛妄，是因爲他們落在第六識上面，而不知道意識心是虛妄的緣起法，絕無常住性、自在性。

末那和意識之間的關係很微細，也很微妙，這個得要諸位悟後自己慢慢來去體驗祂，但是意識心呢？馬鳴菩薩說：一切凡夫依末那這個相續識，然後起了分別而誤以爲這個覺知心就是常住不壞的我，而將自己所接觸認知的六塵，認作我所接觸、我所擁有、我所享受、我所厭惡的外塵，都是我所之法。因爲有這個分別的關係，所以眾生就會執著我與我所：色、聲……是我所有，一切六塵是我所觸，五欲是我所貪，以見聞覺知的心認作我；這樣的執著我與我所，所以眾生都是落在意識上面自我執著，也不願離開六塵我所；這就是常見外道，把見聞覺知的心當作是恆不生滅的法，但是他們不瞭解這個見聞覺知的心，其實是依附於末那識才能存在的。眾生其實都是依附於剎那剎那思量不斷的意根相續心，去作種種的妄心虛想而執著六塵我所等境界，這就是意識，也就是覺知心；這裡先作簡單的一段說明，讓大家瞭解意識並不是相續識。

因爲覺知心——不管祂是有念或是離念——都相對於相續識意根而有，一定得依相續識的運作與思量才能現起與存在；這個覺知心，也是相對於意根的不能覺察自己，而被　佛指稱爲眾生所執著的我；正因爲這個意識能了知和分別六塵等境界相，所以六塵和色身…等法即成爲我所；由有意根的緣故所以有了意識覺知心，然後再於六塵當中取種種境界，認知到自己確實處於六塵當中受用諸法。

馬鳴菩薩接著又說這個意識又叫做分離識，分離識是說祂可以進入等持位當中，然後起了神足通，離開了阿賴耶識的識體所在，由阿賴耶識的識種流注而以神足通的力量，與阿賴耶識分離在異處，到外面去運轉，所以又叫做分離識。又因為這個意識覺知心，祂並不直接接觸藏識，而以意根為媒介，由阿賴耶識流注意識種子而在意根上面運轉，既不直接接觸及根本識如來藏，所以這個意識，馬鳴菩薩又叫祂做分離識。末那識意根，是直接接觸藏識的，意識並不直接接觸到藏識；就算你悟了以後，你說：「**我今天觸証到根本識(第八識)心眞如，我接觸到祂了，我証得祂了。**」可是在實際上，你還是透過你的意根才能接觸到如來藏。

但是，我這樣說，是從一切種智上來說的，是為已悟的七住位以上菩薩們說的，不是從禪宗的開悟上面來說的。純依禪宗的眞正說法是：其實你在悟前還是有接觸到祂的，但是你的意識並沒有弄清楚，不曉得自己早已接觸到這個根本識如來藏，所以祖師常說凡夫眾生日用而不知，所以唯識增上慧學中的一切法身菩薩都這樣說：凡夫眾生恆內執阿賴耶識為我。但是未悟的人聽了這些實語、眞語，還是聽不懂，就只好說凡夫根本就沒有接觸到如來藏，以免眾生誤認離念或有念靈知心爲如來藏。所以，對於破參的人解說正法時，和對還沒有破參的人，說法是不應當一樣的。那就是說，從一切種智上面來看實際的情況，其實意識並沒有直接接觸到阿賴耶識，是透過你自己——意根——接觸阿賴耶識。但是我這樣說了以後，你還是不知道哪個是你的阿賴耶識，就是因爲無明所罩的緣故。

等你開悟明心了，弄清楚以後，終於瞭解：原來蕭平實講的是這個道理。沒有觸証之前，不容易聽懂，原因就在這裡。所以這個意識就叫祂是分離識，在等持位的神足通中，祂可以有那種分離於根本識外的作用，但是在理上來說，祂其實還是不離本識的，因爲祂還是由根本識直接流注意識心種子才能現起、才能存在的。但是祂本身在運作的時候，並不是直接接觸到心眞如，所以也是跟心眞如有所分離的，因爲在祂與心眞如之間，是透過末那識來運作的，所以 馬鳴菩薩又把祂叫作分離識。

意識心又叫作分別事識，這個意思是說，這個能夠了別種種境界，這個能了別六塵的心，祂能在各種三界有爲法與無爲法上面做種種事相上的分別工作。末那識意根則只能在五塵的法塵上面做很簡單的、很直接的粗糙分別而已，祂的分別慧很低劣，但是意識覺知心大大的不同，在一切的事相上面祂都可以專注於其中一個法，來作微細而又詳細的、很深入的了別，所以祂又叫分別事識。

譬如我們看見一盆花，末那識如果不透過意識覺知心的運作，祂就無法看見一盆花；因為透過意識的緣故，祂就能看見了；可是當祂看見花的時候，祂仍然無法做細膩的了別，必須經由分別事識——意識——在花體上面去做微細而詳細的了別，所謂了別顯色、形色、表色、無表色……等等，這都是由分別事識的意識覺知心來做的，都是由意識來做的。這個意識覺知心，就因為能夠這樣分別事相上萬法的緣故，所以依於我見而產生貪愛等心行，當然也包括別的善與不善的心所法的熏習；這樣無量劫以來的熏習，就使得意識覺知心的執取六塵我所的體性不斷的增長了。

什麼叫做「依於見而增長」？就是說，依於惡見：所謂我見、邊見、邪見、見取見、戒禁取見，依於這五種錯誤見解的熏習，當然就會增長了意識的執取性，就會執著自我，認為覺知心自我是恆常不壞的、是可以去到未來世的，所以意識覺知心對自我的貪愛就會越來越強，自我的執著就會不斷的增長，錯認意識我為常住不壞心的邪謬見解就會越來越強，意識以自我為中心的習性就會越來越強，我見就會更難斷除，這就是「依於見而增長」的意思。

那麼愛，愛就是指貪愛、我愛：貪愛於我自己。意思就是說，沒有一個人不貪愛自己。你們看嬰兒剛會坐，如果兩個嬰兒放在一起，只給一塊餅乾他們就會搶的唏哩嘩啦，為什麼呢？因為「我」愛這個東西嘛！那為什麼我愛這個東西呢？因為「我」愛於「我」，再由我愛而產生我所的愛，愛自己、愛我所，所以想要取得那個東西執為己有，認為這樣是對自己最好的，這就稱為愛。

世間五塵的貪愛，歸結到自己的我的貪愛，以及我所的貪愛，這就是我見——由我見引生出來的我愛。後續的發展則是等待別的外緣了，譬如說人長大了，有了一些觀念上的不同；為了這些觀念的緣故，甚至有時候這個觀念根本無所謂對與錯，與這兩個人也沒有任何利害關係，但是仍然會為了一個觀念而爭得臉紅脖子粗，甚至會打架，從此以後形同陌路，就只是為了一個觀念的不同而起了爭執罷了，根本就沒有什麼利害得失，但是他們就會這樣爭執而形同陌路，直到老死都不肯再互相往來，這就是見。

那麼這些見，就是剛剛講的五種見，由於見和愛等，許許多多的觀念：世間法、出世間法、有漏法、無漏法、有為法、無為法就產生了，在這裡面就產生了各種法的熏習；由於這樣的熏習，所以意識就越來越伶俐，意識心的體性就越來越增長了。意識一直都是這樣的從「見、愛」和其他種種觀念上面，去增長祂在種種事相上分別的體性；意識的分別事相的體性越增長時，意識對自我的執著就會更增長，就會永遠不捨——不肯放棄自我；意識如此的見解，也一定導致意根更加的執著自我，所以就永遠沒有取証無餘涅槃的機會，這個就叫做意識的增長，也就是意識的識食。

論文：「無始無明熏所起識，非諸凡夫、二乘智慧之所能知，解行地菩薩始學觀察，法身菩薩能少分知，至究竟地猶未知盡，唯有如來能總明了。」

講解：無始無明，大部分的人都沒有接觸到它。一切眾生輪迴生死，都是由於一念無明。一念無明，是直接的：由於我見，由於欲界貪、色界貪、無色界貪，因此導致眾生在三界六道中輪迴生死。即使阿羅漢已經証得有餘涅槃，可是他仍然還沒有接觸到無始無明，因為他想的是：「我已經斷盡我見和我執，所以我死了以後會入無餘涅槃而把十八界的自己全部消滅掉，剩下涅槃的本際單獨存在，十八界統統滅盡而無一界繼續存在。」他是這麼想的，而他並沒有想過要成佛。雖然他是阿羅漢，佛也稱為阿羅漢，可是他並不想去探討：為什麼佛可以稱為阿羅漢，也可以稱爲做佛，而我不可以？他沒有想過要去探討，他根本不想成佛，只是怕生死的輪迴，所以修成阿羅漢，斷盡生死的輪迴。

他害怕的是：如果發願修菩薩行，再來受生於人間，在下輩子還沒有離開隔陰之迷的時候，忘了這一世的解脫果的修證，萬一不慎遇到惡緣而又造了惡業，那可怎麼辦？豈不是又破戒造業而被繫縛？那又要繼續輪迴生死了。所以他不想求成佛的境界，所以就不想去探討這個問題。他這麼想：「我這一世捨報，有把握可以入涅槃，這就夠了。」他不想探討爲什麼 佛既是阿羅漢，我也是阿羅漢，我卻不可以稱爲佛？他不想探討，這就表示他和無始無明從來沒有相應過。

是什麼人會相應到無始無明呢？當凡夫菩薩想要探討實相，這個時候你才算是初次接觸到無始無明。無始無明就是對法界實相的智慧仍無所知，那才叫做無始無明。由於這個無明是從無始劫以來就一直存在著，不曾有一剎那離開過大家，所以它才叫做無始無明。這個無始無明，如果有人一天到晚去鋪橋造路、救濟眾生、行一切善，他認爲這樣就是佛法的修行了，那他是永遠不會接觸到無始無明的；可是有一天，當他的福德修到差不多了，那他將會開始探討：「學佛就只是鋪橋造路救濟貧困嗎？可能不止是這樣吧？」所以開始探討佛法的正義。探討過了以後：「啊！原來學佛就是要弄清楚實相嘛！弄清楚實相的時候就會生出般若實相智慧來了，也可以證得解脫果了。」

這時候就要弄清楚：想要證悟實相的話，該怎麼修行？原來證悟實相就是親證萬法的本源心體，就是親證第八識心體而現觀祂的自體性，那就是要參禪，要悟得眞實相，也就是證得恆不生滅的心。這個時候，即起作意，付諸於實行，就開始尋師訪道、修學禪法。終於有一天知道怎麼參禪了，參禪時該有的功夫也有了，參禪該有的正確知見也有了，接下來就是要等了！等什麼呢？等待因緣成熟時的一念相應。至於什麼時候能夠找到心眞如——第八識阿賴耶識，那可就不知道了，也只能盡其在我的努力參究了，也只能同時努力修集護持正法的福德，來幫助自己證悟的因緣提早成熟了！

這個時候，你就算是跟無始無明相應的了；可是無始無明，你想去打破它，還眞的是不容易呢！因爲打破無始無明所需要的正確見解——也就是證得實相心所需要的正確知見，越到末法時代就越難獲得，因爲越到末法時代，眞善知識越發的難以遇見，所能獲得的知見，普遍是錯誤的、落到常見見裡面的世俗見解，所以末法時代想要開悟是很不容易的。可是如果你能獲得正確的知見，那你要破參，要打破無始無明，就會很快。等到有一天，突然在一剎那間，你找到了你的眞如心，把三乘經典翻起來印證看看，結果是阿含也通、般若也通、唯識也通，三轉法輪的經典都能通：「啊！眞的是打破無始無明了。」

打破無始無明時，你就會很歡喜，你就會每天想要讀經，更深入的理解 佛在經中更深細的解說。這一回照樣有好多同修，在禪三回來以後，對我那些書本放不下啦！因爲以前看不懂的註解，現在居然能讀懂了，歡喜到三更半夜還在讀，放不下書本：明天要上班是明天的事，今晚先把它讀完再說。這個意思就是說，你這個時候雖然打破了無始無明，一直都沉浸在禪悅當中，可是你還沒有跟無始無明所攝的上煩惱相應。我當年參禪時是跟無始無明相應，但是沒有辦法打破它；後來開悟明心，同時眼見佛性時，打破了無始無明；但是正式跟無始無明所攝的上煩惱相應的時候，是破參後大約兩年；我開始在探討：「奇怪！我找到心眞如了，因爲明心所應親證的第八識如來藏，我已經找到了；至於眼見佛性，我也親眼看到佛性了；明心與見性都具足了，可是我爲什麼還不是佛？到底這裡面有什麼差別？又是什麼緣故造成明心見性之後仍然不能成佛呢？」可是當代沒有人可以給我解答，也沒有任何善知識的書籍可以給我解答。

所以，我只好自己從藏經裡面去探討，這個時候就叫作和上煩惱相應了。因爲這不是輪迴生死的煩惱——不是分段生死所攝的下煩惱——所以稱之爲上——無始無明的上煩惱。這樣子深入經藏中詳細的探討了兩年多，終於弄清楚了：「喔！原來是這樣子。」當我弄清楚的時候，整個佛道的內容，成佛之道的整個次第就全部都出來了。

所以，當你們幾個月後拿到《宗通與說通》的時候，你們會發覺到一項事實：原來從凡夫地到佛地的修證內涵與次第，佛都已經跟你宣說過了，都已經跟你敘述過了。這意思就是說，無始無明不是二乘聖人們所能夠接觸到的，他們也不會與無始無明相應，更不要說跟無始無明的上煩惱相應了；因爲二乘聖人們所斷的是一念無明的四住地煩惱，菩薩雖然同樣也要斷這個煩惱，但是菩薩先斷一念無明中的見一處住地煩惱之後，其餘就隨著佛菩提道的次第，他慢慢去斷一念無明的修所斷煩惱，也就是思惑；他不會急著斷盡思惑煩惱，而是努力在佛菩提智的大乘無生忍、無生法忍上面來用功，不急著取證無餘涅槃。

那麼無始無明中的熏習所起的識，這一句話的意思是說，一定是要跟無始無明相應。這「無始無明的熏習所生起的那個識」，表示那不是前七識，因爲無始無明的隨眠，是眠藏在如來藏阿賴耶識裡面，不是眠藏在七轉識心體中。阿羅漢由於分段生死已經斷盡了，當他迴心而入大乘法中的時候，他已經沒有一念無明的煩惱存在了，他所剩下的只是無始無明，會使人輪轉生死的一念無明斷盡了，只剩下無始無明的時候，他的第八識就是異熟識：同樣是第八阿賴耶識，但是已經死掉了阿賴耶識的名稱了，改名叫做異熟識。

那這個異熟識呢？可以是初地慧解脫的異熟識，可以是三地滿心位能證俱解脫的菩薩異熟識，不過這些菩薩們都還有一分故意保留的思惑存在，所以他們雖然能證得慧解脫與俱解脫，卻仍然還不能稱之為解脫。他們可以證解脫而故意不證，一直到六地，不得不證滅盡定而成為俱解脫，卻仍然保留著一分思惑故意不斷，以便繼續進修佛道。因為佛菩提道，到了第六地滿心時，就必須親證滅盡定；不證滅盡定就不能滿足六地心，就無法再往前走。所以嚴格的說，六地滿心時的菩薩第八識，也叫做「無始無明熏所起識」，因為他的一念無明——導致分段生死的無明都已經可以確實斷盡的緣故。但是菩薩六地滿心時，雖證滅盡定，卻仍然故意保留著一分思惑不滅，繼續受生於人間而修佛道。

對於這個「無始無明的熏所起識」，馬鳴菩薩說這不是諸凡夫以及二乘有學、無學聖人的智慧所能知道的。這個識爲什麼叫作無始無明熏所起識呢？又爲什麼不是二乘聖人所能知道的呢？譬如說二乘無學證得有餘涅槃之後，捨報時就入涅槃了——入無餘涅槃。但是如果他曾聽聞佛道，心生好樂之心而開始喜歡大乘法，因此而迴小向大的時候，他就得要開始修學菩薩的道，這個時候呢？並不因爲自己已經斷盡了一念無明的四住地煩惱，就無法再受生，他照樣可以受生於人間，所以他的第八識這時就叫做無始無明的熏所起識。

這段開示的意思，有一些分際大眾也許聽得不太清楚，我再詳細的說明一下：阿羅漢斷盡一念無明，斷盡分段生死的現行以後，那麼他應該不再流轉生死了；同樣的道理，六地滿心的菩薩們證得滅盡定，他應該也不再流轉生死了，這就意味著說：當他捨報的時候，他應該是進入無餘涅槃中的。這時十八界俱滅，統統滅盡了，沒有覺知心我、作主心我，也沒有六塵萬法我所，也沒有能知者。他既然分段生死都斷盡了，不再受生三界中的生死了，爲什麼他還可以因爲起一個念說「我要修學佛道，要到究竟佛地去，必須再受生」，他就因爲這麼一個念頭，就可以讓他不入無餘涅槃？爲什麼能夠這樣呢？這表示說：因爲一念無明的現行雖然斷盡之後，他仍然還有一念無明的習氣種子存在，也簡稱爲習氣。習氣種子還存在，所以他因此還可以受生於三界中；當然也因爲還有無始無明的那一些上煩惱，以及無量劫以來的無始無明所熏的這個根本識存在，他才可以成就佛道，他才不會在捨報時進入涅槃，所以這個阿羅漢位的第八識，就改名說祂叫做異熟識，而不再說祂是阿賴耶識。

因爲阿羅漢位的第八識，已經離開了阿賴耶識的體性。阿賴耶識這個名詞的意思就是說能藏、所藏、我愛執藏，就是說凡夫位的第八識會把一切的業種統統執藏著，包括一般人所造的導致分段生死輪迴的一切業種，以及我見、與我執的無明種子，沒有不執藏的；那這個執藏性，就稱爲阿賴耶性，凡夫的第八識因爲有這個阿賴耶性，所以就稱爲阿賴耶識。

佛的聖弟子們，由於用前七識在解脫道上的修行，把阿賴耶性斷除了，所以祂原有的執藏性就不復存在了，所以就不可以再稱爲阿賴耶識了；所以有些經論中就說：「阿賴耶識，阿羅漢位捨。」這個捨字，是說捨阿賴耶識的**阿賴耶性**，不是捨這個**阿賴耶識心體**。可是有很多人閱讀三轉法輪經典的時候，他沒有智慧，他誤會了，誤以爲說阿賴耶識心體是要捨棄的，就認爲阿賴耶識也和七轉識一樣都是生滅心、妄心，可眞是嚴重誤會經論眞義了。但是「阿羅漢位捨阿賴耶識」

的意思，並不是捨阿賴耶識心體，而是捨棄了第八識心體本來的阿賴耶性，所以說「阿賴耶識阿羅漢位捨」：從此改名叫異熟識，或者改名阿摩羅識，也有人叫祂做白淨識，因爲他沒有分段生死的現行了嘛！所以就叫做白淨識，叫做阿摩羅。

阿摩羅是印度的一種表皮潔白清淨的果實，不太沾灰塵的，有點兒像我們這邊的水梨。我們這裡沒水梨，都是從日本移植過來的；它的表皮上不太沾灰塵；印度有一種水果就像水梨一樣不太沾灰塵，所以叫做阿摩羅果；阿摩羅的意思就是清淨的意思。但是阿羅漢雖然斷了一念無明四住地煩惱的現行了，可是他仍然還有無始無明的隨眠存在，也還有一念無明所熏的習氣種子還沒有斷盡；也就是說，生死的現行是斷盡了，可是習氣種子還在啊！那些生死習氣的種子還在，當然就還會有習氣，所以阿羅漢還有習氣。但是煩惱障上的習氣種子隨眠，和無始無明隨眠，都是無始以來就存在著的；不因爲證得解脫果而成爲阿羅漢時，就不存在了；也不因爲無始以來不曾熏習過，就沒有無始無明存在；正因爲有這兩個原因，所以這個第八識心體就叫做「無始無明熏所起識」。

至於這個熏所起識，爲什麼說祂不是凡夫之所能知？因爲凡夫自無始劫以來就不曾找到過祂嘛！找到祂的時候就能了知法界中萬法的根源了，那就不叫作凡夫了嘛！那　馬鳴菩薩在論中說到「二乘人」不能知道這個密意，他說二乘人而沒有說是有學聖人或無學聖人，顯然是包括有學位和無學位都在裡頭的，當然也包括二乘法中還沒有見道的凡夫；這些二乘聖人和一切凡夫，他們的智慧都沒有辦法知道這個無始無明的熏習所起的識體；他們只曾聽　佛說過：無餘涅槃裡面並不是斷滅的，是另有一個本際存在不滅的。

在雜阿含部諸經裡面，有一部《央掘魔羅經》，說這個第八識又叫作如來藏，在四大部阿含諸經裡面說祂叫做實際、本際，有時說祂叫作眞如，在中阿含裡面說祂叫作法、法性，又叫作如。所以，阿羅漢證得有餘涅槃之後，「我」的錯誤邪見斷盡，「我」的執著也斷盡，對十八界我的貪著統統斷盡了以後，有一天他會突然的想了起來：我入了無餘涅槃以後，是不是成爲斷滅了？因爲十八界我的任何一界都不存在了嘛！六根、六塵、六識都滅盡了，這樣叫作涅槃，那我入涅槃以後就是把我滅盡了，那我滅盡以後是不是斷滅了？當他起了這麼一個疑念，免不了會去問　佛，　佛就會跟他說：「無餘涅槃當中，有本際不滅，稱之爲如，稱之爲法，稱之爲法性，稱之爲實際，稱之爲本際。」

在雜阿含部的經典裡，甚至明說祂是如來藏，所以，　佛開示以後，他們就安心了：「既然不是斷滅，那我學得的佛法就沒問題啦！我確實是不落於斷滅見、不落於斷滅境界中的阿羅漢。」心就安啦！但是，究竟無餘涅槃中的那個本際在哪裡呢？他們都不知道。正因爲不知道，所以他們覺得很奇怪：「很多的菩薩們都不斷盡思惑煩惱，這個欲界愛、色界愛和無色界愛都還不曾斷除，他們竟然能夠證菩提，竟然能夠證得無餘涅槃中的實際？竟然稱爲本來自性清淨涅槃。欸！這可眞是奇怪了！」他們無法理解這個妙理。

他們確實是無法理解的，二乘人對佛法的理解是：把分段生死煩惱的思惑斷盡了以後，才能夠證得菩提的；你們大乘菩薩修學佛菩提，竟然可以不必先斷盡分段生死的三界愛，就能夠證得菩提，這個太奇怪了。所以在南傳佛法裡面，他們普遍流傳這樣一個知見：認爲一切的菩薩統統是凡夫。他們普遍存在這種觀念。我在這裡不妨先舉一個例子給諸位聽；我從來不自己編造，所以應該依據事實來說；我手上這一本書是昭慧法師發行的《弘誓月刊》，裡面有這麼說：「南傳佛教主張菩薩是凡夫，所以菩薩確實是有煩惱而可以留惑潤生；**菩薩是凡夫**所以不入涅槃，証果者是要入涅槃的。」這是南傳佛法的觀念，是昭慧法師在月刊裡所說的，也是她的觀念；這也是印順法師的觀念，在他的書中處處都有蛛絲馬跡顯示他的這種觀念。這話不是我編造出來的，我只是引述昭慧法師的話；我相信她也一定「有所本」，才會在書面文字上這樣公然的說出來。

因爲他們認爲說，菩薩既然是留惑潤生的，那麼菩薩當然就是有煩惱存在；既然還有煩惱，那就是凡夫人；他們不知道菩薩有能力斷盡思惑，並且早就斷除見惑，斷除二、三果相應的思惑了。那麼昭慧法師又說：「導師……」她說的導師當然就是指印順法師，「導師只是沒有那麼明確的說菩薩非是凡夫不可，因爲北傳的大乘佛教，還是講菩薩証聖階次，從初地以上，就已經是聖者，所以他比較不像南傳佛教那麼斬絕的說菩薩一定是凡夫。」看來她還是有一點承認印順法師的見解，多分相信菩薩大多是凡夫，大概有這個可能，而不是把印順法師所說的推翻掉。那麼我們就不免要請問：三賢位的菩薩，算不算凡夫？三賢位的菩薩們，從七住位開始都是斷了我見、斷了三縛結的，對外道來講，這些菩薩們已經是聖人了，對佛門中的凡夫來講也是聖人，對南傳佛法的解脫道修行親證的初果到四果人來講，那更是聖人，怎可說這些菩薩們是凡夫呢？三賢位的七住以上菩薩已非凡夫，初地以上的菩薩們更不可能是凡夫，昭慧法師身爲大乘法中的比丘尼，怎會認同南傳佛法中的凡夫的說法呢？這也是很奇怪的事情！

在這些菩薩們的面前，一神教的耶穌基督、耶和華與阿拉，都沒有說話的餘地；不信的話，你們其中已經破參明心的人，你們如果夢見了耶和華來找你，你就跟他談實相，看他有沒有辦法跟你說話？我保證他絕對沒有辦法跟你說話，因爲他們都還是凡夫嘛！既未斷我見，也都還沒有斷三縛結，更未證得法界萬法的實相，當然沒有在三賢位大部份菩薩面前說話的餘地。一神教的「至高無上的神」都沒有在菩薩面前說話的餘地，但是二乘聖人在證悟的七住菩薩的面前，也同樣沒有說話的餘地，因爲他們都還沒有證得如來藏，都不懂法界實相的智慧境界，哪有說話的餘地？而三賢位中的證悟菩薩，在初地菩薩面前也是沒有說話餘地的，只有請法的份兒；因爲初地菩薩的五分法身與道種智，證悟的賢位菩薩還是無法想像的。那再請問：**到了初地，證得五分法身，有了道種智，所以生起法眼了，這樣的菩薩，他也算是凡夫嗎？**所以，留惑潤生的眞正意思，不是印順與昭慧法師他們所能知道的。

他們這種錯誤的觀念，大家都應該要瞭解一些的。菩薩們不斷煩惱，是說他們爲了想要一直生生世世修學大乘別教的勝妙佛法，想要修證一切種智，一直到成佛，所以他們雖然早就能夠斷除思惑，卻故意保留最後一分的思惑煩惱，藉此以潤未來世生；他們不是不能斷除最後一分的思惑，而是故意保留下來，以免捨報時不愼進入無餘涅槃裡面去了，可就不能成佛、不能廣利眾生了！但這並不是說他不能斷除最後一分的思惑啊！初地滿心菩薩可以斷盡一念無明煩惱而成爲慧解脫的阿羅漢，但是他故意不去修斷它；三地滿心的菩薩，他可以證得滅盡定而成爲俱解脫的三明六通大阿羅漢，但是這位聖者卻故意不取證滅盡定，留取最後一分思惑以潤未來世生。

因爲滅盡定的修證很簡單啊！你如果已經有了四禪八定的時候，只要一斷我見，當下就可以進入滅盡定中了。那麼初地菩薩、三地菩薩，他們在很多劫前的七住位時，就已盡斷我見了，怎麼可能到了三地滿心時還沒有辦法證得滅盡定？絕對沒有那個道理的。他的四禪八定已經具足了，所以三地滿心菩薩隨時都可以證入滅盡定，而卻故意不取證，並且他已經有了無生法忍的深妙般若實智，請問：**他不算是聖人嗎？**當然是聖人啊！所以不能夠像印順與昭慧他們那樣說，說世世受生人間廣利眾生的菩薩一定是凡夫。

而且，菩薩留惑潤生時所留的惑，只是思惑的最後一分，並不是他們所想像的不斷思惑的大部份，更不是他們所說的連見惑都未曾斷，這樣的菩薩們怎會是凡夫呢？此外，菩薩的階位很多，有凡夫，也有外聖內凡的賢位菩薩，也有初地至三地心的聖位菩薩，也有能證滅盡定而不取證的三地滿心聖位菩薩，也有已證滅盡定而故意不斷盡思惑的六地滿心位菩薩，也有念念入滅盡定的七地滿心菩薩繼續留惑潤生，更是聖位菩薩，怎麼可以說留惑潤生的菩薩們是凡夫呢？所以這些道理，絕不是他們所能理解的，因爲這種法太深了！連定性聲聞的俱解脫大阿羅漢，都不能理解三賢菩薩的般若證量，當然不能理解聖位菩薩的證量，更何況是印順與昭慧法師等凡夫，如何能理解聖位菩薩的留惑潤生的不可思議境界呢？

又譬如這一段文字的說法，這個也是《弘誓月刊》第三十八期中所說的錯誤法義，在第十頁裡；這一期是慶祝印順法師的壽誕而特地專刊印行的。月刊中記錄昭慧法師在香港有這麼一次的演講內涵，我唸一段給諸位聽：「對於禪宗，導師認爲這不立文字的教外別傳，越傳越偏，不能夠把握佛法的精髓，只能夠稱性而談，說一些**無頭公案**；這種不重義理的傾向，使得義理的研究慢慢衰微，導致佛教面對外道各種尖銳思想攻擊的時候，沒有辦法做強而有力的抗辯。還有，明心見性桶底脫落，到底怎樣循序到達那樣境界？好像沒有次第可言，次第不明確，完全靠師徒之間彼此的自由心證。」

那麼這段話呢，有對有錯；有的是我所認同的，有的則是我所不能認同的。譬如她說：「禪宗的不立文字教外別傳的這些東西，不能把握佛法的精髓。」請問諸位：你們在禪三破參回來以後，三乘經典讀懂不懂啊？緣覺乘的法懂不懂啊？（大眾齊答：懂！）懂了嘛！她為什麼會說「禪宗的開悟妙法的修行親證者不能把握佛法的精髓」呢？正是因為她對禪宗沒有如實的瞭解與親證，也對三乘菩提的精髓還沒有親證，所以不能理解禪宗的證悟與三乘菩提有什麼關聯，所以她才會說這些禪宗祖師開悟所紀錄下來的公案叫做**無頭公案**。請問已經破參的同修們：我們禪宗公案講得貼切不貼切？與經典聖教貼切不貼切？我們公案拈提寫的公案與佛經正理貼切不貼切？（大眾同答：貼切！）你們破參回來以後，你讀般若經、心經都那麼貼切，你看公案的時候更是親切，怎麼會叫作**無頭公案**呢？每一則公案，統統是有頭有尾的，都是具有深妙法理的，絕不是她所講的無頭公案！

但是她在這裡有一段話講得很好，她說：「有很多禪宗的祖師有一個毛病，就是犯了狂禪的毛病，動不動講：三藏一大藏教⋯⋯」，說我們所清楚的那些經典「是老僧坐具」，是拿來當椅子用的；有的祖師又說「三乘經典是拭瘡疣紙」，說他如果長了瘡、發了膿，就把它撕來擦瘡、拭膿，這都叫做狂禪。因為那些祖師們只得總相智，他們並不瞭解：眞正的證悟了，也只是大乘別教勝法中的眞見道位而已啊！相見道的內容以及道種智等妙法，他們都還不能如實的瞭解啊！所以才會沒有能力對付外道的破法行爲；更何況那些無力對付破法外道的禪宗祖師，其實都是悟錯了的人，就好像西藏密教史中，與蓮花戒論法的那個禪宗祖師一樣，都是落在意識離念靈知境界上，根本就不是證悟者。而且近代的佛教禪宗，也沒有幾個人是眞正開悟的，大多落在離念靈知意識心上，自己都與常見外道一樣了，又如何能對常見外道加以破斥呢？因此，昭慧法師在這一段文字上對禪宗——特別是對近代大部份禪師——的狂禪批評，我們倒是很認同的。但是我卻要加以註腳：我蕭平實也是從禪宗的證悟入手的，昭慧法師要是不信的話，何妨集合幾個外道、或是集合幾位大法師、大居士來辯論看看，試一試究竟是誰懂佛法？是誰能對付外道法？所以不能對付外道法的禪宗祖師，其實都是像現代這些悟錯了的大法師們一樣，都是落在意識靈知心上，自己都與外道一樣了，又如何能破外道法？

但是眞正證悟了以後，就能破斥外道法嗎？也不一定有這個能力！因此，我們才要說：找到心眞如之後——你明心和見性之後——我們還要跟你們上禪門差別智的課程，還要再跟你宣講唯識學中的一切種智，才會跟大家解說這麼多的勝妙法義。在古時候，禪師很少這樣老婆的。古時候禪師只要一個明心——知道般若總相，就賜給他禪板，讓他出去開山當大師了。我們沒有這樣作。當你在禪三期間破參明心了，還得要整理那些題目。詳細的整理完了，印證過了，下山回來時還不算數，還得要學很多的唯識系的種智經典，和古時的禪宗只要明心就夠了，大不相同。我們還得要在明心之後，進修眼見佛性的證量；這在古時禪宗的紀錄上，是非常非常少見的，禪宗祖師明心而且有眼見佛性證量的，禪宗史的紀錄上，不超過一打人，所以我們的佛法修證，與禪宗祖師的只重明心，是完全不同的。

這就是說，我們希望大家在佛法的修證上面，應該是全面的、具足佛法內涵的，不可以是局部的；等你們下個月（二〇〇〇年十二月）大概在二十日左右（也可能不只二十日，有可能會拖到月底），《宗通與說通》印出來的時候，你們會發覺：我們主張的是全面性的佛教修證，不能夠分宗分派，不能把佛法分崩離析，應該是全面的修證。而禪宗的開悟，正是進入佛法全面修證的一把鎖匙，不應該只有一個明心開悟就滿足了。你悟了以後，打開佛法大門而進去了，裡面有那麼多的法在裡頭，你得要開始去一點一滴的熏習修學它，而不是進入佛法大門就算完工了。

但是中國禪宗的明心見性，絕對不是昭慧法師所講的「沒有次第可言」；在古時候，是容許沒有次第可言的，完全是師徒之間的自由心證；但即使是自由心證，其中也有眞悟的公案，也有錯悟的公案。有的悟錯了的禪師向他的徒弟所作的印證，這個自由心證當然是錯誤的（編案：就像是近年的聖嚴、惟覺、星雲、證嚴法師四人一樣）；但是也有眞悟的禪師，他對徒弟的自由心證的印證，卻一定是正確的；這些公案的對與錯，都可以在悟後透過三乘經典的教證來一一檢驗的。我們正覺同修會，現在甚至跟你設定佛法成佛之道修證的次第，當然包括禪宗證悟的知見與次第在內，讓你按部就班的走上去；你可以根據我給你的印證，從教證上來加以檢驗其正確性；你也可以將我們所施設的成佛之道修證次第來檢查自己悟前的情況：**我現在走到哪個地步了？**絕對不是沒有次第可說的，也絕對可以經得起經教的考驗與印證的；而禪宗眞悟祖師的自由心證，也絕對不是昭慧所說的「完全屬於自由心證」而不符教證與理證，而是完全符合教證與理證的。

假使禪宗的開悟，那些公案中所顯示的禪宗妙理，如果是不符合教證與理證的，我由禪宗的證悟而出世弘法，那麼今天所寫出來的許多書籍，將會處處違教悖理，絕無可能完全符合教證與理證；必將導致昭慧法師強勢的出面破斥，但是卻一直沒有遭遇她的強勢破斥；而且至今兩次嚴重質疑的法難，而導致《護法集、平實書箋》的出版，正覺同修會也應該早就關門大吉了，怎可能現在還能繼續存在，而且不斷的發揚光大？漸漸的被佛教界所接受呢？（編案：此是二〇〇〇年時所講的開示。後來在二〇〇三年初，又有楊、蔡、蓮…等隨從平實導師學法、得法的學徒，因私心不遂而串聯、或者是被印順派的宗徒所利用，對平實導師的法義提出否定，再一次的檢驗本會正法，但仍證實平實導師法義的正確與勝妙，詳見《燈影、辨唯識性相、假如來藏、真假開悟》四書的辨正，另有附錄於《學佛之心態》書中的〈略說第九識與第八識並存…等種種過失〉一文的法義辨正，證實平實導師法義的勝妙與絕對正確。而平實導師的勝妙法義都是從禪宗的明心開悟作基礎而衍生出來的）由此亦可證明中國禪宗的開悟公案，絕不是昭慧法師所誣謗的**無頭公案**，絕不是她所妄評的**自由心證**，也絕對不是印順法師所指稱的**野狐禪**，而是祖祖相傳、教教符契的正法；而且是進入大乘別教般若正理，以及進入大乘唯識教一切種智增上慧學的唯一入門鎖鑰，不容許她與印順法師亂作不如理的評論。

我們的正法不僅如此而已，接下來，等你破參之後，你還可以去檢查：你自己想要到達的佛地，離現在的證量還有多遠？一定可以檢查得出來的！等到你檢查出來以後，你會發覺：原來眞正證悟了的時候，才只是剛剛要開始修行！就會覺得修學菩薩的道好苦、好長遠、好難修喔！所以悟前如喪考妣，悟後仍然是如喪考妣。你想要成 佛而求開悟，開悟以後你卻說：「唉呀！我悟了才只是七住位而已，還要尋求十住位的眼見佛性；縱使見性了，也才到習種性滿足位的十住位而已。接下來還得發起菩薩性，還有十行位的性種性等著我修習成就；接下去還有十迴向位的道種性要修習滿足，這些都修滿了，再發起增上意樂的菩薩十無盡願，發起了聖種性，我才能到達初地，才算過完第一大阿僧祇劫而已，接下去還有兩大阿僧祇劫要修，距離佛地還是很遙遠的，這個成佛之道眞的好難修啊！」

好不容易到了初地，再檢查一下果證上的階位，來瞭解自己接下來要走的路，以及修行的法道內容：「喔！如今到了初地，更不得了了，還有百法明門種種的法，還有一切種智無生法忍要修習；這個初地的無生法忍想要滿心，還得要經歷猶如鏡像的現觀才能滿心；到了二地修習無生法忍，還得要猶如光影的現觀，要能夠自由轉變內相分，才能圓滿二地心，這哪有可能？」但是你不要灰心！我相信絕大部分來到這裡的人，都是想：「這個明心可能很困難喔！我來試試看好了，眞悟的可能性大概不高吧！」我想大概很少有人敢十成十的把握，可能大概會有五、六成的把握吧！心想「試試看吧！」就抱著這麼一個心態來學。

這就像大家在求往生極樂世界一樣，上品上生是從來都沒有敢妄想過的；同樣的，以前佛教界中，講什麼明心見性的事，大家想都不敢想，只求能夠念佛到一心不亂就好了，能夠往生極樂就滿足了，對不對？現在可不是了！現在大家心量漸漸的大起來了，對不對？不單你們，也不單是現在的佛教界，我們會中所有的親教師都是這樣走過來的啊！你們大家來這裡學法，就得要立起這個榜樣。

那麼我這些話的意思就是說，微妙甚深的無上大法，這不是二乘人所能知道的，更何況是印順與昭慧法師那些還沒有斷三縛結的凡夫？不信的話，你們已經證悟的人，如果哪一天有錢有閒，就去南洋專找那些人家所傳聞的大阿羅漢「聖僧」們，你一一的跟他們談實相，你跟他問：「請問你入了涅槃以後，是不是斷滅？因為你說一切法都是緣起性空，說一切法空而無實質。」你問他這一句就夠了，他們就傻眼了！一定張口結舌的答不出話來，更別說是你對他們所講的實相心體的中道性、如來藏的本來自性清淨涅槃、一切眾生本來常住涅槃等妙法。

如果他們跟你說入了無餘涅槃不是斷滅，你再問他們：「無餘涅槃中既然有實際存在不滅，所以涅槃是恆、是常，那請問您：無餘涅槃中的實際是什麼？」我跟你打包票：他們一定答不出來。如果他們說：「無餘涅槃裡面有實際常在，所以非斷。」因爲你說有實際存在，他們就附和你所說的實際了，那你就問他們：「請問：涅槃中的實際在哪裡？」他們又答不出來了！他們之中如果有人比較聰明伶俐的話，會這樣答覆你：「那得像我一樣證得有餘涅槃之後，捨壽時進入無餘涅槃之中，才會知道實際在哪裡，我現在當然不知道。」那你就知道他們根本就不懂實際，也知道他們根本就沒有斷我見，根本就不懂無餘涅槃的境界，所以只是個凡夫罷了！你就跟他們說：「我現在還沒有進入無餘涅槃中，但卻可以現前觀照到無餘涅槃中的實際。你們自稱已經證得有餘涅槃，怎會不知道實際在哪裡？」他們到此也就只好個個死於你的句下了！因爲連定性大阿羅漢都不知道涅槃中的實際在哪裡，何況他們連我見都還沒有斷，我執更未斷盡，連大阿羅漢的果證都沒有，根本就不可能知道那些大阿羅漢都不能知道的涅槃實際。

何況，現在南洋哪有阿羅漢？所謂帕奧禪師、一行禪師、阿姜查、葛印卡……等人，都落在意識的行相裡面。他們來台灣弘法時，都不斷教你保持覺知、保持覺醒；但是覺知與覺醒都是意識的心行啊！而他們也都沒有教人斷除我見的正確知見，沒有教人斷除我見的觀行方法，反而都教人努力住在覺知清明的狀態中，作爲佛法的實修，可見他們都還未斷我見啊！我見都斷不了，我執就甭提了，更別說是想要接觸到阿羅漢所接觸不到的無始無明；所以說這個無始無明，是他們所還沒有相應到的。

無始無明，是只有菩薩才會相應到的，凡夫相應不到，決定性的阿羅漢也相應不到；但是在與無始無明相應的時候，一定會尋求開悟實相的知見與方法，那你就得參究禪宗的開悟禪法了；到了破參——打破無始無明的時候，接下來你會法喜了一段時間，享受禪悅的歡喜，因爲般若實相的智慧開始源源的出現了，以前看不懂的般若經典原文，「唉呀！原來 佛都是明講的嘛！根本就沒有騙我們嘛！是我們沒有智慧所以才讀不懂嘛！」心裡好歡喜！這就是打破了無始無明。

可是等到你想要探討：我雖然眞正的悟了，可是顯然還沒有成佛，我應該要如何悟後起修才能成佛？這時候，你才開始跟無始無明中的上煩惱相應；那些俱解脫的定性大阿羅漢，都還沒有跟無始無明相應，何況說他要打破？所以他們如果想要跟無始無明的上煩惱相應，那更不可能。所以 馬鳴菩薩說「無始無明熏所起識」這個阿賴耶識，祂也是異熟識，祂並不是凡夫所知道的，也不是有學與無學的二乘聖人所能夠知道的。要到什麼時候才開始能夠有能力去觀察這一個無始無明熏所起識呢？要到大乘別教的解行地！

什麼叫做解行呢？菩薩十信位修學滿心，進入初住位之後，又從頭開始修學布施、供養三寶，又像十信位的修學六度一般的從頭開始修學六度萬行了：當你修習福德、修習對三寶的信心，滿足一劫；乃至鈍根的人修滿一萬大劫之後，進入初住位，又從頭開始修布施，廣種福田，求能滿足初住位所應修的功德。這個種福田，有三種田要種：功德田、報恩田、貧窮田。這三種福田種滿足了，你才懂得自己應該要去受戒了：或者受五戒，或者受菩薩戒。但是，你要入二住菩薩位的話，是應當去受菩薩戒，而不是去受五戒的。菩薩戒都是滿分受的，沒有像菩薩優婆塞戒中有少分受的，多分受的，所以正式的菩薩戒都是滿分受的。

受了菩薩戒之後，你才眞正的懂得：「我現在眞是菩薩了！我得要守住戒體、好好的修習清淨的戒行，才能進入三住位。」進入三住位以後，得要修忍——修身口意的忍——這是屬於世間法上的苦忍。無上甚深法雖然還是聽不懂，我也要安忍！不可以怕法義深妙難學而退轉，都要忍啊！當你能夠全部安忍下來之後，你才能夠說你是眞正的在修忍，算你眞的能忍不退。有的人到這個地步時早就退走了，因爲他們覺得：「修習菩薩法道是在行善，我肯行善，你們應該鼓勵我才對，怎麼你們還要我一直忍？那麼難！我不要學了！」所以就退轉於菩薩道了。

即使能修到這個地步，忍辱行已經成就了，都還沒有資格去接觸到那個眞如法性，還有第四住的精進，第五住的基本禪定功夫待修，然後才能修學般若正理，所以有很多人望而生畏，就退回世間法中了。所以說：「末法時代，億萬人發心，結果能夠成就的人卻沒有幾個，想來我不會是那幾個人中的一個。」就恐懼而退失了，就是這個道理呀！然後接下來，能忍才能夠精進，終於進入四住位啦！哪裡有法我就去聽，哪裡有師父說法我就去護持，很多人就是這樣想啊！到處去！一個又一個道場的逛個沒完！最後：「唉呀！原來這裡也沒有親證菩提的妙法。」又找別的道場去護持，護持過一段時間了，還是沒有勝法可聞、可修、可證，又離開了再去尋找正法。大部份的人都是這個樣子處處求法、處處失望。就像善財童子那樣，到處去參訪。不過善財童子是每尋訪一位善知識，就滿足一關的法：五十三參，每一參都有法證到，才能圓滿五十二階位應修學的佛法。現在佛教的道場，到處在教人修習佛法，可是學來學去都是在教人以定爲禪的謬法，說那個就是中國禪宗的般若禪，其實都不是眞正的般若禪，也都只是在修習粗淺的禪定境界，卻又連初禪都證不到。

終於有一天遇見了一位眞正能教人修習禪定功夫的善知識，修得一些禪定功夫，或者發起初禪，或者發起二禪，終於有了基本的定力，可以進修般若智慧了，可以將這個定力用來助益參禪而證悟般若。但是初禪與二禪的定境，對參禪證悟的幫助不大，所以我們是以動中定力的進修爲主，不在初期教你修習靜中的初禪、二禪定境（作者按：初禪定境往往是在動中發起的，多數不在靜坐時的定境中發起）；所以我們教導無相念佛的動中定，作爲參禪證悟的助力。

參禪的目的是證悟般若實相，當你動中功夫具足了，你會開始對實相有興趣了，就會開始探討實相法體，然後你會接觸到類似「不起一切法見、不見一切法」等實相語句。這時候，因爲你已經有些功夫了，證入一念不生的定境中了，可是般若經的眞正意思，還是似懂非懂的：「嘿！好像般若的正理不是在求證一念不生喔！佛法好像不是那些大師們所說的證悟一念不生的境界喔！」你開始探討：「到底什麼才是眞正佛法？爲什麼說我一念不生的時候，我的老師、我的師父跟我印證爲開悟了，可是我把了義經典翻起來恭讀的時候還是不懂其中的密意呢？原因到底出在哪裡？啊！原來這個是以定爲禪，這不是佛菩提道。」然後尋尋覓覓、尋尋覓覓，最後終於才找到一個眞正的法，才眞正定下來，開始熏習般若。

像我們正覺同修會的禪淨班，到了最後半年時，就是專門跟你們講參禪的知見。在這半年之前的課程中，在你們開始參禪之前，先跟你們解說五陰十八界等四加行的法義，讓你們斷除我見、先斷三縛結；然後才在最後的半年裡教導你們怎麼樣去參禪；得要先教你把我見斷了，把十八界、五陰的虛幻性先分析給你聽，要求你先作四加行，把我見斷了，然後才讓你去參禪，後來終於找到實相心了，終於了知無餘涅槃中的實際了，這時候你才進入七住位中。

當你進入七住位的時候，你對般若系的經典就可以讀得懂了；這時候，你跟那些凡夫談論般若時，他們都弄不懂啊！問到那些南傳佛法的「阿羅漢」，他們也都不懂啊！乃至問到大乘通教的菩薩阿羅漢，他們也是不懂的；得要大乘別教的菩薩進入七住位以上的人，才能夠懂得你在說什麼。別教的七住位菩薩——已經破參明心的禪宗證悟者——就已經是這樣使得二乘聖人和凡夫難以思議了，可是七住位菩薩仰望佛地，還是那麼遙遠！所以在這個時候，雖然連阿羅漢都聽不懂你在說什麼，可是你絕對不會生起慢心、輕視於 佛；絕對不敢！你會常常生起恐畏之心，不會容許自己生起慢心，因爲你已經很清楚知道：別說能了知佛地境界，

別說能了知 觀世音菩薩境界，連三地 玄奘菩薩的背影都看不清楚！何況能了知佛地境界！所以說，這個法不是定性聲聞聖人所能知道的，更不是印順、昭慧法師等凡夫所能臆想的；這得要到了大乘別教中的勝解行地，才能夠開始眞正的學習與觀察，所以 馬鳴菩薩說：「**非諸凡夫、二乘智慧之所能知，解行地菩薩始學觀察，法身菩薩能少分知……。**」原因也就在此。

解行地的解行二字，就是指勝解與勝行，所以我把它稱作勝解行地或證解行地。什麼叫做勝解、勝行？解行地就是說進入這個階位中的菩薩們，都能夠生起勝解與勝行；起了勝解與勝行，就是解行地的菩薩。

勝解就是說，本來你讀第三轉法輪的經典和第二轉法輪的經典，讀來讀去：「**唉！這些字，每一個都認得，可就是裡面的意思不能曉得。**」這就是還沒有發起勝解，因爲你無法從般若實相中得到勝解，還沒有發起殊勝的理解，你得不到般若智慧；後來終於被錄取而參加禪三回來時，破參了！回到家裡第一件事情——四天三夜幾乎沒睡、很辛苦的參禪回來——結果身體很累了卻還不想睡，趕快把《楞伽經詳解》和般若經典請下來，結果是一直讀、一直讀，一讀就讀到天亮，顧不得第二天還要上班。爲什麼每次禪三後都有人會這樣子？就是因爲以前不懂的勝妙法義，現在比以前更輕易的讀懂了！這就表示你對般若已經得到勝解了，從此也會對唯識增上慧學的經典正義，開始逐漸的生起勝解來。

由於對於般若、對於唯識的種智，你開始生起勝解了；接下來你就能夠生起勝行，漸漸的、一分一分的離開凡夫眾生的心行，聖性就會開始漸漸的發起。除非你是新學菩薩，學了義法以來的時劫還很短；不然的話，諸方賢聖所說證果證聖的那些賢聖心行，你也會漸漸的開始出現了！這個就是由於有了勝解而生起勝行了。必須先生起勝解，然後才可能發起勝行，所以解行地的菩薩就是勝解地與勝行地的菩薩。馬鳴菩薩說：只有已經進入勝解地和勝行地的菩薩，才能開始學習如何觀察這個「無始無明熏所起識」，只有進入勝解行地的菩薩們才能開始學著觀察第八識的運作，和祂所含藏種種的種子。所以你禪三破參回來以後，一定會常常在觀察：「我這個阿賴耶識是怎麼運作的？」越觀察，般若智慧就越細膩；般若智慧越細膩，心裡就越歡喜：「哈！原來這八個識，眞的是一胎所生，眞的是不分彼此，所以八識心王總說爲一心，原來一心總攝八識心王，眞的有道理！」那你越觀察、越歡喜，因爲呢！你的智慧越來越深細了，經典中好多的密意，你越來懂的越多了，這個就是 馬鳴菩薩所說的「始學觀察」。

換句話說，在你還沒有證得第八識心體的所在以前，是無法學習如何觀察「無始無明熏所起識」的，是無法學習觀察第八識心體的自性與運作的；你得要證了第八識以後，才能夠開始去觀察這個無始無明熏所起識，可是你開始去觀察的時候，你所知道的內涵多不多呢？剛破參回來的時候，看見某一些善知識寫的，心裡立刻就會想：「哎呀！這個大法師也錯！那個大居士也錯！唉！怎麼統統都錯了？」這就是說，你的般若智慧、實相智慧生起來了。

常常會有人這樣說：「哈！我剛來到正覺同修會的時候，眞的很不服氣欸！這蕭老師，聽他講經時，他都說這大師也錯，那居士也錯，怎麼人家都錯，只有他一個人對？眞的是不服氣！越聽越生氣！」可是禪三鍛鍊破參回來以後呢？還眞是不得不服氣，因爲事實確是這樣的嘛！你破參明心而發起般若實相智慧以後，所觀察到的那一些大師們的著作，眞的是錯到很離譜啊！你現在已經有能力去檢測嘍！

但是，這個時候的你已經懂得很多了嗎？不然！還是只有少分而已。那麼這個少分呢？比起法身菩薩所知的來說，那又更是少分了，正是少分中的少分。有的人破參回來以後跟我說：「老師！我自從禪三回來後，您的很多書我都看得懂欸！可是您那本《平實書箋》裡寫什麼虛空、擇滅，我怎麼還是不懂？」那並不是因爲你現在的智慧低劣，而是說你所知的般若只不過是個少分而已，還有很多的法——特別是第三轉法輪一切種智的唯識經典妙法——是要未來一步一步去熏習、去觀察，才能更深入的了知。那麼這意思是說：這個無始無明熏所起識——第八識如來藏——得要法身菩薩才能夠少分知道，因爲無始無明熏所起識，就是異熟識，這個地方已經不是指阿賴耶識，而是指已經改名後的異熟識。

爲什麼斷了分段生死的阿羅漢迴小向大的這個時候，還會叫作異熟識？而不是佛地眞如的無垢識？因爲祂還有異熟生、異熟滅、異熟果在。有異熟生、異熟滅、異熟果在的緣故，所以法身菩薩的初地菩薩還只算少分知，不能全知、不能多知，因爲還有很多種子與智慧是他所不知道的。法身菩薩爲什麼叫法身呢？那是說，初地以上的菩薩，他們有五分法身，他們都是以這五法爲身：就是戒身、定身、慧身、解脫身、解脫知見身；因爲他們的如來藏發起這五法了以後，如來藏就以這五法爲身，所以諸地菩薩的如來藏就因此而名爲法身；未入地菩薩未證這五法，所以他們的如來藏說爲法身時，只是方便說。地上菩薩不以生滅性的五蘊法爲身，他們的如來藏以這五法爲身，已經發起這五法了，所以稱爲法身菩薩。

初地菩薩能爲人廣說解脫知見，但大阿羅漢們不一定能說，即使能說，也不能像法身菩薩一樣的解說得很透徹。譬如周利槃特伽尊者，他也是俱解脫的大阿羅漢哪！可是他卻無法跟人家說解脫境界與解脫之道啊！人家聽說他已經成爲阿羅漢了，所以請他去供養，他就去受供；他也喜歡人家得福，所以願作福田去讓人家種；結果人家供養了以後請他開示解脫之道，他無法爲人宣說，他就說：「**我請舍利弗尊者來幫你解說好了！**」換句話說，就是「飯我吃，法由他來說。」（大眾都笑！）

他去應供，卻不能說法，只好代請舍利弗尊者來說解脫之道，回報供養者；這就是說，因爲他在言語表達上極爲拙劣，也沒有解脫知見，更沒有證得這個第八識法身，所以證得解脫而沒有解脫知見，只有解脫而無解脫身，只有解脫而無解脫知見身，所以不能爲人宣說解脫之知見（作者按：二乘聖人的解脫知見，不觸及無餘涅槃之實際，是故無解脫身、無解脫知見身，與法身菩薩的解脫知見依於法身者不同，此處提而不示）。至於法身菩薩呢？都有這五分法身的，所以不可能有人證得初地果位卻沒有發起解脫知見，絕對沒這回事情！初地滿心菩薩是能證解脫而不取證，初地滿心者可以證慧解脫而不取證，所以他有解脫身，也有解脫知見身，並不是沒有這兩種法身。所以初地菩薩的道種智使他必有勝妙於二乘聖人的解脫知見的法身，所以，如果說有個人自稱已證初地果位，但是他告訴你的涅槃卻是像西藏密宗所講的輪涅不二，或者是意識心境界的離念靈知，那就大有問題了。

藏密講輪迴與涅槃不二，是什麼樣的內涵呢？他們這個很響亮的果位修證的內涵，其實只能唬弄初機學人，其實就只是覺知心的一念不生境界罷了！當他們靜坐到不起妄念的時候，就認爲有念靈知的覺知心爲虛妄法，而離念靈知是永遠不生不滅的，這樣把意識覺知心一分爲二：一個是有念的靈知心，另一個是離念的靈知心。然後因爲離念靈知心是在出現語言文字以前就存在著的，所以誤認爲離念靈知心是不生滅法；因爲認定離念靈知心不生滅的緣故，所以離念靈知心雖然還在輪迴之中，卻因爲這個離念靈知心的「不生不滅」，而說這種離念境界就是輪涅不二，這就是西密的密續中所說的輪迴與涅槃不二。這種惡見，正是落在常見外道境界中，而又把取自印度教支派——性力派——的雙身淫樂修法拿來配合在一起，說性交高潮中一心受樂的覺知心是樂空不二，因爲他們這種修成「究竟佛」的境界有這個快樂的果報，所以是「報身佛」的境界，這樣自己高抬身價，說是比顯教更高的「佛法」，而把 釋迦佛貶爲化身佛，說是比他們雙身法中樂空雙運的報身佛境界還低，眞是荒唐自大得可笑極了。

他們所說的人間化身佛的境界，也就只是覺知心一念不生的欲界定境界罷了！根本就還沒有見道，連二乘解脫道的見道功德都沒有，更別說是大乘菩提的見道了，竟然高抬身價，大妄語的說是已經成佛了；他們所說的報身佛則是外道的貪淫境界，而說是報身佛，根本就連聲聞乘的見道都沒有，更別說是大乘別教的見道了，所以都是大妄語者，都是大言不慚的無慚無愧的外道。你們去讀龍欽巴的著作；龍欽巴「尊者」在西藏密宗紅教中的地位很高，就好比禪宗裡面的六祖一樣，有密教第二佛的尊稱（西藏密教說蓮花生是密教第一佛）；可是他的輪迴與涅槃不二的化身佛境界，就只是一念不生的覺知心境界，但這還是意識境界啊！還是落在意識上面啊！根本就沒有斷我見，還是凡夫一個！他哪有資格跟人家講涅槃呢？他根本就沒有證得涅槃解脫，也沒有涅槃解脫的知見，卻被捧成是幾地的菩薩。但是，初地菩薩如果不能爲人家解說涅槃的知見，不能爲人解說解脫的知見，這個人一定不是初地菩薩，因爲他顯然沒有解脫知見身。

但是三乘菩提中所證的解脫，全部都是以這個異熟識而建立的；若沒有異熟識，就不會有解脫可證，就不會有解脫知見可言；但是連二乘聖人都不知道這個內涵，因此說，這個異熟識，是要到法身菩薩位——初地開始——才能少分了知的，但也並不是具足了知。馬鳴菩薩說：「菩薩的究竟地猶未知盡。」菩薩的究竟地就是十地滿心，或者說是等覺菩薩滿心位；到了十地滿心的法雲地或等覺菩薩位時，都還沒有究竟了知，那當然只有 如來才能夠「總明了」，總明了就是全部的明瞭；這樣看來，即使讓你修到初地而得這五分法身，又有什麼可以起慢的呢？眞的是沒什麼可以使人生起慢心的！

菩薩們在剛才破參的時候，是心最雄猛的時候：「啊！我終於悟了！我還是很了得的！」可是悟後起修，越修下去才越發覺自己的證量眞的好淺，越來越覺得自己的智慧有限。

所以你們看我的每一本書，都不敢在書上把我的面目示人——我的書都沒有在封面裡面的書衣上面印上相片，對不對？和世間法上的書籍都在封面書衣印上作者的相片大不相同，因爲不敢把面目拿出來公開給人家看啊！因爲證量眞的不高，仰望佛地，慚愧得不得了，所以不好意思示人以相啊！所以每一次禮佛的時候，我都覺得很慚愧，都抱著一種瞻仰的心來觀看佛像；雖然那只是石頭刻的、木頭彫的，也是很恭敬的瞻仰；爲什麼呢？畢竟 佛就是有那個功德，雖然是石頭刻的、木頭彫的，卻還是代表 佛，我們也就不由自己的恭敬起來，因爲覺得自己離佛地還是太遙遠了。所以，修證越高，越覺得遠；不信的話，未來無數劫，等你們修到等覺地的時候，你們一定會發覺自己離 佛還是那麼的遙遠，就會起了一個念：「**我算什麼等覺菩薩？連佛地的功德都還有很多不知道的，諸 佛的功德眞是不可思議。**」所以等覺菩薩見了諸 佛，都那麼恭敬，這不是沒有道理的。

這個意思就是說，這個異熟識，眞的是要證悟以後，再經過很精進的修行一大無量數劫的三分之二時劫，終於進入初地了，成爲初地的入地心菩薩了，才能夠有少分的了知；所以，眞的是要你破參之後，才能夠開始眞正的學習怎麼樣去觀察這個第八識；在你還沒有破參的時候，任你怎麼觀察都沒有用，因爲你根本就不曉得祂在哪裡，何況能夠觀察祂？所以 馬鳴菩薩說的這個解行地，我就跟他加了一個字：「勝。」也就是殊勝的勝，叫它做勝解行地，因爲你已經於 佛所說的一切法境，開始一步一步的眞實證入，因此而生起勝解了；並且能夠由這個勝解而起勝行，所以這個階位就叫做勝解行地。但是有時候我又說它是證解行地，因爲在還沒有親證第八識如來藏——還沒有證得般若實相智慧——還沒有親證眞見道位的根本無分別智的功德以前，是無法發起勝解與勝行的，所以有時候我又稱之為「勝解行地、證解行地」。這個勝解行地、證解行地，智慧都還很淺；雖然已經不是定性聲聞聖人所能知道的，但是比起初地的智慧來，又差很遠了；而初地比起佛地來，又差得更遠了，所以說初地只能算是少分的了知，佛地才能究竟的了知。接著 馬鳴菩薩又說：

論文：「此義云何？以其心性本來清淨，無明力故染心相現，雖有染心而常明潔、無有改變；復以本性無分別故，雖復遍生一切境界，而無變易。」

講解：這個道理是怎麼說的呢？ 馬鳴菩薩的意思是說：第八異熟識——阿賴耶識——因為祂的心性是本來就已經是清淨性的，不是修行以後才變成清淨性的，但是因為無明的力量而導致雜染的七轉識的種種法相出現了，使得祂所含藏七識心王的不淨種子而成染心；可是祂雖然是內容有所染污的心，但是自體性在運作的時候卻常常都是保持自己的明潔體性而無有改變。又因為祂的本性對六塵都是無分別的緣故，雖然祂也普遍的出生了世間的一切境界，而祂的自體的清淨本性卻是因此而永無變易的。

馬鳴菩薩這段話的眞正義理是說明了什麼呢？這意思是說，這個異熟識——這個阿賴耶根本識——祂的心性是本來清淨的，但是因爲累劫以來所生的七轉識的無明熏習的力量，導致有污染的七識心的種種法相出現了，然而這個污染的七識心出現之後，使得第八識看起來似乎是有污染內涵的心，因爲七識心等污染的心都是祂所含藏的嘛！都是從祂心體之內所生的嘛！那你就不能夠說祂是絕對清淨的心啊！雖然祂是內含種子有所染污的心，所以出生了七識心而顯示出種種雜染；但這個時候，祂自己的體性卻又是一直保持在那麼光明、那麼潔淨的狀態中，始終都不曾改變過。

祂的體性，在你證悟了以後也不曾改變啊！當你未來次第進修到了初地、二地、五地、八地的時候，祂也還是沒有改變啊！也還是原來凡夫地時就已經顯現的清淨性。可是這個道理，對還沒有證悟的人，總是說不清楚啊！因爲不論你怎麼說，不論你說得多清楚，他們總是聽不懂的！得要等他證得這個心眞如——異熟識——以後，他們才會清楚這裡面的妙義啊！所以昭慧法師有一次在香港演講的時候，大意是說：你們禪宗講什麼明心，你們重視的第三轉法輪經典講什麼自性清淨心還有染污，這道理是講不通的！既然是清淨的心，怎麼還會有染污？講不通的！所以她不承認禪宗的開悟，認為都不是純正的佛法；所以她認同印順法師對中國禪宗的批評，認同印順對中國禪宗所定義的野狐禪的說法。所以我說她眞的是弄不懂般若妙義啊！

我就不問你們這些破參很久的老同修啦！我只問你們這一次禪三剛破參的同修們就好啦：「**那個自性清淨心，是不是眞的自性清淨？**」（新破參的同修們答：是！）是嘛！你現前體驗到祂就是那麼清淨的體性嘛！因為祂離見聞覺知，也不思量，也不分別，所以從來離貪瞋痴，祂就是那麼的清淨，可是祂卻又含藏著七識心熏習來的染污種子，含藏在祂心中。

你們只要證悟到祂，都可以體驗到祂的清淨性，祂隨時隨地都是清淨的啊！乃至當有人來誹謗說：「**你們那個法是錯誤的，是邪魔外道法。**」你為了護持正法，看見別人指鹿為馬、顚倒是非，你的七轉識氣起來的時候，祂還是不瞋不喜的啊！祂還是照樣清淨的在那邊跟你配合著，不是這樣嗎？（新破參的同修們同答：是！）是嘛！你們體驗到的就是這樣嘛！可是祂卻含藏著你的種子，含藏著與你有關的一切種子；這個五蘊十八界所攝的你是染污的，因為你還有瞋心嘛！剛悟了還沒有開始悟後起修，當然還有瞋心啊！「**唉呀！你這個人居然敢誹謗正法！法明明**

是這樣的，怎麼老是跟你講不通？氣死我了！！」可是你正在瞋的時候，祂卻照樣是不喜不瞋，既不貪愛也不討厭，祂都一直保持著原來的清淨自性；即使你剛剛氣得要命，祂還是如如不動的模樣，但是祂卻始終跟你配合得很好，就是這個樣子！因爲你有染污，而你是從祂所含藏的種子生出來的，所以是說祂內涵的種子是有染污的，可是祂的自體性卻是永遠清淨的，所以說祂是**有染污的自性清淨心**。

這樣就說得很分明了，但是說歸說，還是得要你破參了才能眞的懂；光是聽聞熏習，還是無法眞的懂；所以大乘別教了義妙法之所以很難弘傳，難以廣傳，問題就在這裡：因爲你想要步入般若實相的眞實義之中，確實是非常的困難，尚未親證如來藏以前是不可能如實了知的；但眞悟者並不是講不出來，我一句話就可以把祂說得清清楚楚的，絕對可以讓你們都在聽聞的當下就明心、就可以現觀如來藏的運作與清淨自性；但是！問題是不能明講啊！這是因爲 佛有告誡不能明講，聽人明講的人由於沒有參究的過程，所以妄心死不了，所以聽人明講密意的人大部份都無法生起深妙智慧，就會懷疑及謗法；爲了保護學人，所以不能明講。

我在以前弘法的早期，沒有人跟我提示說「不能明講」，也還沒有讀過經中 佛的告誡，所以不知道這個嚴重性，犯了許多次的明講過錯，所以常常禍生腋下：

常常有些以前聽我明講的人，深妙智慧生不起來，被人質疑以後自己不能解開疑惑，而又有慢心或私心，不肯與我討論解疑，所以後來生疑不信，就會謗法、破法。這些人得了我的法以後，又破壞我所傳的正法；就像是世俗法上很親近的人，當你熟睡時，突然在你腋下狠狠的大咬一口，你想要救護都來不及，豈不正是祖師們所講的「禍生腋下」？所以以前會有那些離開同修會以後誹謗正法的事情，以及謗法不成以後轉而捏造事實來誹謗我個人的事，眞的是禍生腋下。

自從一再的遭逢那些教訓以後，我現在都不明講密意，只給你們正確方向，給你們正確知見，給你們正確方法，然後你們照我給你的方向、知見、方法去找到祂；有了參究尋找的過程，有了忽然與如來藏一念相應的體驗的過程，就可以確實的斷我見；然後你就可以去體驗祂，有了體驗就不會退轉，就能出生般若智慧。這個意思就是說，祂的心性——這第八識的心性——祂是本來就那樣清淨的，你開悟以前祂就已經是那樣的，不是你修行以後祂才變成清淨性的；在你證悟之前，祂就已經是清淨性的，本來就是清淨的。但是由於無明的力量，所以有七轉識的染污心性的心相出現；那這個七轉識的染污心相雖然出現了，可是祂的體性仍然是那麼的光明潔淨，繼續的任勞任怨、恆住於離見聞覺知的涅槃寂靜境界中，永不自己思量、永不作主的配合你，完全沒有改變。

在你開悟之前，祂就已經是那樣的，到你證悟了以後，祂仍然保持寂靜而離貪厭的清淨性，也繼續保持原有的隨緣性（不作主）的清淨性，不會因為你悟了以後，祂就開始轉變說：「**你既然悟了，可以獨立而處處作主了，不需要我了，我從現在開始就自己作主了。**」祂永遠都不會這樣的。然而你如果一直都沒有開悟呢？祂也是像以前一樣的從來都不作主，一切隨緣。

然後 馬鳴菩薩又說：祂的本性是無分別的。這個無分別，自古以來有很多大師誤會了，所以都用誤會以後的錯誤知見，教人要用這個見聞覺知的心去打坐，坐到不起分別，說這樣就是證得無分別智。但是，錯了！實相則是：當覺知心的你正在分別的時候，祂還是與你同在運作而無分別的。祂的無分別性，不是由於修行以後才由有分別轉變成無分別的，祂是無始劫以來本來就無分別的，這個無分別性不是修來的，是本來就如此的。如果這個無分別性是修來的話，是本來有分別的話，那麼將來你所修的一念不生的業行退失的時候，這個無分別性將又會退失掉了，那就不是永遠的無分別了；所以祂的無分別性不是修來的，而是本來就無分別的。

所以，當覺知心的你，證得心眞如而現觀祂的無分別性的時候，不妨覺知心的你還是繼續的有分別，而祂繼續無分別；這樣子，有分別的覺知心你，和無分別的離見聞覺知心的你並存而共同和合運作。覺知心的你因爲開悟，而知道了祂的無分別體性，就親證無分別智了，就了知法界的實相了，就知道一切都是由祂所出生的，就知道中道的正理了，就能發起中道觀了，就發起般若實相的智慧了，我們佛教中就說這個是證得無分別智，也就是根本無分別智，就成爲大乘別教的眞見道位七住菩薩了！絕不是像那些悟錯了的大師們所說的：把能分別的心變成無分別，然後妄說這樣子就是證得無分別智。如果能分別的覺知心悟了的時候是變成無分別，那覺知心的你就變成像石頭一樣的成爲白癡了；假使開悟眞的是這樣的境界，正當你開悟的時候，你能分別的**智慧**又哪裡去了？無分別的時候又怎能稱爲無分別**智**？無分別智的**智慧**又能從哪裡出生？所以那些大師們教人把能分別的意識覺知心住在不起分別的狀態中，而說那樣就是開悟、就是證得無分別的境界，都是錯誤的說法。

你這個分別心，在悟後還是像悟前一樣要有分別；覺知心的你，在悟前必須有分別性，才能開悟；悟後也照樣得要有分別，因爲你還要熏習更深妙的佛法，所以你當然還要繼續的作如理作意的分別；又因爲你悟後還得要去斷你的煩惱，當然要在事相上去分別；也因爲你還得要修學種智，還要修學般若的別相智，當然你得要在法上作種種的如理作意的分別；如果悟了就永遠都不作分別，你如何能進修更深妙的種智呢？又如何能夠觀察煩惱而斷盡煩惱呢？又如何能成就佛道呢？

又比如說，將來你成佛以後，是不是你的意識覺知心就不會分別六塵諸法了呢？當然不對！成佛以後的意識當然照樣要分別啊！因爲眾生來禮佛，你一下子就能知道這個眾生在佛法上有什麼因緣，也能了知那個眾生沒有什麼因緣，所以成佛後的意識覺知心還是必須有分別的；但是眞悟的人與諸 佛一樣，無妨在覺知心有分別當中，另外還有一個無分別的第八識心，與覺知心的「意識你」同在；所以當你證得第八識的無分別性而發起無分別智以後，無妨繼續有智慧的分別，而第八識的祂仍然繼續沒有分別；當你開悟而知道這樣的智慧，轉依祂的無分別性，而不再於三界中無謂的世法上執著分別，不再於三界我上面錯誤的分別爲常住法，這就叫做證得根本無分別智。

這樣悟後繼續現觀第八識的無分別性，卻又發覺祂有許多的功德自性，眾生都不能一日一刻沒有祂；這樣子觀察得越來越細膩，智慧就跟著越來越深細，這就叫做後得無分別智。絕不是像那些大師們講的，在那邊打坐一心不亂叫做不分別，叫作開悟。如果靜坐一念不生而不起心分別，就可以稱爲證得無分別智，那你待會兒下坐時又變成有分別了；這樣子有時有分別，有時又無分別，那這個無分別智就又變成生滅變異的法，不是永遠的無分別了，那這個智慧是大有問題的！佛法不應當是這樣的，佛法的眞實證悟，應當是永遠都一樣的，是恆也是常的，才能夠說是眞正的佛法。無分別的心是本來就無分別，是第八識如來藏；有分別的心是本來就會分別，以後也會繼續的分別，是第六識，不可混爲一譚；所以 馬鳴菩薩說祂本性就是無分別的，說不是修行以後才變成無分別的，那就是指第八識如來藏——心眞如——阿賴耶、異熟、無垢識。

這個眞實心雖然能夠普遍的變生一切境界，可是祂的自體性卻永遠都沒有變異。祂能普遍的變生一切境界，所以諸 佛菩薩都說祂可以變生一切的三界世間，或者變生一切有情的十八界，這個無分別心變生了我們的十八界法：六根、六塵、六識。但這十八界的所有法都沒有永遠不變的體性。但是在變生十八界而遍在十八法界運作當中，祂卻是不分別一切三界六塵法的；可是祂卻有一個分別，祂能分別你，而不分別六塵萬法。祂能了別你，你想什麼祂都知道；可是三界當中的六塵之法，祂完全不分別。不管你出生到三界六道、四生二十五有中的哪一道、哪一有去，祂的體性始終是明潔的，也是常而不斷的。常就表示說，從一開始到最後，永遠都是這樣的，都是不分別的，而且是光明的、潔淨的、永不變易其清淨自性的；像這樣證悟的人，他所弘傳的法義，才是眞正開悟者所說的佛法。

所以，昭慧法師繼承印順法師的邪謬思想，否定禪宗的開悟妙法，以免自己以未悟之身而被佛教界所輕視，便恣意把確能令人開悟般若，能最迅速悟入般若實相的中國禪宗妙法，評爲「中國所傳的野狐禪」，使人對禪宗正法的修學意願因此而消失了，證悟實相般若的機會也就跟著消逝了，這不就是斷人慧命嗎？現在昭慧法師更謗禪宗證悟祖師所留下來的證悟公案爲無頭公案，正是極嚴重謗法的地獄業，我們很希望她能夠對此重罪有所警覺，在可見的、不久的將來，趕快公開懺悔除罪，回歸如來藏正法。馬鳴菩薩又開示說：

論文：「以不覺一法界故，不相應無明分別起，生諸染心。如是之義甚深難測，唯佛能知，非餘所了。」

講解：這一段話的意思就是說，你們破參回來以後，不可以說：「我已經完全的離開不覺了。」因爲你悟後還有一大部分的不覺，你只是剛開始覺悟到而已，只是始覺而已。這個「不覺一法界」，就是說，由於眾生不能夠覺悟到本覺這個絕對的、唯一的法界，所以說不覺一法界。因爲這個法界是在十八界之上的，祂不是十八界所能含攝的；但是十八界卻含攝在祂裡頭，祂出生了十八界而含攝十八界，而十八界不能含攝祂，所以我在《眞實如來藏》書裡面寫：祂不在十八界內，因爲十八界都是祂所生的啊！怎麼可以說祂是在十八界內？祂出生十八界，那表示祂是「一法界大總相法門體」，這在前面也已經說過了。這意思就是說，眾生由於不能夠覺知到這個唯一法界，所以，與此一法界不相應的無明分別也就因此而生起了。

什麼叫做不相應的無明分別？我們先來解說不相應的無明，然後再說無明分別。還記得《勝鬘經》嗎？諸位都應該讀過了，在我們所編印的《三乘唯識——如來藏系經律彙編》裡面，有一部《勝鬘經》，那部經裡面有說過「心不相應無明住地」；既然說是心不相應的無明，那麼這個無明就應該跟心無關了，那你說這個無明給我聽，要做什麼？其實這意思是說，這個無明是一直都和眾生的見聞覺知心不曾相應過的。得要等到你想弄清楚法界實相的時候，你才會跟這個無明相應到，所以說這個無明是跟眾生的覺知心不相應的，只有跟少數想要求見實相者的覺知心相應，所以說它叫做心不相應的無明。心不相應無明的住地，就是指覺知心還沒有起念想要探討法界實相時所住的境界，所以心不相應無明住地，就是說覺知心不曾相應到這個無明時所住的境界，就是一切還沒有起心想要探討實相的人所住的境界。

當你們想要探討實相，想要知道實相究竟是什麼，你開始探討了，這個時候就說你跟這個無明相應了。這個時候，無始無明和你就是心相應了，因為已經和你相應了，你知道它的存在了，所以現在要做的事情就是把它打破。但是打破無始無明，可不能像月溪法師那樣解釋喔！他說一槌把它打破，然後白淨識就出現了！根本就不是這樣，其實是你先找到如來藏，然後無始無明才被打破，不可像月溪法師一樣的本末顛倒；而無明打破了其實也沒有破，因為無明並不是實有法，只是一個名相，所以一切種智中說它只是隨眠而不是種子隨眠；種子是有作用的，無始無明卻是無作用的，只是依眾生不知道法界的實相，而施設有一個無始無明，無明哪有個什麼物質或物性？哪有作用與功能？哪裡可以說是找到它而打破它？

所以無始無明是沒有實法存在的，並沒有一個法可以說是無始無明，只是依如來藏而說有無始無明，是依眾生未能證悟如來藏而不知道法界的眞實相，而施設這樣一個假名而已，所以無始無明並不是實有法，是依未證如來藏導致無法了知實相而假名施設的名相。如果你找到了如來藏，能夠如實的觀察而轉依祂的無分別性以後，就說這個無始無明被你打破了。所以不能像月溪法師一般倒果爲因，說是打破無始無明時，如來藏就會出現了！應該是先找到如來藏，無始無明因此而被打破了。那麼，這個眾生的覺知心不相應的無明，一直都存在著，眾生都在這個無明住地裡面，所以，在它還沒有被打破之前，就一直都會有種種的虛妄分別出現：有的人會虛妄的分別說：「實相就是無相，無相就是什麼都空掉啦！」說一切都空掉以後就是實相啦！就好像虛空一樣了，所以說虛空就是實相啦！就成爲虛空外道了！

盧勝彥——蓮生「活佛」——就是這麼講的啊！如今我們把他的錯誤說法貼在佈告欄上，讓大家讀一讀，可以藉此建立正知正見。他說虛空就是實相，可是虛空這個法，在上週講解論文時曾跟諸位講過：虛空是色邊色，依色法的邊際，施設無物的處所稱爲虛空，所以虛空其實就是色法；虛空是因爲色法的邊際以外沒有東西的地方叫做虛空，那這個虛空其實還是依色法而生的，所以虛空就是色邊色。這個不必在大乘法時才這麼說，在小乘論的《俱舍論》中就已經這麼說過了。

《俱舍論》是 世親菩薩還在聲聞法當中的時候所寫下來的論著，當時他還沒有成爲大乘法中的菩薩，還在聲聞法裡面，就寫了《俱舍論》；而小乘聲聞法的《俱舍論》中就已經能夠說到這個虛空的眞實意涵了，何況菩薩而會不懂嗎？但盧勝彥那個大活佛，據他在書中的說法，還自稱是彌陀化身呢！（編案：後來書中自稱是究竟佛）竟然會不懂這麼粗淺的法義，眞是荒唐！

所以 馬鳴菩薩的意思是說，這個眾生心不相應的無明，是和那些還沒有證悟實相的人同在一起的；當你打破了無始無明以後，這種心不相應無明的虛妄分別性才會滅除；從此以後對法界實相的分別，都是如理作意的思惟觀察分別，那就不再稱爲「不相應無明的分別」了；從此以後，你拿起經典來，照樣有個分別心在這邊分別： 佛講這句話是什麼意思？那一段經文又是什麼意思？你都能夠很如實的了知：原來 佛都已經明講囉！只是眾生因爲無明所障而不能知。這就表示說，你這個時候的分別，統統是如理作意的，離開了心不相應無明的分別。

可是眾生因爲不能覺知這個唯一法界——本覺法界——所以他們都有**心不相應的無明分別**生起，而你們證得了這個**一法界**，證得了這個**根本識眞如法界**之後，不相應的無明分別就不會像眾生那樣嚴重的生起了；從這個時候開始，所生起的分別大部份是如理作意的，是與無始無明的上煩惱相應的分別；而這些分別是有智慧的，是會導致漸漸斷除無始無明上煩惱的分別，這些分別和**眾生心不相應的無始無明**完全不一樣啊！這才是無分別而又稱爲智的原因所在。那麼眾生由於尚未和這個無始無明相應，所以他們有心不相應的無明分別所起的種種分別，當然會引生出染心，都是與分別心相應的意識境界，所以不是無分別智，所以《勝鬘經》說：「無明住地力，於四住地煩惱，其力最大。」講的就是這個意思，因爲一切煩惱都和無明住地的力量不能相抗，無明住地的力量遠勝過煩惱障下煩惱，所以，即使是斷盡了煩惱障下煩惱——見惑與思惑——而成爲阿羅漢，仍然不能和無始無明相應，仍然不曾和無明住地相應到，《勝鬘經》講的就是這個道理。

可是，好像《勝鬘經》的眞實義理，到現在還沒有人眞的弄懂欸！眞的是很奇怪、很奇怪！我希望將來我們有哪一位老師或法師，能夠來註解《勝鬘經》。這部經中說：無始無明住地的力量，相對於四住地煩惱——也就是相對於一念無明來講——它的力量是最大的。當一念無明斷了，只是斷除了分段生死的現行而已，但是分段生死的斷除，還是在無始無明籠罩之下，還不能超出無始無明的範疇；一念無明只是無始無明當中的一小點而已，這是因爲斷分段生死很容易，如果有四禪八定的功夫，我只要幫你明心就夠了，你就可以當場取證滅盡定，成爲俱解脫的大阿羅漢，也可以當場就入無餘涅槃，那你一生就斷盡一念無明住地了啊！這不是很容易嗎？

如果沒有具足四禪八定，我幫你明心之後，你精進的去斷除思惑煩惱，利根的人可以一生斷盡，鈍根的人最遲四生可以斷盡，也可以取證慧解脫的阿羅漢果啊！證悟之後，假使你有眞的下定決心，要當聲聞羅漢而出離生死，不想修學大乘法道，那一生也可以達到啊！最遲四生也可以達到啊！如果是已經證得四禪八定具足了，只要明心，當場就可以取證滅盡定，可以成爲俱解脫的大阿羅漢，可以當場進入無餘涅槃。可是你悟了如來藏之後，因爲明心而證得滅盡定之後，想要成佛的話，嗨！還要兩大阿僧祇劫再加上三分之二個阿僧祇劫；換句話說，你明心又見性的時候，如果永不退失，成佛過程中的第一大阿僧祇劫也只有過完三分之一而已，大家想想看：成佛有那麼容易嗎？眞的沒那麼容易！所以說，無始無明裡面的上煩惱太多了，因此說它是過恆河沙數上煩惱，也因此而又有個簡稱：叫作塵沙惑。因爲這種上煩惱的無明太微細、太多了，很難斷盡的。

這意思就是說，不但是一念無明會使得眾生產生輪轉生死的分別心，無始無明也一樣可以使得眾生產生輪轉生死的分別心。但是眾生如果斷了一念無明的分段生死種子的現行，它的習氣種子隨眠還是繼續存在的，所以仍然不離無始無明所籠罩的範圍，除非進入無餘涅槃，暫時離開了無始無明的範疇。可是如果在進入無餘涅槃之前，曾經聽 佛說過了義法，曾聞 佛講解佛地的勝妙境界相，心裡曾經起了一念信樂之心；入了無餘涅槃以後，在涅槃之中雖然只有第八識，由於自心種子的不斷流注，也許無量劫以後，突然間觸動了意根的種子，就又會出現中陰身，又來三界中投胎了，這一回他可就一定會成了菩薩，也就一定重新再處於無始無明的籠罩下了。

可是因此而現起意根而又受生於三界中，成了菩薩以後呢，那可就辛苦了，他得要修集大乘別教見道所須的布施得來的福德，然後再一分一分的熏習般若的正確知見，然後要去求證第八識如來藏，打破無始無明，一步一步去修；結果是：這個阿羅漢菩薩，還是又落到無始無明的範疇之中。然後，參禪而證如來藏，了知實相了，就稱爲無始無明打破了；由此基礎上再探究成佛之道，修到無量數劫以後，才能夠斷盡無始無明，所以一念無明也是含攝在無始無明之中的。佛爲了方便救度眾生，所以從無始無明當中分析出來，接引定性聲聞種性的人，所以《勝鬘經》才會這樣講：「無始無明住地，於四住地其力最大。」也就是說，即使一念無明的現行斷盡了，也還是斷不了、打破不了無始無明的，也還是有無始無明所攝的煩惱障習氣種子存在，也還是有一切種子的智慧還未證知的無明存在，所以無始無明是涵蓋一切世出世間法的，阿羅漢所斷盡的一念無明，只是無始無明中的很小部份而已。但是這個道理很深奧，很難理解，即使是證悟了的人，他如果不是多劫已修的久學菩薩，也還是讀不懂《勝鬘經》在說什麼的；但是《勝鬘經》所說的無非就是這個**唯一法界**，也就是第八識如來藏的妙法。

所以 馬鳴菩薩隨順經中 佛語，對此做個結論說：這樣的眞實義——唯一法界——是很深妙的，很難有人能加以測量深淺的，是很難了知的，只有 佛能夠究竟了知，不是其餘的人所能夠了知的，所以一切人都須跟隨諸 佛修學。了知的意思就是全部都知道了，而這個一法界的全部了知，就只有 佛一個人作得到，其餘的人都無法全部了知的。所以說，大乘法之所以難傳、難以廣弘，是有原因的：

因爲不是所有的善知識都懂得大乘別教的唯一法界妙義，也不是每一個人都能修學大乘別教妙法的。雖然世間善知識很多，畢竟只有極少數善知識能夠如實證解一法界，能夠深入一切種智實相中；而學佛的人雖然有那麼多，也只有其中少部份的人有福德智慧，能夠接受這個深妙法，能夠修學這個妙義。接下來，馬鳴菩薩要開始解說隨眠了：

論文：「此所生染心有六種別：一、執相應染，聲聞緣覺及信相應地諸菩薩能遠離。二、不斷相應染，信地菩薩勤修力能少分離，至淨心地永盡無餘。三、分別智相應染，從具戒地乃至具慧地能少分離，至無相行地方得永盡。四、現色不相應染，此色自在地之所除滅。五、見心不相應染，此心自在地之所除滅。六、根本業不相應染，此從菩薩究竟地入如來地之所除滅。」

講解：馬鳴菩薩的意思是說，眾生由於不能覺知、或者由於不能完全覺知這唯一法界——第八識如來藏——的緣故，所以就會有心不相應無明分別的生起，因此而產生了種種的染心；又因爲這個染心的緣故，而有六種的差別不同，第一種叫做與執著相應的染心。執著是講執著於我這個身，執著於我這個見聞覺知意識心，執著於我這個能夠思量的末那識心，執著於我所接觸的六塵萬法，這叫做執著相應的染心，那這個執著相應的污染心，就是講分別的斷續我執，以及俱生的斷續我執。

這個分別所生的我執，就是講意識覺知心，祂會分別你、我；這個分別有兩個部分，一個部分是生來就會分別的，就像小孩子生來就會分別：「你那邊餅乾比較多，我這邊餅乾比較少。」就會搶一些過來。他生來就會分別，不必你去教他。父母從來都沒有教他分別餅乾多少、從來都沒教他搶餅乾啊！但是兩個差不多一歲的小孩子——你們常常會看見——如果你跟哪個朋友相約一起見面，特別是女眾，因爲女眾常常會把小孩子帶在身上；結果兩個孩子在一起，你拆了一包餅乾，給他們吃，兩個孩子都會用抓的，大部份的孩子不會只拿一片吃，也不會說你拿一片、我再拿一片，他們大多會一把一把的抓，盡量抓在自己手裡；兩個孩子都抓了餅乾以後，他們往往會分別：「我這邊比較多，他那裡比較少。」如果是「他那裡比較多，我這裡比較少。」就會跟對方搶，他們心中都沒有語言文字，但是自然就會這樣的分別，都不必借用語言文字，就能直接分別清楚了，這就叫做俱生分別。

可是這個俱生分別，是在外塵上面；但是佛法上說的這個俱生分別，是對色身自己、對覺知心自己，生來就會分別，那就是意識覺知心俱生的分別我見。兒童往往會分別：「這個身體就是我。」成人往往會分別：「這個見聞覺知就是我。」這都是生來就會分別的，所以叫做俱生的分別，因爲這種分別也是意識相應的，而意識覺知心是斷斷續續的存在，所以這種分別當然也是斷續性的，所以也稱爲斷續分別我執。還有一種，是自己的邪分別產生的，譬如常見外道自認爲覺知心是常住不壞的，又如錯悟的佛門大師如此的分別：「能見之性⋯乃至能知覺性就是眞我。」這些邪見是從自己的邪分別而生的，是根源於意識覺知心的邪分別所產生的妄想。

另外還有一種分別我執，完全是邪教導所產生的分別；邪教導的分別，就不是與生俱有的，不是生來就有的分別。譬如有人教你：「你只要一念不生，那個一念不生的覺知心就是你的眞如，那個眞如是永遠不滅的啊！」這是邪分別慧。佛門裡的凡夫弟子四眾則會因爲錯悟大師的邪教導，而產生邪分別：「離念靈知心就是常住我，離念靈知是永遠不壞的，是自在而不從別的心中所出生的。」也有人誤會楞嚴中的 佛意，認爲自己眼識的能見之性⋯⋯身識的能覺之性乃至意識的能知之性就是佛性、就是眞如，這也是邪分別慧。又譬如說，像密宗的黃教說：「這個意識心是永遠不滅的，祂可以去到未來世的，所以不是緣生緣滅的法性。」他們相信了，所以對意識覺知心產生了執著，而這個執著就是邪教導所產生的染污分別。

如果你沒有聽過人家這麼教導，只是自己在那邊思惟，自己在觀察：「原來這個見聞覺知心就是常住不壞的我嘛！那我死了有什麼好怕的？二十年後又是一條好漢嘛！」那這個就是自己的邪分別所產生的染污。爲什麼叫做染污呢？因爲對自己產生了貪著，這就是邪分別所生的斷續我執。俱生的斷續我執，則是生來就有的，是意識覺知心生來就有的我執；邪分別和邪教導所生的那種斷續我執，是後天的，自己去做的分別、觀察，或者被別人邪教導而有的，但都是意識覺知心所相應的。

對意識所相應的分別我執的眞實理，能夠具足信心而不懷疑，叫做**信相應地**的菩薩，因爲他勤修般若而發起智慧力量了，已經完全對佛法僧的信心修行滿足了，所以能少分離。如果到了淨心地，也就是初地的入地心了，在捨報之前，一定能夠如實的令你的意根，對這種錯誤的分別的執著加以降伏。聲聞和緣覺也能夠斷這個我執，我們有時候說，二乘無學迴小向大來修學菩薩道的時候——當然不是講大乘通教的菩薩道——因爲修學菩薩道的目的是想要到達成佛的境界，通教的道沒有辦法到達成佛境界的，因爲它只是解脫果的修證而已嘛！最多就是成爲辟支佛或阿羅漢而已，不能成佛的，所以我們所說的是大乘別教的法。那麼阿羅漢迴小向大來修學菩薩的道，想要成佛時，我們有時候說他可以是第六住位的菩薩。六住的意思是因爲他還沒有證得心眞如——還沒有證得第八識。但是這個判定，也得要有不同的觀察，不一定完全正確。我們這樣說是爲了避免不正確的貶抑阿羅漢，避免妄貶辟支佛，所以我們這麼說。

如果要論實際的話，要看他們定性聖人迴小向大時每個人的狀況，而作不同的論定；譬如說有人勸阿羅漢在迴小向大之前，作了許多的造福眾生的事業；或者說阿羅漢在證得阿羅漢果之前，已經做了很多人天善法，也努力的護持三寶以及救濟眾生等等，他在成爲阿羅漢以前就已經修集很多福德了，那他迴小向大時，對於初住位的福德早就已經滿足了，那就應該說他迴心大乘時已是三住位以上的菩薩了，不可仍說是初住位的菩薩。如果是俱解脫的大阿羅漢，他在迴入大乘以前曾修集過布施…的福德等業，如果已經滿足的時候，他的戒行一定是沒有問題的，因爲阿羅漢絕對不會犯戒的，一定有道共戒；就算是慧解脫，他也會有道共戒的，如果是俱解脫的聖者則又加上定共戒，那他的這個二住位的菩薩所應修的戒法是絕對沒有問題的，而且會比二住菩薩還好，所以他也可以超越二住菩薩的戒行。如果他的心性調柔，忍辱度一定沒有問題，那他一定可以成爲第三住位的菩薩。精進一度，對阿羅漢來說，絕對沒有問題，當然就可以跳過去；至於第五住位，就要看他在禪定上面的基本證量了；如果他是俱解脫的大阿羅漢，當然他的禪定證量一定沒有問題，就可以判爲第六住位的菩薩阿羅漢了！

接下來，他得要熏習般若智慧的法義，當他有機會遇到眞悟的菩薩，熏習正確的大乘別教正法時，到後來就會知道：「什麼叫做般若呢？什麼叫做中觀呢？原來般若就是依異熟（阿賴耶）識的實相性、中道性來說的。」他這樣去熏習，熏習到有一天緣熟了，使他證得這個實相心第八識，他終於知道了：「原來無餘涅槃的本際就是這個非心心喔！」他終於知道涅槃的本際了，這下子你們再也笑不了他了。有一天他會跟你說道：「你們正覺的會員們，以前都說我不知道涅槃本際，如今我可知道了。但是我卻勝你一籌哩！因爲我已經證得俱解脫果了，你們還沒有進修滅盡定呢！」這下子他可以說大話啦！

這就是說，迴小向大而尚未親證如來藏的俱解脫大阿羅漢，可以是大乘別教中的初住位菩薩，也可以是六住位的菩薩，並不是都相等的。但是，爲了避免貶抑二乘聖人，所以我們從高來判，說他迴小向大時應該是六住位，而不說他們是初住位；我們還是要這樣說，對外也還是應該要這樣說。這就是說，十信滿心，叫做信相應地，進入初住位的入地心或住地心了，這樣的菩薩，當然是應該已經把那些十信前的煩惱給斷了，不然怎麼說「執相應染可以離開」呢？

第二種染污叫做「不斷相應染」，這個不斷相應染，說是「信地菩薩勤修力，能少分離；至淨心地，永盡無餘。」這個不斷相應染就是講意根的相應染污，意根的相應染污是從無量劫以來就一直存在的，所以稱爲「不斷」。可是爲什麼意根會不斷的相應染污諸法？因爲意根恆不斷滅，從無量劫以前到現在，一直到未來無量世，都是恆而不滅的；除非你有一天入了無餘涅槃，不然祂都不會有一剎那的間斷：當你睡著無夢而不能了知自己時，祂還是繼續在運作，從來不曾一剎那停過。你們從禪三破參回來的人，特別要去體驗祂；祂很厲害，很多的佛法都跟祂有關：大乘一切種智中的斷煩惱、證智慧，都跟祂息息相關。這句「不斷相應染」是說祂從無始劫以來不曾一剎那間斷過，可是祂有染污性，因爲祂是我執的根本，是遍計執性，於六塵一切法遍計所執，不曾一剎那有過間斷，所以祂的執著就叫做不斷的相應染污。

這種不斷的相應染污，也是屬於一念無明的範圍，跟前面的**執相應染**是一樣的，只是前面那個執相應染是屬於意識的部分，是有斷的相應染污；而這個是屬於意根的部分，稱作俱生的相續我執，所以 馬鳴菩薩說爲**不斷相應染**。這個俱生的相續我執，信相應地的菩薩——也就是滿足對三寶信心的初住位的入地心或住地心菩薩，已經能夠遠離了；但是得經由初住到六住的聞熏，再經七住位的實證眞如心而發起般若智慧，再歷經以後二十三心的修行，終於進入初地的入地心時，名爲淨心地，才能永盡無餘。至於這個不間斷的意根相應的染污執著，信地滿心位的菩薩們，由於勤修佛法的力量而能夠少分的遠離；得要到淨心地也就是初地的滿心，才能夠永盡無餘，也就是斷盡思惑而留惑潤生的意思。今天就說到這裡。

上週講到：由無始無明心所起識——也就是我們的第八識阿賴耶——祂所出生的染污心共有六種差別，第一個是已經講過的執相應染，第二是說不斷的相應染心，這兩個部分已經講完了，接下來說：「三、分別智相應染，從具戒地乃至具慧地能少分離，至無相行地方得永盡。」

這個能分別的智心是指意識覺知心，因爲末那識意根的分別慧很差，祂沒有辦法自己去做分別，祂只能在法塵大變動上面作概略的了別，那個了別慧很差，所以祂沒有辦法做深入的分別，所以必需要由意識配合祂才能做分別；所以在這裡所說的分別識，當然是指意識的那種分別性，這個稱之爲分別的斷續法執。那又爲什麼叫做分別智的相應染？因爲意識常常都是起心動念，在六塵上面做種種的分別；這一種分別，它本身就是一種智性，也就是世間五塵法以及直接簡單的法塵上的了別智。一切眾生都有這種分別智，乃至細菌也有這種分別智：你用一種對治牠的藥來跟牠接觸，牠接觸了以後，因爲是第一次，沒有體驗過這種藥，牠不曉得是什麼，所以會去接觸；但是第二次，你用同樣的藥想要再跟牠試一下呢，牠就游開了，可見牠也有這個分別智，這就是意識相應的染污性。

這一種「分別智相應染污」講的就是分別所生的斷續法執，也就在六塵諸法上面產生種種的執著。那爲什麼說它是分別所生的呢？因爲這是在六塵上面做種種的差別取捨，所以它是分別智相應的染污，因爲這是意識覺知心相應的事。那這個分別智相應的染污，它爲什麼又叫作斷續的呢？因爲分別智是意識心的功能，而意識心是有斷續性的，這一種分別智是時斷、時現的——這個法分別過了又分別另一個法——是這樣換來換去的能分別的意識分別體性，也因爲意識的分別性會隨著意識每夜的斷滅而跟著斷滅，這就是斷續性的分別智相應染，所以說它是屬於意識分別斷續的法執。從這裡開始，馬鳴菩薩就要開始講到所知障的斷除以及煩惱障的習氣種子的斷除了。

我們在前面有依照《起信論》講過：七地滿心位的淨心地，就已經把三界煩惱的分段生死的現行給斷了，但菩薩與阿羅漢不同，在斷分段生死現行的時候，同時也在斷除習氣種子隨眠。照道理來講，應該是說在二乘人成爲阿羅漢之後，迴心大乘法，再來明心，這樣他就不會退轉於大乘無生的妙法，因爲《起信論》中講的是這樣的次第；是依前面的次第而有後面的次第。如果還沒有到阿羅漢位的時候就幫助他實證如來藏，就像我們以前都不觀察那些人性障的輕重，一來到同修會就統統有獎的全部都把他們弄出來，所以後來常常出問題。

所以在大乘別教的法上來說，應當如《起信論》所說的由二乘四果聖人迴心而悟般若實相，就不會有這種退轉的現象，所以我們現在才會特別注重性障的消除。如果有人來學這個妙法時，還嫌禪淨班的課程粗淺：「什麼布施、持戒、忍辱…等？這些都是老套了，都是老生常譚，聽到不要聽了，我還要來聽你的？

我學佛的時間甚至可能比親教師你還要久，我怎麼在下面來聽你講這個東西？」但我們就是要他聽聽這些粗淺的法，在不能不聽之中繼續熏習而轉易原有的錯誤知見，磨磨他的脾氣，等漸漸安住下來，使得原來不太好的習性漸漸的消除，以後才幫他講授參禪的正知見，才幫他明心，這樣他才會有功德受用，他的智慧也比較容易生起來。

所以在這裡先講第一個部分——十信的滿心位——就是信相應地，在十信位還沒有滿心時，只能遠離而不能斷除。在第二個部分，信地菩薩至淨心地永盡無疑；永盡無疑，這表示說你這個煩惱障斷了；阿羅漢迴小向大的時候，他的解脫果證量相當於七地滿心的淨心地，或者相當於八地的入地心；但是從大乘別教上來說，他就相當於十信的滿心位。如果他迴小向大之前做了不少布施福德的工作，那他就已經成爲初住的滿心位了；又因爲阿羅漢本來戒行就很好，所以曾修福德的人才剛迴小向大就立即成爲二住的滿心位。這樣，依照他六度方面的熏習狀況如何，來定位他迴心大乘後的佛菩提道果位。如果他開始熏習大乘別教的法門——實相的法門——般若，他增修四加行而斷盡所取空的時候，連同以前所斷的能取空，雙印二空，他就是六住滿心的菩薩了，現在就等一件事情：一念相應。

他會在什麼時候一念相應而證悟如來藏？而證悟實相？其實也只要一念相應，他就可以證得如來藏而現觀心眞如了，就進入七住位了。因此，依 馬鳴菩薩的說法，這就是明心見性境界的追求者所應該要具備的條件；我們以前就是沒有觀察這些條件夠不夠，不管是什麼人，初來共修時就幫他證得如來藏、眞如，結果就弄出許多問題來。但是這些人會出問題，大部分都是被性障所障，所以我們檢討的結果，才會改爲半年參加禪三，又改爲一年、一年半參加禪三，現在則要兩年半，除了增加許多知見法義要學習以外，就是要跟各位磨到兩年半才讓你去禪三，原因就是在這裡，就是要諸位特別注意性障的消除。

那麼這個煩惱消除的過程走過來之後，還有什麼要注意的呢？你破參之後還要假藉這個**分別智的相應染**，從你破參的時候開始，要逐步去斷除它；也就是說，意識相應的分別法執或我執，雖然都是斷續的，但是你仍然需要一步一步的去斷除它，這就是分別智所相應的染污。這種染污就是對於實相還沒有具足了知，因爲無法、無我的眞實義還沒有具足了知；另外，在煩惱障上來說，雖然你斷除了煩惱障的現行，但是你還有煩惱障習氣種子存在，還得進一步的斷除。所以阿羅漢都還有習氣，你罵他的時候，他也照樣會氣起來的；但他最重也就只是瞋，他不會接下去繼續恨、怨、惱，他不會的。但是這是瞋，他一轉身就丟掉了：「唉！這個瞋心，眞無聊！」他就丟了瞋的現行，一轉身就不氣了；但是剛開始他還是有瞋的習氣種子出現。

這個瞋、慢、貪的習氣該怎麼辦呢？菩薩當然得要斷它啊！阿羅漢只斷煩惱障的現行，他們不必斷煩惱障的習氣。菩薩則不然，菩薩悟了以後得要斷除習氣種子隨眠以及所知障的隨眠。所知障不能稱之爲習氣，也不是種子，因爲所知障是對法界的實相沒有了知，也就是對於法界沒有所知，所以成爲你想要成佛時的障礙，所以叫做所知障；它沒有種子，也不是習氣，只是一種隨眠，而不是習氣種子的隨眠；它一直存在著，你得要把它斷盡以後才能成佛，但因爲它不是習氣，它也不是種子。煩惱障的習氣都是種子，可是所知障的無明都不是種子，所以在種智上面說**所知障是現非種**，它只是一種成佛障礙的隨眠，時時眠藏著：當你想要成佛的時候，你遇到一個所知障的上煩惱，這個所知障的無量上煩惱會不斷現行的，但沒有作用，所以你無法運作它，它也不會有力量使你去作什麼善惡業；可是在悟後想要修行成佛的過程當中，它會一樣一樣的現行，可是它不是種子，所以只是遮障成佛，而沒有引生三界煩惱的作用，所以說它**是現非種**。

分別智相應染的部分是屬於意識相應的，這個意識相應的部分，這種染污從具戒地乃至具慧地才能少分離，要到無相行地才能夠永盡。這只是意識的部分，現在還沒有談到末那識的部分。什麼叫作具戒地呢？悟了算不算具戒地啊？不算！初地都還沒有到具戒地，要到了二地滿心時才能稱之爲具戒地。有人說：「唉呀！你不要來引誘我啦！因爲我是個持戒的人哪！」但是我說：「你這句話講錯了！爲什麼呢？因爲你還只是在學戒位中，還不是眞正的持戒者。」眞正的持戒者，是要初地滿心以後，到了二地滿心開始，才算持戒咧！譬如說看見有個可以貪財的機會，他絕不去貪；雖然他知道能得到這筆財富能對他在世間法上有很大的幫助，但他絕對不會起念想要去貪，念頭都不會生起來，這才叫做持戒。

在初地滿心以下，有時候看見了，免不了會起一點兒貪，可是經過思惟，他也能捨下；所以二地滿心與初地菩薩不一樣的，所以二地滿心菩薩的心行才叫眞實持戒，所以初地以下就叫作學戒：學著怎麼樣把戒持好，看見人家的眷屬不會貪。到了二地滿心的時候，根本不起貪與不貪的念頭，完全在一種很自然的、沒有起心動念的那種狀態，對別人眷屬根本就不會生起不貪的念頭，當然更不會有貪，那才叫做具戒。換句話說，二地的滿心菩薩，他的戒法的執持，已經圓滿具足了，這才叫具戒地啊！所以具戒地是二地滿心位。

為什麼初地還沒有離開分別智的相應染呢？因為即使是二地未滿心的菩薩，雖然已經歷過性種性、道種性階段的修行，可是煩惱障上的習氣種子也還是存在的，當然初地菩薩更是還有習氣存在的，所以有時候忽然蹦出來一個煩惱，這也是很正常啊！但是他一步一步去修除習氣種子，到二地滿心時才能夠斷除戒行的缺失；因為二地菩薩已經滿足增上戒學了，因為他已經能隨意轉變自己的內相分種子，所以說具戒地是屬於二地的滿心位，他當然可以遠離意識分別智的相應染。

「乃至具慧地」，這個具慧地的範圍可就包括廣了，從三地入地心開始一直到六地的滿心為止，都叫做具慧地。為什麼說這樣叫做具慧地？譬如說三地菩薩有他應當修證的增上慧學——三地的無生法忍——他修得這個無生法忍之後，還有四禪八定、四無量心、五神通等有境界法，都是在三地中應該要滿足的。這些都修學具足的時候，他才能夠證得猶如谷響的現觀；這個猶如谷響的現觀證得之後，才能離開三地滿心位，進入四地的入地心。三地菩薩這樣進入四地心的時候，就表示說他已經把微細煩惱的現行給斷除掉了，而且透過四禪八定、四無量心、五神通而發起他的意生身，因此他這個時候就把微細煩惱現行的愚痴給斷除掉，所以進入了四地心。

可是這個四地心的菩薩，想要轉入五地心的時候，有一個法他得要斷除；四地菩薩把四聖諦、十二因緣再拿來做更細的觀察：這四聖諦之中的每一聖諦都各有四心，所以總共有十六心，他得要現前觀察這十六心的內涵，這就是他在四地心中所應該修習的無生法忍。譬如說苦聖諦，苦聖諦中有苦法智忍、苦法智、苦類智忍、苦類智；能安忍於苦聖諦所觀行的蘊處界皆苦，如此而不退失者，即是證得苦法智忍；有了苦法智忍的人，就是證得苦法智的人；不能安忍的人，就是沒有苦法智。對苦法智的內涵能夠現前觀察完整的時候，他才能進入苦聖諦的法類智中，稱爲苦類智忍。換句話說：在苦聖諦的法智當中能夠安忍，就是苦法智忍。苦法智的觀行完成而能生忍不退，是在自身的**蘊處界有一切是苦**上面來做觀行的，有忍而能安住不退的時候，就稱爲證得苦法智了。

在苦法智上面對自身觀行完成之後，觀察一切眾生時就產生苦類智忍：現觀一切眾生跟我一樣有這種苦的現象，但是眾生不知道這個苦，我卻能觀察到眾生身上有這一種的苦，是和我一樣的，能安忍於此一現觀而不退轉，這就是苦類智忍；對於苦類智的內涵能夠安忍，才算是有如實的苦類智出生了。所以，苦聖諦中有苦法智忍、苦法智、苦類智忍、苦類智，共有四心。苦諦如此，苦集諦也是一樣，所以也有苦集諦法智忍和法智；觀察完之後再觀察眾生，發覺眾生與自己一樣苦集確實存在；這個現觀的見地永不退失時，就是苦集諦的法智忍；同樣的也會有苦集諦的類智忍以及類智，那這樣去觀察，四心又完成了。同理，滅諦、道諦同樣有這四種心，各有法智忍、法智、類智忍與類智，總共就有十六心，需要一一觀行完成。

到這個地步，你在四諦細相上的觀行所出生的無生法忍的智慧一經具足，是不是就成四地滿心菩薩了呢？不是！這四聖諦的細相觀具足之後，還得加修一個觀行：以三地滿心位出生的意生身，在等持位中化現到十方世界利樂有緣的眾生；這時候，你得要觀行自己在十方世界度化眾生時，化生許多化身出來，但本心與意根也還是在這裡安住運行，十方的化身猶如水中月一般；正是千江有水千江月，所以說猶如水月。譬如你將一千個洗臉盆裝了水，一起放在明月下，就好比千江各各都有影月一般的出現月亮的影像！你在十方世界中到處化現化身，但其實十方世界的化身，都是水中月一般，都是化現而不眞實的，都是從自己的如來藏中化現出來的；好比一千條江水中所映現出來的月亮一般，其實本來只有一個月亮，千江水中映現的月亮都是從天上唯一的明月所映現出來的；你在十方世界所化現的化身也是一樣，都是從你本身的如來藏中化現出來的，這種現觀就叫做**如水中月**。這個水中月的現觀完成了，才算是四地滿心的菩薩。

所以四地滿心菩薩在**如水中月**現觀完成之前，有他應該要做的觀行，那就是說四地菩薩由於對四聖諦十六心的現前觀察，由這個現觀所獲得的功德，將會導致四地菩薩對二乘涅槃的貪著可以斷除。因為地上菩薩雖然都是故意留惑潤生而不斷思惑，但是因為不斷在修除習氣煩惱種子，所以心是很清淨寂靜的，這就會使得他一直想要背棄世間法，產生了趕快要取涅槃的心態。他如果有這個現象的時候，就無法轉入第五地，所以他得要把這種對於二乘涅槃貪著的愚痴斷除，也就是把想要進入無餘涅槃永遠滅掉自我的這種愚痴斷除；這種對無餘涅槃的貪著就叫做二乘涅槃貪，也稱為二乘涅槃愚。他把這種二乘涅槃貪斷除了以後，配合**如水中月**的現觀，才能進入到五地心去，所以四地滿心位也叫做具慧地；五地菩薩的入地心已經能夠除掉四地的住地心中所有的涅槃愚——二乘的涅槃貪——所以具足了四地的無生法忍慧，所以他能夠進入五地心。

在五地心中，則要斷除十二因緣觀的粗相現行愚。什麼叫做粗相的現行愚？

也就是說四地所觀行的四聖諦十六心，比起明心破參的七住菩薩來，雖然已算是很細的了，但其實還有更細的世俗諦，就是在十二因緣上面，把你自身十二有支裡的一一有支的八識心王如何運作，其中的大略情況全部都觀行完成的時候，就離開了四地菩薩在十二因緣法上的粗相現行的愚痴，而轉入了較微細的因緣法行相的現觀，這樣的話，你才能進入第六地，才能夠再提升一個層次。當你剛進入第六地時也算是具慧地，可是第六地的住地心菩薩，他的無生法忍智慧遠比五地滿心菩薩的無生法忍慧更細，所以在六地的入地心位，他還得要重新再把四聖諦和十二因緣重新再做觀行，觀行到更細微，幾乎可以說所應現觀的細相都已經觀行完成了；由此緣故，緣起觀、因緣觀的細相現行愚也就不存在了：不但粗相現行愚滅了，細相現行愚也滅掉了。

在全部滅除了以後，在五地即將滿心時，想要進入六地中，還有一個現觀——變化所成——還得要觀行。這個觀行，在六地心的無生法忍慧完成的時候，才能夠很容易的觀行，否則就無法觀行成功。這就是說，六地的無生法忍慧修習完成的時候，想入七地心中，還得要觀察一切法乃至自己所現輪寶、意生身……等等，以及自己在十方世界所變現的種種化身，都是自己的如來藏**變化所成**。這些現觀，都是在斷除習氣種子所攝的分別智相應染——也就是意識覺知心分別所生的斷續我執以及斷續法執。

如果你不是阿羅漢迴小向大來修的話，即使是戒慧直往的菩薩，在這個時候，你已經能夠少分離開分別智相應染了，爲什麼說是少分離開呢？因爲你還得要加行，譬如六地菩薩說：「今天很難得，可以有空閑打坐了，讓色身休息休息吧！」但是他還是得要從初禪、二禪、三禪、四禪、四空定，然後再進入滅盡定中，他還是得要經過四禪八定的加行過程，一一經歷所有定境，不能頓入滅盡定中。這就表示他的意識相應染還沒有完全的斷除，所以 馬鳴菩薩說這個境界就是少分離染；所以 馬鳴菩薩接下來說到「無相行地方得永盡」。

這個無相行地講的情形是什麼呢？是七地境界啊！七地滿心的時候，可以念念入滅盡定。七地心中所要修的法，第一是在增益他於六地滿心位中不得不證的滅盡定，第二則是種種世間法、出世間法上的方便善巧。他有一個要增益的部分就是針對六地所修證的細相觀——這也是一種無相觀——可是他這種無相觀，必須要有藉時時刻刻的加行，才能讓這個無相觀不間斷；換句話說他得要靠意識不斷的加行作意，才能不間斷；可是七地菩薩是完全不一樣的！他的這一種無相觀呢！是任運不斷的，不需要靠意識苦撐著，時時不斷的起作意來加行；六地菩薩的無相觀，還得要有意識辛苦的一直加行作意的意志在裡頭，才能不斷。七地菩薩則不需要加行的作意，所以他得要加修一切善巧方便法門，才能達到這種境界。七地心由於這個緣故，他的心念可以說是恆時住在寂靜、極寂靜的狀態裡面，所以經上才會說七地菩薩念念入滅盡定。

怎樣是念念入滅盡定？我們現在沒辦法體驗，無法了知；大阿羅漢入滅盡定，以我們的修習一切種智所獲得的道種智，還可以揣摩得很清楚，因爲道種智可以了知滅盡定裡面的內涵，可是如何是念念入滅盡定呢？這得親證才能了知，我們眞的很難了知，眞的是無法思議！六地滿心的菩薩，也不能猜測七地菩薩的念念入滅盡定；換句話說，七地滿心的菩薩們，他隨時要入滅盡定的話，只要一上座，不必幾秒鐘他就進去了，不需要加行的。爲什麼他們能夠這樣做呢？這是因爲意識相應的分別智的相應染的習氣斷除掉了，他不是只有斷現行；斷現行的境界，初地的慧解脫菩薩就可以做得到了，但是沒有辦法把這一種相應染習氣全部斷除掉，而七地菩薩有這樣的能力，是我們所無法想像的，大阿羅漢們更無法知道。

因此說，分別智的相應染，也就是意識相應的染污，要到七地才算斷盡；在七地心斷盡的時候，意識的相應的染污就永遠不再現行了。當你見到七地菩薩的時候，一定會感覺到這個人異於常人，他正因爲有這種修爲的關係，會使得慈悲的攝受力以及他的威德力非常的強，雖然他並沒有故意起慈悲心要攝受你，你卻會覺得他好慈悲；他也沒有故意要用威德來攝受你，但是你會覺得這個人非常的可敬、非常的有威嚴。這種七地心的境界，叫做意識相應的分別智染污斷盡了，永遠不會再有現行；煩惱障上的意識心的習氣種子也斷盡了，那麼接下來呢？就要開始進入到末那相應的染污習氣種子以及所知障的隨眠的部分。末那相應的染污就是末那相應於煩惱障的習氣種子：

「四、現色不相應染，此色自在地之所除滅。」現色的不相應的染污，爲什麼說是不相應的染污？又爲什麼說現色？諸位也許聽過有人說：八地菩薩可以隨意變現金銀鹽米……等等，爲什麼能夠這樣呢？因爲他已經於色自在了——色法上面他得自在，所以他能夠變現金銀鹽米等等東西，所以他能夠這樣變現。這一個現色的相應染污是屬於意識所攝的範圍，不相應染污則是屬於末那識所攝的部分。意識在變現這些色法方面，一直都有相應染污存在；所以三地、四地菩薩沒有辦法變現的原因就在這裡：因爲這種相應染污存在，所以他無法變現。到了七地的時候，他可以變現了；可是他這種變現的功德，還得努力加行才能成功。他想要變現一個東西，他把很多作意在心裡作很多加行之後，才能在突然間出生變現的能力，他沒有辦法自己隨意的變現——沒有辦法任運的變現；並不是他起一個作意要變就變，不行！起了作意以後還要加行許久才能變現。這個就是說他的意識相應的染污還存在，因爲意識相應染污還存在，所以他得要作許多的加行。

馬鳴菩薩所說的這一種不相應染污，是屬於末那識的部分。這個末那相應的現色功能，被不相應染所障住，所以使得六地菩薩無變現，使得七地菩薩還得要作許多的加行，才能辛苦的變現出來，但這個障礙現色功德的染污，是末那相應而不與意識相應的；因爲意識不能了知它，所以叫作現色不相應的染污。這一種意識不相應的障礙現色的染污，也就是末那相應的染污，你得要到八地心中才能夠斷除掉，所以 馬鳴菩薩說它是**色自在地之所除滅**。八地菩薩由於無生法忍的修證，他在俱生相續的我執現行，以及我執習氣種子都已經斷除了；他在俱生相續的法執上面，也就是意根的法執上面也開始分分的斷除了，所以意根末那識相應的俱生相續的法執也開始分斷的時候，他的現色不相應染污也就跟著斷除掉了，所以他變相變土都可以自在，所以八地菩薩可眞的是不得了！可是你要到哪裡去找一個八地菩薩？那得要有因緣啊！要很深厚的因緣啊！

我出來弘法這麼久了，心中也一直在期待會不會有一個八地菩薩來看我們？那我就說：「請你來指導我們正覺同修會，我在座下跟你修學。」我已經期待了七、八年了，到現在還沒有期待到一個八地菩薩，所以八地菩薩眞的是難遇（編案：有人曾介紹某人為八地菩薩，平實導師曾當面及託彼人請其主持同修會之弘法傳法大任，但未獲接受。後來證明彼人尚未證悟，乃是他人別有居心所作之推薦）。所以第八識的種子，祂所含藏的意根相應的障礙變現色法的染污，是意識所不曾相應的。

現色的不相應染，八地菩薩他怎樣能夠變相變土皆能自在呢？就是因爲兩個原因，第一：他的純無相觀不必像七地菩薩要用作意加行來維持；也就是說，七地是要靠加行的，不單是要作意；八地菩薩則是任運的，他的純無相觀都是任意現行的。由於是任意現行的關係，所以才能於一切法自在：變相變土都能自在。他爲什麼會有這種純無相觀的任運自在的證境呢？又與菩薩的法道有什麼關係呢？七地滿心菩薩念念入滅盡定，所以他是寂靜、極寂靜的境界，他如果一不小心的話，就會入了涅槃；如果　世尊沒有觀察到：「我度了這個弟子，現在已是七地滿心了，不要讓他入了涅槃。」那可就永遠找不到他了，如果讓這個菩薩入了涅槃，那可真的是眾生的損失，所以佛就來了，就開示說：「某某人！你可不要入涅槃啊！你可要記得以前在初地入地心時所發的受生願，那十無盡願你還沒有完成啊！」不讓他入了無餘涅槃。

老實說，那個十無盡願是永遠完成不了的，因爲它是無窮盡的大願嘛！既然無窮盡，怎麼完成得了？所以這個時候，佛就說：「我傳給你一個三昧，叫作引發如來無量妙智三昧，這個三昧勝過你七地之前所有三昧的總和，你要不要？」那你聽了當然說：「有這麼好的三昧，我當然要囉！」好！那佛就傳給你啊！由於這個「引發如來妙智三昧」的關係，所以讓八地菩薩能夠這樣任運住於純無相觀、恆無斷絕的微妙境界中，所以他才能夠於相於土自在，才能變相變土任運而現；七地菩薩還得要努力的加行，他不用加行，只要作意一起，要變什麼相與土，一刹那就變，這就是八地菩薩的可愛異熟果報。可是這種八地菩薩，我們目前都還沒有福報遇見，將來看有沒有福報可以遇見？這個就是講末那所相應的，而非意識所知的，叫做色自在地所滅除的現色不相應染。

「五、見心不相應染，此心自在地之所除滅。」這一個「見心不相應染」是講種子識的部分，將七轉識全部總和來說；但是這一個「見心不相應染」，是你的七轉識所無法了知的，表示它非常細微，即使你的無生法忍已經到達八地了，都還無法相應到這個染污；當你無法相應到這個染污，你就不知道要如何斷除它啊！所以說祂很微細，不是眾生、阿羅漢、乃至八地菩薩所能知道的。這個「見心不相應染」是要在九地斷一分，進入十地時再斷一分，到了十地滿心稱之為心自在地，才能斷除。換句話說，你得要到十地滿心的時候，才能夠斷除掉這個見心不相應染。九地時要斷什麼？要斷意根相應的俱生而細微現行的所知障。九地所斷的一分細微的所知障，主要就是在四無礙上面。

四無礙法，諸位都曾經聽說過了，那就是法無礙、義無礙、辭無礙、樂說無礙。聽，是聽過了，可是到底什麼叫法無礙啊？法無礙，它有兩個無礙：一個呢！就是總持無礙，另一個叫做三昧無礙。那總持是什麼？總持稱之為咒。東密的眞言宗不是一直都有人在唸咒嗎？你們看《楞嚴經》中不是也有唸出很長的咒嘛！咒，其實就是總持，好像你們大家會背大悲咒，大悲咒也是總持。怎麼會不是總持呢？咒中一開始跟你講：「南無喝、哆囉特那、哆囉夜耶……。」那就是「歸命三寶、歸命觀世音菩薩」的意思，這也是一個總持，它裡面有義涵的啊！楞嚴咒也是一樣。那我們同修會也編了一個「正覺總持咒」，其實總持就是咒，咒就是總持。

咒的最早出現，是在阿含經上面，你們可以在阿含經裡面看到。譬如說某一個相關的法，裡面分成幾個部分，所以就先有一個「小土城誦」——表示是在小土城那裡誦出的。註記完了，他就有一個「偈」，或者五個字一句，或者七個字一句，但通常是五字為一句；如此編成四句，作為一「偈」。當有人誦出咒偈的時候，以偈中一句的兩個字或者三個字，代表一部經的名稱；誦出來之後，再依這個咒第一個字，或前面兩個字所代表的那一部經，就接著誦那一部經；再誦出接下來的兩、三字時，就又誦出那兩、三字所代表的經；這樣一偈之中的一句，就提示了二到三部經，以免時間久了，把其中的某一部經典忘了，所以總持咒中的一句，就代表了兩、三部經，所以叫做總持。

一般而言，總持咒一偈中總共有四句，你唸出來的時候就表示說，這裡面函蓋了多少部經：以這四句偈來函蓋八到十二部經。所以咒就叫做總持。就好像你綁了粽子，粽子上用繩子綁住，再把每顆粽子上的繩子合起來綁在一頭，這綁起來的一頭就叫做綱，把這個綱一提起來，整串粽子就都提起來了。「總持」就像那串粽子上綁起來的、能提起整串粽子的大結一樣；「總持無礙」，就是說所有的法你都了知，都記在你心裡面了，都不遺忘，那就是總持無礙。不論佛法總共有多少，你就把所有的總持、所有的咒全部都誦出來；全部誦出來之後，你也已經了知那些總持所代表的法義，那就知道佛法總共有多少了，這就是「法無礙」的一種。

另外一種三昧——三昧的總持。不論總共有多少種的三昧，你都了知了，也把所有的三昧編成咒語記在心裡頭，你全部都記住了，這樣就是三昧的法無礙了。菩薩以咒來函蓋所曾修習過的一切的佛法，那你就沒有一法不知了，這就是九地菩薩所要修的，也就是法無礙就是總持無礙的意思。所有的法已經都記在你心裡之後，接下來就是修習「義無礙」了。

至於「義無礙」，譬如說咒輪又叫作什麼？又名陀羅尼，也就是總持的意思；從這個總持——咒——裡面，依據裡面的一個字、兩個字、三個字，就顯示是某一部經。這部經中是講什麼？你們想要聽，我就告訴你，並不是一定要照經文一字一句這樣背，只要能把經中的意思具足跟你宣說，這就叫做「義無礙」。要到什麼樣的地步，才算是九地的智慧境界呢？當九地菩薩把總持裡的隨便一句或一個名相拿出來，就可以從其中的一句或一個名相的意義當中，來解釋一切法，也就是以一法通一切法。我們已經有少數的同修，能夠稍微瞭解到這方面，在這方面有了一些受用，這算是很不錯的了！他們從一法裡面可以了知一切法，可以略通一切法，但是還沒有具足了知；只是知道這些法都是法法相通的，就只是這樣而已，但是這樣的人，已經是打著燈籠天下難找了，很難的！

九地菩薩則不然，不只是這樣而已，他隨便在總持裡面取一句出來，就用這一句總持來說無量法，這個才叫做義無礙——於一義中能解無數義——能解無量義，這樣叫做義無礙。所以九地菩薩說法時，你想要等他在什麼時候講完呢？沒完沒了的。雖然他會講得沒完沒了，但你不會煩，你會覺得他的法義太妙了！顧不得累、顧不得餓！這就叫做義無礙，也就是「通達一切法內涵」。

獲得法無礙、義無礙，還是無法爲人宣說、無法利益廣大學人，他還得要能夠表達，要有「聲明」啊！如果沒有「音聲明」的話，不會表達法中的眞實義，就會像周利槃特伽一樣不能說法。人家是供養阿羅漢，供養完後請法時，受供的阿羅漢就開始爲大眾說法；他受供完了，施主請法時，他卻說：「**我請舍利弗爲我來講法。**」他吃了飯，卻請別人來講法，爲什麼會這樣呢？因爲他沒辦法講，沒有辭無礙的功德；他雖然已經有解脫知見，但是卻沒有辦法去說明解脫的知見，因爲沒有言辭無礙的功德，所以表達不出來。九地菩薩卻有「言辭無礙」的功德，凡是他所知道的法，別人沒有辦法瞭解時，他會用種種音聲言語名相譬喻，用各種言語來說明，讓八地、七地、六地、五地菩薩能夠瞭解，這就叫做辭無礙。

有了這三個無礙，下一個無礙就比較簡單了；當他有法無礙、有義無礙，也有辭無礙的時候，當然就可以樂說無礙了嘛！如果他有法無礙、義無礙的時候，忽然請他上來講法，如果他沒有辭無礙，就不敢上來講法了，就會說：「**我還是甭上去了，我上去講不了法，一定下不了台。**」心裡就怕了！因爲他沒有辦法正確而精準的把所要講的法表達出來。有時候明明心裡很清楚自己要講的法，可是講出來的時候卻不是自己所要表達的法，眞的是很氣自己！可是私下問他的時候，卻又可以頭頭是道，眞正要他講呢！就不能夠有系統的講下來，這個就是沒有辭無礙。

假使沒有辭無礙，就沒辦法樂說無礙了。有的人很有辯才，可是沒有法無礙，他遇到眞悟的人時，會說：「**我知道的太少了，不敢班門弄斧。**」如果一個人剛剛破參不久，請他上來講法，他也不敢；他怕的是什麼呢？是因爲只知道般若的總相，其他的別相與種智都不懂，無法講得很勝妙，所以就怕了！所以，還得要有法無礙、義無礙、辭無礙，然後還得要有樂說無礙，才能上台爲大眾廣說法要。並不是只要前面三個無礙就能樂說無礙的，譬如有的人會覺得：「這些眾生根器太差了，沒有辦法爲他們說法！」再也懶得講什麼法啦！這是因爲他沒有慈悲心吶！

菩薩還是得要有這個慈悲心，他覺得：「眾生雖然沒有辦法懂得深妙法，因爲實在太愚痴了！福德也不夠！性障也很重！但是我還是要多多少少爲他們講一點，爲他們講一點兒比較淺的法義，讓他們有一些受用；他們能吸收多少就算多少，我能度幾個就算幾個。」得要有這個悲心，就能夠樂說無礙；沒有悲心，還眞的做不來，爲什麼呢？因爲只要人家隨便講一句話，對你說：「人家說你是九地菩薩，是誰跟你印證的？」完了！九地菩薩在世間是找不到人爲他印證的！哪裡去找人印證？別說是九地菩薩，現在這個婆娑世界，連七住明心的菩薩都已經沒有禪師、老師可以幫他印證了！因爲能印證的廣欽老和尚已經走了，其他留下來的人又都還沒有破參，他們有什麼資格幫你印證？

譬如剛才有位師兄，說他沒有經過佛學院裡讀書出來，所以不容易懂得我所講的所有法。我就藉這機會順便跟你們講這件事：有個人讀過佛學院畢業之後，結果來到這裡，我說法時他還是聽不懂，我寫的書他也讀不懂。那這樣子，佛學院讀出來了又能做什麼？讀了好幾年的佛學院，還是不懂般若的眞實義。可是同修會中有人眞的沒智慧，當別人明心了以後，發起般若智慧了，他卻叫那個人回去讀佛學院，那個人讀了佛學院以後說：「我再也讀不下去了，因爲他們都是胡說八道，他們都是依文解義，把佛的意思弄混了。」所以後來就讀不下去了。當他把以前在佛學院所讀的那些書，翻出來再讀一遍的時候，實在是讀不下去了，發覺除了依文解義以外，還有非常多的曲解般若正理的地方。像這樣子，你去讀佛學院有用嗎？沒有用的！般若實相的智慧是永遠都生不起來的！得要等你找到如來藏之後，那些經典中所說的法義，才會對你眞的有用了。特別是現在的佛學院，十所裡面有八、九所是用印順法師的著作，那是根本與實相正理不相應的邪見！所以在這裡順便跟各位提一下題外話，期望他們會漸漸捨棄印順法師的藏密黃教應成派中觀否定如來藏的一切法空邪見。

九地菩薩的四無礙的修學，完成之後，他就斷除了末那識所不相應的以及意識所不相應的相應染；因爲以前不知道有這個與末那意識都不相應的染污嘛！經由增上慧學無生法忍、熏習修學之後，然後把以前所不相應的（意識不相應的，末那不相應的）一分所知障斷除了；這一分所知障是很細微的，這種極微細的所知障斷除之後，爲了利樂有情，因此斷除了「見心不相應染」，他就滿足九地心，轉入十地中繼續修習。但是十地滿心菩薩，照樣是斷意根與意識不相應的一分染污，這都屬於無始無明的部分，也就是所知障的部分。

十地菩薩所要修證的叫做大法智雲以及大神通。大法智雲：什麼叫做「大法」？什麼叫做「大法智」？什麼叫做「大法智雲」？大法就是心眞如——第八異熟識心體；九地菩薩滿心之後，已經接近佛地了，他的煩惱障所攝的異熟識中的異熟種子也斷了很多，斷了不止一半，可是所知障的部分呢？這是很難斷的，因爲這個完全都是在第八識自心上的法，所以大法就是講我們的第八識，講我們的第八識上的無漏有爲法，以及無漏無爲的眞如法性。

那麼「大法智」呢？是說「緣於心眞如時所應該有的智慧」，指的是你對心眞如有多少的了知？十地菩薩對於心眞如——佛地眞如——已經了知很多了，這就是大法智，也就是緣於眞如的智慧。十地菩薩緣於心眞如的智慧有了比九地更大的修證之後，表示他的末那相應的一分微細極微細的所知障就斷了，那這個時候塵沙惑就斷得更多了；所以接下來「大法智雲之所含藏」，也就是九地菩薩所修證的四無礙之中，其中還有許多九地所不知道的法，他也都知道了。九地能夠具足了知總持門、三昧門，但九地菩薩還有許多極微細的部分仍不能知，十地菩薩也能具足了知，這就是大法智雲。爲什麼有這個名稱呢？這是因爲他爲眾生說法時，能夠如雲如雨，也就是深廣無量、永無斷絕的意思，這就叫做大法智雲。

有了大法智雲，接下來就發起了諸地菩薩所難以臆測的大神通；可是這個大神通並不是他自己所發起的，而是他剛入十地的時候，因爲放光供養十方諸佛，引起十方諸佛世界震動，所以十方諸佛就會派十方世界所有九地以下的菩薩來到他這裡，見識他的十地修證，藉此因緣而加持十方的九地菩薩皆得法益。當他初進入十地的時候，他大放光明——從頂上放光到十方諸佛世界——那些光明去到十方諸佛世界的時候，從諸佛的足下進去；聽起來還眞的是不怎麼夠份量，對不對？十地菩薩從自己頂上放光，卻是從諸佛的腳下進去，眞的不是很有面子；但是話雖如此，我們卻是無法想像他的境界。

然後接下來，諸佛遣送各自世界的九地以下菩薩一起來晉謁這個初入十地的菩薩。爲什麼他們都想要來？你們知道嗎？因爲他們來見這位初入十地的菩薩，都會有很多好處的；當他們來到以後，十方諸佛放光加持這位初入十地的大菩薩，每一光都有餘光——佛光裡面有很多的眷屬光明，那些眷屬光明會一一從十方世界來的九地以下菩薩的頂上進入，以這種勝妙光明爲那些九地以下菩薩灌頂，使得每一位菩薩都能各得數萬三昧，這樣的灌頂眞的太棒了！所以將來如果有某一個人成爲十地菩薩的時候，你要抓住機會趕快去。這眞是不得了啊！這十地菩薩被灌頂的時候（這才是眞正的灌頂），十方諸佛放光來跟他灌頂，從十地菩薩頂上而入，這才是眞正的灌頂，這個灌頂才有用啊！他們西藏密宗那個結緣性質的灌頂，灌到渾身濕透了也沒有用，那只是一個形象、一個表相，是他們依自己的妄想而發明出來的。

他們以爲：「佛經裡面有說灌頂，那我們也來灌頂，可以獲得功德。」那是妄想，因爲完全沒有用；好多人聽說去灌頂以後就會有什麼功德，等他回來以後，你問他說：「你灌了什麼頂？灌了有什麼功德？」「沒有！沒怎樣！白花錢的！」那些供養喇嘛的錢都是白白浪費的，所以藏密那些灌頂的觀念是不對的，那個灌頂也確實是沒有用的，那只是去供養他們而結個緣而已，根本就沒有用。但是諸 佛的實際灌頂可就不得了了！這一灌頂後，十地菩薩就獲得無數百萬三昧，所以他的大法智雲才能因此成就，就是從諸佛的灌頂得來的。從十方諸佛世界來的九地以下菩薩，各個都得到幾萬以上的三昧，都可以增益他們自己。被十方諸佛灌頂後的十地菩薩，因爲這個緣故，所以又現起了大寶蓮花宮殿，那個大寶蓮花宮殿，無量的廣大，據說我們的婆娑世界也只是大寶蓮花宮殿中的一個小點而已，我們無法想像那是什麼境界，就姑妄聽之，還是要從現實上的見道及修道上面去用功。

佛法修證實質上的第一部分，是怎樣把自我的煩惱除掉，把自我的性障除掉，增長自己面對一切境界而能心不動轉的定力；這些都要從明心上面來起步，如果你在第一關沒有進得去，講得再多也沒有用啊！可是我講的這一些法，以及譬如《宗通與說通》書中寫出來的那些東西，對已經破參明心的人是很有用的，那是你們的見道與修道的次第，你們得要一步一步去走。當然，對外面的人來講，可能他們會覺得高不可攀，有人可能因此而起瞋心、故意誹謗與否定，但是對你們已經明心的人來講，則是很重要的，我已經把佛道的次第幫你鋪好了，你只要一步一步去走就可以了。

言歸正傳，這裡繼續說十地的修證。由於九地滿心菩薩仍有「見心不相應染」，所以障礙了十地的大法智雲的出生，也障礙了大法智雲所含藏的功德以及大神通境，所以他進入十地的時候，無法成爲十地滿心菩薩；現在因爲斷這個「見心不相應染」，所以得到「心自在地」的境界，這個就是十地之所斷除。

「六、根本業不相應染，此從菩薩究竟地入如來地之所除滅。」根本不相應染，以及業不相應染，這是從究竟菩薩地——也就是等覺地——想要進入佛地的時候所應除滅的。換句話說，這是等覺菩薩的工作啦！等覺菩薩所斷的是屬於第八識的部分，第八識所有的七識心不能相應的染污，並不是初入等覺位的菩薩七轉識所能了知，所以這個染污就說是不相應的染污。這個不相應染，有根本的不相應染及業的不相應染兩種；根本的不相應染是屬於阿賴耶識（異熟識）心體，是說第八識還有一些微細的功能差別是等覺菩薩入地心位仍不能知道的，是他所應該要斷除的，稱爲極細的俱生煩惱障種，也就是業不相應染。

極微細的一分所知障染污，也是等覺菩薩所應該斷的。換句話說，根本的不相應染，就是講這一個異熟識還沒有轉成佛地眞如無垢識的時候，祂還有異熟生的種子，因此還有受生的業力存在；這個根本不相應染和業不相應染是有連帶關係的，由於俱生的極微細所知障還沒有斷盡，以及極微細的無記業種還沒有斷盡，所以他的第八識心體中仍然還有異熟生的種子存在；由這個異熟生的種子存在，導致他還有業的不相應染；由於業的不相應染，就會顯現一分的極微細煩惱障習氣存在，所以兩種七識心不相應染是相通的。對大家說法時，都說它們是兩個，而實際上它們是相通的，這是根本不相應染跟業不相應染，這是菩薩的究竟地（也就是等覺啦！等覺就是菩薩的究竟地）所應該斷除的。

菩薩的究竟地斷這兩個不相應染污以外，還要做什麼事才能成佛？還要百劫修相好！這「百劫修相好」可就不容易了！等覺菩薩幹的事，眞不是人幹的：專作人間低賤的事情。如果有人需要挑糞，他也去義務幫人家挑；人家需要個眼球當藥引子，他就挖眼球布施；無一處非捨命處，無一時非捨命時：有人要他的頭，好！頭就布施！有人要一隻胳臂，好！胳臂就剁給你！　要一條大腿，大腿就送給你！內財外財都施。這樣子經過一百大劫，專修外財的布施、內財的布施。這樣百劫修福德，才能成就將來成佛時的三十二大人相，以及每一相的八十種隨形好，又於每一好相中都有無量好相，這都是從等覺位中的「百劫修相好」而來的。

所以　釋迦佛入滅的時候，有弟子問說：「　世尊！您走了，我們將來修道的資糧怎麼辦？」　佛說：「你不用擔心！我這三十二大人相，只要隨便一相，就夠我的遺法弟子吃喝不盡。」　爲什麼呢？因爲百劫修相好，得要修多少的福德才能成就？在等覺位的百劫之中，無一處非捨命處、無一時非捨命時，連內財都施了，何況外財？你說他在整整百劫之中做了多少的布施？絕不是小福小德的。所以那三十二相，都不是擺著好看的，他要耗去很多的福德才能成就的，所以 佛說：「我只要隨便一相，就夠我的遺法弟子吃喝不盡。你們不必擔心出了家以後沒有修道所需的福德資糧。我釋迦牟尼佛的這些福德足夠你們用。」這就是等覺菩薩除了斷除最微細的一分煩惱障習氣種子，以及斷除最微細的一分所知障之外，他還得要百劫修相好，這樣才算等覺地圓滿啊！

等覺地圓滿之後，他就要觀察世間何處有眾生得度的緣熟了，然後再尋覓一個適合他降生投胎的地方，那就是要觀察有一對父母，是祖先七代以來都是清白的，才能降神受生入胎。想要尋找這樣的父母，還眞的是不容易找，找到了以後才降生受胎，示現八相成道；此時最後身菩薩在菩提樹下成佛，成佛的時候，才全部斷盡這個根本不相應染，全部都斷盡；業不相應染，也都全部斷盡；那就表示佛地完全沒有異熟種子了，當然也就沒有異熟生；沒有異熟生，就沒有異熟果報，所以他就沒有變易生死。換句話說，心眞如所含藏的一切種子不再變異：斷了分段生死後變爲異熟識，斷了變異生死而成爲佛地眞如無垢識，這就是眞如緣起。

所以佛地的眞如境界，不是不靠緣起而能成就的；但卻也是「非緣起」的：這個心眞如第八識心體是本來就存在的，第八識心體自身的眞如法性也是本來就如此，不是修行而得的——不是修行轉變而後得的——所以是「非緣起、非非緣起」；因此，佛子們得要靠修行的過程緣起，才能成就佛地眞如的無垢識功德，有異於因地的阿賴耶識心體功德。佛地究竟境界的第八識功德，不同於八地以上的異熟識，不同於七地以下的阿賴耶識，所以說佛地的心眞如的廣大功德的成就過程，叫做眞如緣起門；如果沒有阿賴耶識心體的本自存在，如果沒有經過三大阿僧祇劫的淨除二障種子與無明隨眠，就不可能有佛地無垢識的眞如法性，就不可能有佛地眞如圓滿修證。像這樣子來說眞如緣起，哪裡會有什麼過失？印順法師爲什麼老要罵說這種微妙甚深的眞如緣起是外道法呢？所以《起信論》中所說的眞如緣起門，才是完全正確的勝妙法，不容許將《起信論》謗爲外道論。

這意思就是說，諸 佛都已經沒有異熟果報了，所以 釋迦佛在人間示現有十種業報，那完全是一種權巧的示現，爲了警示眾生：「你看我雖然成佛了，只因爲無量世以前把一條魚敲了三下腦袋，我今天還得痛三天喔！所以小小的業也不能做，你們眾生要小心！」這個就是一種示現，一種警告，表示業果不爽，大家都應該要小心。這是 佛對五濁惡世眾生的方便示現，接下來說：

論文：「不覺一法界者，始從信地觀察起行，至淨心地能少分離，入如來地方得永盡。」

講解：這段論文的意思是說：不覺一法界這件事，並不是你破參明心了的時候就全部結束了！當你破參明心了，你才會覺察到這個「一法界」——如來藏阿賴耶識心體——裡面還有很多的東西是你所仍然不能理解的，所以你還要繼續修學。經過極長時劫繼續修學的結果，到最後你能夠具足了知祂所含藏的一切種子，那就是究竟佛地，這才算是把不覺一法界這個無明給永盡無餘啊！所以不覺一法界，並不是破參明心時就全部結束了，破參之後還要一步一步去修行的。

論文：「相應義者，心分別異，染淨分別異，知相緣相同。不相應義者即心不覺、常無別異，知相緣相不同。」

講解：這個論文中的眞義，如果你沒有如實了知佛法的話，光是斷句就會斷錯啊！一斷句錯了，解釋法義就會跟著錯誤了。沒有智慧的人會怎麼斷句呢？他會這樣斷句：「相應義者心分別異，染淨分別異，知相緣相（讀作鄉音）同。」那就完全不一樣了，意思就變成顛倒了。

這段論文中說：「『知相、緣相』同。」什麼叫做相？前面曾經有講過相應染，那什麼叫做相應染？什麼叫做不相應染？「相應」的道理是說：心和分別性是兩個法。你的覺知心能夠分別諸法，是否可以說：能夠分別萬法的分別性，就是你的覺知心？覺知心與覺知心的分別性，是不是相同？覺知心與祂運用覺知性所分別的六塵相，是不是相同？（有人回答：不同！）不能說是相同嘛！如果說是相同的話，那就應該說「知相、緣相是相同的」，但是事實上，知相與緣相是兩個法：一個是能知的覺知心，另一個是能緣眾法而生分別的攀緣性，所以說「心、分別異」。也不能說祂們是不相同的，爲什麼呢？因爲你這個覺知心現起的時候，就一定會有分別了嘛！分別就是能緣的覺知心的自性啊！因爲這個緣故叫做相應。可是心的分別性並不就等於是心體（心體就是覺知心的你自己），所以才叫做心的所有法（編案：即是五遍行、五別境心所有法），所以覺知心與祂所擁有的覺知性、分別性，不等於一。

同樣的道理：什麼叫作相應呢？這心以及所分別的對象，是兩個相對，並不是相同的。如果心能分別這個法，而不能分別那個法，那麼能被分別的這個法就叫作心相應的法，這就是相應的意思；但是你所分別的那個法，跟能分別那個法的你的覺知心是對立的、相對的。譬如說你來分別這一盆花，你所分別的花就是你嗎？當然不是！「心分別異」，就是說，能分別的心與所分別的對象是相對的，所以有異；因爲心是分別另外一個對象，這個對象是覺知心的你所分別的，所以心與分別是不相同的兩個法，這個被分別的法就是與分別心相應的法。如果你不能分別它，這個法就是不與心相應的法。如果你所分別的是你的心自己，那又怎麼叫作相應呢？你是分別心外的另一個法，所以被你分別的那個法是你的心相應的法。

「染淨分別異」是說另一種情況：心與所分別的諸法有染有淨，然而心與所分別的染淨也是有所不同的。這個染淨法，是由誰來分別它的染淨呢？當然是另外有一個能分別的你嘛！有一個覺知心來分別嘛！既然是由你這個覺知心來分別染淨，那就表示說，你跟所分別的染淨法是兩個法，那麼一切染淨法與分別心互相對待，那就是兩個法，一定是相待而不是同一個法。

但是，不論是「心與分別」之間，或者「心與染淨法」之間，都一定會有個相同的法存在，也就是說，這兩個不同的分類中，一定會有相同的法相，那就是知相與緣相相同：必然有一個了知的相，以及你所分別的對象。你所了知的對象，就是你的所緣相；你本身就是了知相，了知相以及所分別的對象是相應的，不是同一個；雖然是相對的，但是卻可以跟分別心的你相應，所以知相及緣相是同在一起的。

知相與緣相如果不同在一處，那就是不相應，就不能覺知所緣相，也沒有所緣相可說，所以 馬鳴菩薩說：「不相應義者即心不覺、常無別異，知相、緣相不同。」譬如說：意識，「意識你」能分別這盆花，你的能知相與所緣相是在一處的，能知的心是緣於這個花上，是心與所分別的對象同處而能相應的；如果是兩不相應的法，那就是無始無明的上煩惱；這個無始無明所攝的上煩惱，還沒有破參明心的人，以及悟後還沒有想要成佛的人，都是暫時不相應的；因為他們還不曉得上煩惱是什麼，當然就與無始無明或上煩惱不相應。換句話說，你的意識心不能夠覺察到它的存在，所以說「即心不覺」：你的意識心還不曾覺察到它們的存在。

馬鳴菩薩說：這種現象「常無別異。」也就是說，這種現象是常時存在著的。為什麼是常無別異呢？因為無始無明這個法，在你想要證悟明心、想要求證法界的眞實相以前，它在成佛前是一直存在著的，不曾一時不在；這種現象是常，一切眾生都不會有別的狀況或不同。即使是悟後還住在禪悅的境界中的人，當他還沒有起心探討成佛之道的時候，無始無明所攝的上煩惱，它也始終是存在那邊，它是常而不會消失掉的；這些上煩惱也不會自己去轉變其餘無數的上煩惱，只能一一的斷除，不能藉著所斷的上煩惱來轉變其他的上煩惱，所以叫做常無別異。

這些都是眾生心不相應的法，它的體性就是這樣，永遠都是眾生的「見心」所不能相應的。一直要到眾生有因緣接觸到它，修行到了某一個地步，接觸到它，才能夠斷除它。它常無別異，這句話就表示說：它是你的見聞覺知的心——意識心所不能覺察到的法。在你悟後已經生起般若智慧的意識心，未來探究成佛內涵時所必須親緣的那些上煩惱，它是與眾生心的所緣大不相同的；所以眾生的意識心所能緣的、所能覺察的煩惱，都是在煩惱障的部分，都是屬於下煩惱——起煩惱，都是自己可以了知的：「我對這個又起了煩惱，我對那個又起了煩惱。」可是對於無始無明所攝的上煩惱呢？一向都不相應。一直到有人教導，或者你悟後發願再來，一直修到某一個地步時，才可能會接觸到它。

譬如說：剛學會走路爬梯的三歲嬰兒，他爬到二樓了，才能接觸到三樓的樓梯；他到了三樓，才能接觸到四樓的樓梯。當他還在二樓的時候，四、五、六、

七、八樓的樓梯，他都不曾想過，也接觸不到，這就是心不相應；這時就只能想像三樓樓梯的情形，至於以上各樓的樓梯是怎麼回事，他想都沒想過，也接觸不到。當「知相與緣相不同的時候」，他還沒有到那裡，接觸不到它，完全無法了知它，也沒有想過會有更高的法義等著他去親證，根本就不可能會想到它，這就叫做不相應。他就算是聽人說過了，也只能想像；他心中所緣的上地境界相，其實是與事實不同的；但是大多數的人，在悟後如果還沒有聽過善知識宣說悟後起修的成佛之道的內容與次第時，這個後來才會有的所緣相，當時是與他不相應的。即使後來相應了，他所緣的成佛的境界相，其實也是相對於覺知心而有的，所以說「知相、緣相不同。」（餘文詳續第三輯中詳解）

佛菩提二主要道次第概要表——二道並修，以外無別佛法

佛菩提道——大菩提道

十信位修集信心——一劫乃至一萬劫

資糧位

初住位修集布施功德（以財施爲主）。
二住位修集持戒功德。
三住位修集忍辱功德。
四住位修集精進功德。
五住位修集禪定功德。
六住位修集般若功德（熏習般若中觀及斷我見，加行位也）。

外門廣修六度萬行

七住位明心般若正觀現前，親證本來自性清淨涅槃。
八住位起於一切法現觀般若中道。漸除性障。
十住位眼見佛性，世界如幻觀成就。

見道位

一至十行位，於廣行六度萬行中，依般若中道慧，現觀陰處界猶如陽焰，至第十行滿心位，陽焰觀成就。
一至十迴向位熏習一切種智；修除性障，唯留最後一分思惑不斷。第十迴向滿心位成就菩薩道如夢觀。

內門廣修六度萬行

遠波羅蜜多

初地：第十迴向位滿心時，成就道種智一分（八識心王一一親證後，領受五法、三自性、七種第一義、七種性自性、二種無我法）復由勇發十無盡願，成通達位菩薩。復又永伏性障而不具斷，能證慧解脫而不取證，由大願故留惑潤生。此地主修法施波羅蜜多及百法明門。證「猶如鏡像」現觀，故滿初地心。
二地：初地功德滿足以後，再成就道種智一分而入二地；主修戒波羅蜜多及一切種智。滿心位成就「猶如光影」現觀，戒行自然清淨。

解脫道：二乘菩提

→ 斷三縛結，成初果解脫
→ 薄貪瞋癡，成二果解脫
→ 斷五下分結，成三果解脫

入地前的四加行令煩惱障現行悉斷，成四果解脫，留惑潤生。分段生死已斷，煩惱障習氣種子開始斷除，兼斷無始無明上煩惱。

近波羅蜜多 — 大波羅蜜多 — 圓滿波羅蜜多

修道位

三地：二地滿心再證道種智一分，故入三地。此地主修忍波羅蜜多及四禪八定、四無量心、五神通。能成就俱解脫果而不取證，留惑潤生。滿心位成就「猶如谷響」現觀及無漏妙定意生身。

四地：由三地再證道種智一分故入四地。主修精進波羅蜜多，於此土及他方世界廣度有緣，無有疲倦。進修一切種智，滿心位成就「如水中月」現觀。

五地：由四地再證道種智一分故入五地。主修禪定波羅蜜多及一切種智，斷除下乘涅槃貪。滿心位成就「變化所成」現觀。

六地：由五地再證道種智一分故入六地。此地主修般若波羅蜜多——依道種智現觀十二因緣一一有支及意生身化身，皆自心眞如變化所現，「非有似有」，成就細相觀，不由加行而自然證得滅盡定，成俱解脫大乘無學。

七地：由六地「非有似有」現觀，再證道種智一分故入七地。此地主修一切種智及方便波羅蜜多，由重觀十二有支一一支中之流轉門及還滅門一切細相，成就方便善巧，念念隨入滅盡定。滿心位證得「如犍闥婆城」現觀。

八地：由七地極細相觀成就故再證道種智一分而入八地。此地主修一切種智及願波羅蜜多。至滿心位純無相觀任運恆起，故於相土自在，滿心位復證「如實覺知諸法相意生身」故。

九地：由八地再證道種智一分故入九地。主修力波羅蜜多及一切種智，成就四無礙，滿心位證得「種類俱生無行作意生身」。

十地：由九地再證道種智一分故入此地。此地主修一切種智——智波羅蜜多。滿心位起大法智雲，及現起大法智雲所含藏種種功德，成受職菩薩。

等覺：由十地道種智成就故入此地。此地應修一切種智，圓滿等覺地無生法忍；於百劫中修集極廣大福德，以之圓滿三十二大人相及無量隨形好。

究竟位

妙覺：示現受生人間已斷盡煩惱障一切習氣種子，並斷盡所知障一切隨眠，永斷變易生死無明，成就大般涅槃，四智圓明。人間捨壽後，報身常住色究竟天利樂十方地上菩薩；以諸化身利樂有情，永無盡期，成就究竟佛道。

七地滿心斷除故意保留之最後一分思惑時，煩惱障所攝色、受、想三陰有漏習氣種子全部斷盡。 →

煩惱障所攝行、識二陰無漏習氣種子任運漸斷，所知障所攝上煩惱任運漸斷。 →

斷盡變易生死成就大般涅槃

圓滿成就究竟佛果

佛子蕭平實 謹製

（二〇〇九、〇二 修訂）

（二〇一二、〇二 增補）

佛教正覺同修會〈修學佛道次第表〉

第一階段

＊以憶佛及拜佛方式修習動中定力。
＊學第一義佛法及禪法知見。
＊無相拜佛功夫成就。
＊具備一念相續功夫—動靜中皆能看話頭。
＊努力培植福德資糧，勤修三福淨業。

第二階段

＊參話頭，參公案。
＊開悟明心，一片悟境。
＊鍛鍊功夫求見佛性。
＊眼見佛性〈餘五根亦如是〉親見世界如幻，成就如幻觀。
＊學習禪門差別智。
＊深入第一義經典。
＊修除性障及隨分修學禪定。
＊修證十行位陽焰觀。

第三階段

＊學一切種智真實正理—楞伽經、解深密經、成唯識論…。
＊參究末後句。
＊解悟末後句。
＊透牢關—親自體驗所悟末後句境界，親見實相，無得無失。
＊救護一切眾生迴向正道。護持了義正法，修證十迴向位如夢觀。
＊發十無盡願，修習百法明門，親證猶如鏡像現觀。
＊修除五蓋，發起禪定。持一切善法戒。親證猶如光影現觀。
＊進修四禪八定、四無量心、五神通。進修大乘種智，求證猶如谷響現觀。

佛教正覺同修會 共修現況 及 招生公告　2017/12/21

一、共修現況：（請在共修時間來電，以免無人接聽。）

台北正覺講堂 103 台北市承德路三段 277 號九樓 捷運淡水線圓山站旁 Tel..**總機** 02-25957295（晚上）（**分機：九樓**辦公室 10、11；知客櫃檯 12、13。 **十樓**知客櫃檯 15、16；書局櫃檯 14。 **五樓**辦公室 18；知客櫃檯 19。**二樓**辦公室 20；知客櫃檯 21。）Fax..25954493

第一講堂　台北市承德路三段 277 號九樓

禪淨班：週一晚班、週三晚班、週四晚班、週五晚班、週六下午班、週六上午班（共修期間二年半，全程免費。皆須報名建立學籍後始可參加共修，欲報名者詳見本公告末頁。）

進階班：週一晚班、週三晚班、週四晚班、週五晚班（禪淨班結業後轉入共修）。

增上班：瑜伽師地論詳解：每月單數週之週末 17.50～20.50。平實導師講解，2003 年 2 月開講至今，預計 2019 年圓滿，僅限已明心之會員參加。

禪門差別智：每月第一週日全天　平實導師主講（事冗暫停）。

大法鼓經詳解　詳解末法時代大乘佛法修行之道。佛教正法消毒妙藥塗於大鼓而以擊之，凡有眾生聞之者，一切邪見鉅毒悉皆消殞；此經即是大法鼓之正義，凡聞之者，所有邪見之毒悉皆滅除，見道不難；亦能發起菩薩無量功德，是故諸大菩薩遠從諸方佛土來此娑婆聞修此經。平實導師主講，定於 2017 年 12 月底起，每逢周二晚上開講，第一至第六講堂都可同時聽聞，歡迎已發成佛大願的菩薩種性學人，攜眷共同參與此殊勝法會現場聞法，不限制聽講資格。本會學員憑上課證進入第一至第四講堂聽講，會外學人請以身分證件換證進入聽講（此爲大樓管理處安全管理規定之要求，敬請諒解）；第五及第六講堂（B1、B2）對外開放，不需出示任何證件，請由大樓側門直接進入。

第二講堂　台北市承德路三段 267 號十樓。

禪淨班：週一晚上班。

進階班：週三晚班、週四晚班、週五晚班、週六下午班。禪淨班結業後轉入共修。

大法鼓經詳解：平實導師講解。每週二 18.50~20.50 影像音聲即時傳輸

第三講堂　台北市承德路三段 277 號五樓。

禪淨班：週六下午班。

進階班：週一晚班、週三晚班、週四晚班、週五晚班。

大法鼓經詳解：平實導師講解。每週二 18.50~20.50 影像音聲即時傳輸

第四講堂　台北市承德路三段 267 號二樓。

進階班：週一晚上班、週二晚上班、週四晚上班（禪淨班結業後轉入共修）。

大法鼓經詳解：平實導師講解。每週二 18.50~20.50 影像音聲即時傳輸

第五、第六講堂

念佛班　每週日晚上，第六講堂共修（B2），一切求生極樂世界的三寶弟子皆可參加，不限制共修資格。

進階班：週一晚班、週三晚班、週四晚班。

大法鼓經詳解：平實導師講解。每週二 18.50~20.50 影像音聲即時傳輸。第五、第六講堂爲**開放式講堂**，不需以身分證件換證即可進入聽講，台北市承德路三段 267 號地下一樓、地下二樓。每逢週二晚上講經時段開放給會外人士自由聽經，請由大樓側面梯階逕行進入聽講。**聽講者請尊重講者的著作權及肖像權，請勿錄音錄影，以免違法；若有錄音錄影被查獲者，將依法處理。**

正覺祖師堂　大溪鎮美華里信義路 650 巷坑底 5 之 6 號（台 3 號省道 34 公里處 妙法寺對面斜坡道進入）電話 03-3886110　傳眞 03-3881692 本堂供奉 克勤圓悟大師，專供會員每年四月、十月各三次精進禪三共修，兼作本會出家菩薩掛單常住之用。除禪三時間以外，每逢單月第一週之週日 9:00~17:00 開放會內、外人士參訪，當天並提供午齋結緣。教內共修團體或道場，得另申請其餘時間作團體參訪，務請事先與常住確定日期，以便安排常住菩薩接引導覽，亦免妨礙常住菩薩之日常作息及修行。

桃園正覺講堂（第一、第二講堂）：桃園市介壽路 286、288 號 10 樓（陽明運動公園對面）電話：03-3749363（請於共修時聯繫，或與台北聯繫）

禪淨班：週一晚上班（1）、週一晚上班（2）、週三晚上班、週四晚上班、週五晚上班。

進階班：週四晚班、週五晚班、週六上午班。

增上班：雙週六晚上班（增上重播班）。

大法鼓經詳解：平實導師講解。每週二晚上，以台北正覺講堂所錄 DVD 放映；歡迎會外學人共同聽講，不需出示身分證件。

新竹正覺講堂　新竹市東光路 55 號二樓之一　電話 03-5724297（晚上）

第一講堂：

禪淨班：週一晚上班、週五晚上班、週六上午班。

進階班：週三晚上班、週四晚上班（由禪淨班結業後轉入共修）。

增上班：單週六晚上班。雙週六晚上班（重播班）。

大法鼓經詳解：平實導師講解。每週二晚上，以台北正覺講堂所錄 DVD 放映。歡迎會外學人共同聽講，不需出示身分證件。

第二講堂：

禪淨班：週三晚上班、週四晚上班。

大法鼓經詳解：每週二晚上與第一講堂同時播放佛藏經詳解 DVD。

第三、第四講堂：裝修完畢，即將開放。

台中正覺講堂 04-23816090（晚上）

第一講堂 台中市南屯區五權西路二段 666 號 13 樓之四（國泰世華銀行樓上。鄰近縣市經第一高速公路前來者，由五權西路交流道可以快速到達，大樓旁有停車場，對面有素食館）。

禪淨班：週三晚上班、週四晚上班。

進階班：週一晚上班、週六上午班（由禪淨班結業後轉入共修）。

增上班：增上班：單週六晚上班。雙週六晚上班（重播班）。

大法鼓經詳解：平實導師講解。每週二晚上，以台北正覺講堂所錄 DVD 放映。歡迎會外學人共同聽講，不需出示身分證件。

第二講堂 台中市南屯區五權西路二段 666 號 4 樓

禪淨班：週一晚上班、週三晚上班、週六上午班。

進階班：週五晚上班（由禪淨班結業後轉入共修）。

大法鼓經詳解：每週二晚上與第一講堂同時播放佛藏經詳解 DVD。

第三講堂、第四講堂：台中市南屯區五權西路二段 666 號 4 樓。

嘉義正覺講堂 嘉義市友愛路 288 號八樓之一　電話：05-2318228

第一講堂：

禪淨班：週一晚上班、週四晚上班、週五晚上班、週六上午班。

進階班：週三晚上班（由禪淨班結業後轉入共修）。

增上班：單週六晚上班。雙週六晚上班（重播班）。

大法鼓經詳解：平實導師講解。每週二晚上，以台北正覺講堂所錄 DVD 放映。歡迎會外學人共同聽講，不需出示身分證件。

第二講堂 嘉義市友愛路 288 號八樓之二。

台南正覺講堂

第一講堂 台南市西門路四段 15 號 4 樓。06-2820541（晚上）

禪淨班：週一晚上班、週三晚上班、週四晚上班、週五晚上班、週六下午班。

增上班：增上班：單週六晚上班。雙週六晚上班（重播班）。

大法鼓經詳解：平實導師講解。每週二晚上，以台北正覺講堂所錄 DVD 放映。歡迎會外學人共同聽講，不需出示身分證件。

第二講堂 台南市西門路四段 15 號 3 樓。

大法鼓經詳解：每週二晚上與第一講堂同時播放佛藏經詳解 DVD。

第三講堂 台南市西門路四段 15 號 3 樓。

進階班：週三晚上班、週四晚上班、週六上午班（由禪淨班結業後轉入共修）。

大法鼓經詳解：每週二晚上與第一講堂同時播放佛藏經詳解 DVD。

高雄正覺講堂 高雄市新興區中正三路 45 號五樓 07-2234248（晚上）

第一講堂（五樓）：

禪淨班：週一晚班、週三晚班、週四晚班、週五晚班、週六上午班。

增上班：單週週末下午，以台北增上班課程錄成 DVD 放映之，限已明心之會員參加。

大法鼓經詳解：平實導師講解。每週二晚上，以台北正覺講堂所錄 DVD 放映。歡迎會外學人共同聽講，不需出示身分證件。

第二講堂（四樓）：

進階班：週三晚上班、週四晚上班、週六上午班（由禪淨班結業後轉入共修）。

大法鼓經詳解：每週二晚上與第一講堂同時播放佛藏經詳解 DVD。

第三講堂（三樓）：

進階班：週四晚班（由禪淨班結業後轉入共修）。

香港正覺講堂 ☆已遷移新址☆

九龍觀塘，成業街 10 號，電訊一代廣場 27 樓 E 室。

（觀塘地鐵站 B1 出口，步行約 4 分鐘）。電話：(852) 23262231

英文地址：Unit E，27th Floor, TG Place, 10 Shing Yip Street, Kwun Tong, Kowloon

禪淨班：雙週六下午班 14:30-17:30，已經額滿。
雙週日下午班 14:30-17:30。
單週六下午班 14:30-17:30，已經額滿。

進階班：雙週五晚上班（由禪淨班結業後轉入共修）。

增上班：單週週末上午，以台北增上班課程錄成 DVD 放映之。

增上重播班：雙週週末上午，以台北增上班課程錄成 DVD 放映之。

大法鼓經詳解：平實導師講解。雙週六 19:00-21:00，以台北正覺講堂所錄 DVD 放映；歡迎會外學人共同聽講，不需出示身分證件。

美國洛杉磯正覺講堂 ☆已遷移新址☆

825 S. Lemon Ave Diamond Bar, CA 91789 U.S.A.

Tel. (909) 595-5222（請於週六 9:00~18:00 之間聯繫）

Cell. (626) 454-0607

禪淨班：每逢週末 15：30~17：30 上課。

進階班：每逢週末上午 10：00~12：00 上課。

大法鼓經詳解：平實導師講解。每週六下午 13：00~15：00 以台北所錄 DVD 放映。歡迎各界人士共享第一義諦無上法益，不需報名。

二、招生公告　本會台北講堂及全省各講堂、香港講堂，每逢四月、十月下旬開新班，每週共修一次（每次二小時。開課日起三個月內仍可插班）；但美國洛杉磯共修處之禪淨班得隨時插班共修。各班共修期間皆爲二年半，全程免費，欲參加者請向本會函索報名表（各共修處皆於共修時間方有人執事，非共修時間請勿電詢或前來洽詢、請書），或直接從本會官方網站(http://www.enlighten.org.tw/newsflash/class)或成佛之道網站下載報名表。共修期滿時，若經報名禪三審核通過者，可參加四天三夜之禪三精進共修，有機會明心、取證如來藏，發起般若實相智慧，成爲實義菩薩，脫離凡夫菩薩位。

三、新春禮佛祈福　農曆年假期間停止共修：自農曆新年前七天起停止共修與弘法，正月 8 日起回復共修、弘法事務。新春期間正月初一～初七 9.00～17.00 開放台北講堂、正月初一~初三開放桃園、新竹、台中、嘉義、台南、高雄講堂，以及大溪禪三道場（正覺祖師堂），方便會員供佛、祈福及會外人士請書。美國洛杉磯共修處之休假時間，請逕詢該共修處。

密宗四大派修雙身法，是外道性力派的邪法；又以生滅的識陰作為常住法，是常見外道，是假的藏傳佛教。

西藏覺囊巴以他空見弘揚第八識如來藏勝法，才是真藏傳佛教

佛教正覺同修會　弘法行事表　2017/12/07

1、**禪淨班**　以無相念佛及拜佛方式修習動中定力，實證一心不亂功夫。傳授解脫道正理及第一義諦佛法，以及參禪知見。共修期間：二年六個月。每逢四月、十月開新班，詳見招生公告表。

2、**進階班**　禪淨班畢業後得轉入此班，進修更深入的佛法，期能證悟明心。各地講堂各有多班，繼續深入佛法、增長定力，悟後得轉入增上班修學道種智，期能證得無生法忍。

3、**增上班 瑜伽師地論**詳解　詳解論中所言凡夫地至佛地等 17 師之修證境界與理論，從凡夫地、聲聞地……宣演到諸地所證無生法忍、一切種智之眞實正理。由平實導師開講，每逢一、三、五週之週末晚上開示，僅限已明心之會員參加。2003 年二月開講至今，預定 2019 年講畢。

4、**大法鼓經**詳解　詳解末法時代大乘佛法修行之道。佛教正法消毒妙藥塗於大鼓而以擊之，凡有眾生聞之者，一切邪見鉅毒悉皆消殞；此經即是大法鼓之正義，凡聞之者，所有邪見之毒悉皆滅除，見道不難；亦能發起菩薩無量功德，是故諸大菩薩遠從諸方佛土來此娑婆聞修此經。平實導師主講。定於 2017 年 12 月底開講，歡迎已發成佛大願的菩薩種性學人，攜眷共同參與此殊勝法會聽講。

本經破「有」而顯涅槃，以此名爲眞實的「法」；眞法即是第八識如來藏，《金剛經》《法華經》中亦名之爲「此經」。若墮在「有」中，皆名「非法」，「有」即是五陰、六入、十二處、十八界及內我所、外我所，皆非眞實法。若人如是俱說「法」與「非法」而宣揚佛法，名爲擊大法鼓；如是依「法」而捨「非法」，據以建立山門而爲眾說法，方可名爲眞正的法鼓山。此經中說，以「此經」爲菩薩道之本，以證得「此經」之正知見及法門作爲度人之「法」，方名眞實佛法，否則盡名「非法」。本經中對法與非法、有與涅槃，有深入之闡釋，歡迎教界一切善信（不論初機或久學菩薩），一同親沐 如來聖教，共沾法喜。由平實導師詳解。不限制聽講資格。

5、**精進禪三**　主三和尚：平實導師。於四天三夜中，以克勤圓悟大師及大慧宗杲之禪風，施設機鋒與小參、公案密意之開示，幫助會員剋期取證，親證不生不滅之眞實心——人人本有之如來藏。每年四月、十月各舉辦二個梯次；平實導師主持。僅限本會會員參加禪淨班共修期滿，報名審核通過者，方可參加。並選擇會中定力、慧力、福德三條件皆已具足之已明心會員，給以指引，令得眼見自己無形無相之佛性遍布山河大地，眞實而無障礙，得以肉眼現觀世界身心悉皆如幻，具足成就如幻觀，圓滿十住菩薩之證境。

6、**不退轉法輪經**詳解　本經所說妙法極爲甚深難解，時至末法，已然無有知者；而其甚深絕妙之法，流傳至今依舊多人可證，顯示佛學眞是義學而非玄談，其中甚深極妙令人拍案稱絕之第一義諦妙義，平實導師將會加以解說。待《大法鼓經》宣講完畢時繼續宣講此經。

7、**阿含經**詳解　選擇重要之阿含部經典，依無餘涅槃之實際而加以詳解，令大眾得以現觀諸法緣起性空，亦復不墮斷滅見中，顯示經中所隱說之涅槃實際—如來藏—確實已於四阿含中隱說；令大眾得以聞後觀行，確實斷除我見乃至我執，證得**見到**眞現觀，乃至**身證**……等眞現觀；已得大乘或二乘見道者，亦可由此聞熏及聞後之觀行，除斷我所之貪著，成就慧解脫果。由平實導師詳解。不限制聽講資格。

8、**解深密經**詳解　重講本經之目的，在於令諸已悟之人明解大乘法道之成佛次第，以及悟後進修一切種智之內涵，確實證知三種自性性，並得據此證解七眞如、十眞如等正理。每逢週二 18.50~20.50 開示，由平實導師詳解。將於《大法鼓經》講畢後開講。不限制聽講資格。

9、**成唯識論**詳解　詳解一切種智眞實正理，詳細剖析一切種智之微細深妙廣大正理；並加以舉例說明，使已悟之會員深入體驗所證如來藏之微密行相；及證驗見分相分與所生一切法，皆由如來藏—阿賴耶識—直接或展轉而生，因此證知一切法無我，證知無餘涅槃之本際。將於增上班《瑜伽師地論》講畢後，由平實導師重講。僅限已明心之會員參加。

10、**精選如來藏系經典**詳解　精選如來藏系經典一部，詳細解說，以此完全印證會員所悟如來藏之眞實，得入不退轉住。另行擇期詳細解說之，由平實導師講解。僅限已明心之會員參加。

11、**禪門差別智**　藉禪宗公案之微細淆訛難知難解之處，加以宣說及剖析，以增進明心、見性之功德，啓發差別智，建立擇法眼。每月第一週日全天，由平實導師開示，僅限破參明心後，復又眼見佛性者參加（事冗暫停）。

12、**枯木禪**　先講智者大師的《小止觀》，後說《釋禪波羅蜜》，詳解四禪八定之修證理論與實修方法，細述一般學人修定之邪見與岔路，及對禪定證境之誤會，消除枉用功夫、浪費生命之現象。已悟般若者，可以藉此而實修初禪，進入大乘通教及聲聞教的三果心解脫境界，配合應有的大福德及後得無分別智、十無盡願，即可進入初地心中。親教師：平實導師。未來緣熟時將於正覺寺開講。不限制聽講資格。

註：本會例行年假，自 2004 年起，改為每年農曆新年前七天開始停息弘法事務及共修課程，農曆正月 8 日回復所有共修及弘法事務。新春期間（每日 9.00~17.00）開放台北講堂，方便會員禮佛祈福及會外人士請書。大溪區的正覺祖師堂，開放參訪時間，詳見〈正覺電子報〉或成佛之道網站。本表得因時節因緣需要而隨時修改之，不另作通知。

佛教正覺同修會　贈閱書籍 目錄　2015/09/29

1.**無相念佛**　平實導師著　回郵 10 元
2.**念佛三昧修學次第**　平實導師述著　回郵 25 元
3.**正法眼藏—護法集**　平實導師述著　回郵 35 元
4.**真假開悟簡易辨正法&佛子之省思**　平實導師著　回郵 3.5 元
5.**生命實相之辨正**　平實導師著　回郵 10 元
6.**如何契入念佛法門**（附：印順法師否定極樂世界）平實導師著　回郵 3.5 元
7.**平實書箋**—答元覽居士書　平實導師著　回郵 35 元
8.**三乘唯識**—如來藏系經律彙編　平實導師編　回郵 80 元
（精裝本　長 27 ㎝　寬 21 ㎝　高 7.5 ㎝　重 2.8 公斤）
9.**三時繫念全集**—修正本　回郵掛號 40 元（長 26.5 ㎝×寬 19 ㎝）
10.**明心與初地**　平實導師述　回郵 3.5 元
11.**邪見與佛法**　平實導師述著　回郵 20 元
12.**菩薩正道**—回應義雲高、釋性圓…等外道之邪見　正燦居士著　回郵 20 元
13.**甘露法雨**　平實導師述　回郵 20 元
14.**我與無我**　平實導師述　回郵 20 元
15.**學佛之心態**—修正錯誤之學佛心態始能與正法相應　孫正德老師著　回郵35元
附錄：平實導師著《**略說八、九識並存…等之過失**》
16.**大乘無我觀**—《悟前與悟後》別說　平實導師述著　回郵 20 元
17.**佛教之危機**—中國台灣地區現代佛教之真相（附錄：公案拈提六則）
平實導師著　回郵 25 元
18.**燈　影**—燈下黑（覆「求教後學」來函等）　平實導師著　回郵 35 元
19.**護法與毀法**—覆上平居士與徐恒志居士網站毀法二文
張正圜老師著　回郵 35 元
20.**淨土聖道**—兼評**選擇本願念佛**　正德老師著　**由正覺同修會購贈**　回郵 25 元
21.**辨唯識性相**—對「紫蓮心海《辯唯識性相》書中否定阿賴耶識」之回應
正覺同修會 台南共修處法義組 著　回郵 25 元
22.**假如來藏**—對法蓮法師《如來藏與阿賴耶識》書中否定阿賴耶識之回應
正覺同修會 台南共修處法義組 著　回郵 35 元
23.**入不二門**—公案拈提集錦 第一輯（於平實導師公案拈提諸書中選錄約二十則，
合輯爲一冊流通之）平實導師著　回郵 20 元
24.**真假邪說**—西藏密宗索達吉喇嘛《破除邪說論》真是邪說
釋正安法師著　回郵 35 元
25.**真假開悟**—真如、如來藏、阿賴耶識間之關係　平實導師述著　回郵 35 元
26.**真假禪和**—辨正釋傳聖之謗法謬說　孫正德老師著　回郵 30 元

27.**眼見佛性**—駁慧廣法師眼見佛性的含義文中謬說

游正光老師著　回郵 25 元

28.**普門自在**—公案拈提集錦 第二輯（於平實導師公案拈提諸書中選錄約二十則，合輯爲一冊流通之）平實導師著　回郵 25 元

29.**印順法師的悲哀**—以現代禪的質疑為線索　恒毓博士著　回郵 25 元

30.**識蘊真義**—現觀識蘊內涵、取證初果、親斷三縛結之具體行門。

—依《成唯識論》及《唯識述記》正義，略顯安慧《大乘廣五蘊論》之邪謬

平實導師著　回郵 35 元

31.**正覺電子報** 各期紙版本　免附回郵　每次最多函索三期或三本。

（已無存書之較早各期，不另增印贈閱）

32.**現代人應有的宗教觀**　蔡正禮老師 著　回郵 3.5 元

33.**遠惑趣道**—正覺電子報般若信箱問答錄　第一輯　回郵 20 元

34.**遠惑趣道**—正覺電子報般若信箱問答錄　第二輯　回郵 20 元

35.**確保您的權益**—器官捐贈應注意自我保護　游正光老師 著　回郵 10 元

36.**正覺教團電視弘法三乘菩提 DVD 光碟**（一）

由正覺教團多位親教師共同講述錄製 DVD 8 片，MP3 一片，共 9 片。有二大講題：一爲「三乘菩提之意涵」，二爲「學佛的正知見」。內容精闢，深入淺出，精彩絕倫，幫助大眾快速建立三乘法道的正知見，免被外道邪見所誤導。有志修學三乘佛法之學人不可不看。（製作工本費 100 元，回郵 25 元）

37.**正覺教團電視弘法 DVD 專輯**（二）

總有二大講題：一爲「三乘菩提之念佛法門」，一爲「學佛正知見（第二篇）」，由正覺教團多位親教師輪番講述，內容詳細闡述如何修學念佛法門、實證念佛三昧，以及學佛應具有的正確知見，可以幫助發願往生西方極樂淨土之學人，得以把握往生，更可令學人快速建立三乘法道的正知見，免於被外道邪見所誤導。有志修學三乘佛法之學人不可不看。（一套 17 片，工本費 160 元。回郵 35 元）

38.**佛藏經** 燙金精裝本 每冊回郵 20 元。正修佛法之道場欲大量索取者，請正式發函並蓋用大印寄來索取（2008.04.30 起開始敬贈）

39.**喇嘛性世界**—揭開假藏傳佛教譚崔瑜伽的面紗　張善思 等人合著

由正覺同修會購贈　回郵 20 元

40.**假藏傳佛教的神話**—性、謊言、喇嘛教　張正玄教授編著　回郵 20 元

由正覺同修會購贈　回郵 20 元

41.**隨 緣**—理隨緣與事隨緣　平實導師述　回郵 20 元。

42.**學佛的覺醒**　正枝居士 著　回郵 25 元

43.**導師之真實義**　蔡正禮老師 著　回郵 10 元

44.**淺談達賴喇嘛之雙身法**—兼論解讀「密續」之達文西密碼

吳明芷居士 著　回郵 10 元

45.**魔界轉世**　張正玄居士 著　回郵 10 元

46.**一貫道與開悟**　蔡正禮老師 著　回郵 10 元

47.**博愛**—愛盡天下女人　正覺教育基金會 編印　回郵 10 元

48.**意識虛妄經教彙編**—實證解脫道的關鍵經文　正覺同修會編印　回郵 25 元

49.**邪箭囈語**—破斥藏密外道多識仁波切《破魔金剛箭雨論》之邪說

陸正元老師著　上、下冊回郵各 30 元

50.**真假沙門**—依 佛聖教闡釋佛教僧寶之定義

蔡正禮老師著　俟正覺電子報連載後結集出版

51.**真假禪宗**—藉評論釋性廣《印順導師對變質禪法之批判

及對禪宗之肯定》以顯示真假禪宗

附論一：凡夫知見 無助於佛法之信解行證

附論二：世間與出世間一切法皆從如來藏實際而生而顯

余正偉老師著　俟正覺電子報連載後結集出版　回郵未定

52.**假鋒虛焰金剛乘**—揭示顯密正理，兼破索達吉師徒《般若鋒兮金剛焰》。

釋正安 法師著　俟正覺電子報連載後結集出版

★ 上列贈書之郵資，係台灣本島地區郵資，大陸、港、澳地區及外國地區，請另計酌增（大陸、港、澳、國外地區之郵票不許通用）。尚未出版之書，請勿先寄來郵資，以免增加作業煩擾。

★ 本目錄若有變動，唯於後印之書籍及「成佛之道」網站上修正公佈之，不另行個別通知。

函索書籍請寄：佛教正覺同修會　103 台北市承德路 3 段 277 號 9 樓

台灣地區函索書籍者請附寄郵票，無時間購買郵票者可以等值現金抵用，但不接受郵政劃撥、支票、匯票。大陸地區得以人民幣計算，國外地區請以美元計算（請勿寄來當地郵票，在台灣地區不能使用）。欲以掛號寄遞者，請另附掛號郵資。

親自索閱：正覺同修會各共修處。　★請於共修時間前往取書，餘時無人在道場，請勿前往索取；共修時間與地點，詳見書末正覺同修會共修現況表（以近期之共修現況表爲準）。

註：正智出版社發售之局版書，請向各大書局購閱。若書局之書架上已經售出而無陳列者，請向書局櫃台指定洽購；若書局不便代購者，請於正覺同修會共修時間前往各共修處請購，正智出版社已派人於共修時間送書前往各共修處流通。 郵政劃撥購書及 大陸地區 購書，請詳別頁正智出版社發售書籍目錄最後頁之說明。

成佛之道 網站：http://www.a202.idv.tw　正覺同修會已出版之結緣書籍，多已登載於 成佛之道 網站，若住外國、或住處遙遠，不便取得正覺同修會贈閱書籍者，可以從本網站閱讀及下載。　書局版之《宗通與說通》亦已上網，台灣讀者可向書局洽購，售價 300 元。《狂密與眞密》第一輯~第四輯，亦於 2003.5.1.全部於本網站登載完畢；台灣地區讀者請向書局洽購，每輯約 400 頁，售價 300 元（網站下載紙張費用較貴，容易散失，難以保存，亦較不精美）。

＊＊假藏傳佛教修雙身法，非佛教＊＊

正智出版社 籌募弘法基金發售書籍目錄 2018/05/13

1.**宗門正眼**—公案拈提 第一輯 重拈 平實導師著 500元
因重寫內容大幅度增加故，字體必須改小，並增爲576頁 主文546頁。比初版更精彩、更有內容。初版《禪門摩尼寶聚》之讀者，可寄回本公司免費調換新版書。免附回郵，亦無截止期限。（2007年起，每冊附贈本公司精製公案拈提〈超意境〉CD一片。市售價格280元，多購多贈。）

2.**禪淨圓融** 平實導師著 200元（第一版舊書可換新版書。）

3.**真實如來藏** 平實導師著 400元

4.**禪—悟前與悟後** 平實導師著 上、下冊，每冊250元

5.**宗門法眼**—公案拈提 第二輯 平實導師著 500元
（2007年起，每冊附贈本公司精製公案拈提〈超意境〉CD一片）

6.**楞伽經詳解** 平實導師著 全套共10輯 每輯250元

7.**宗門道眼**—公案拈提 第三輯 平實導師著 500元
（2007年起，每冊附贈本公司精製公案拈提〈超意境〉CD一片）

8.**宗門血脈**—公案拈提 第四輯 平實導師著 500元
（2007年起，每冊附贈本公司精製公案拈提〈超意境〉CD一片）

9.**宗通與說通**—成佛之道 平實導師著 主文381頁 全書400頁售價300元

10.**宗門正道**—公案拈提 第五輯 平實導師著 500元
（2007年起，每冊附贈本公司精製公案拈提〈超意境〉CD一片）

11.**狂密與真密 一～四輯** 平實導師著 西藏密宗是人間最邪淫的宗教，本質不是佛教，只是披著佛教外衣的印度教性力派流毒的喇嘛教。此書中將西藏密宗密傳之男女雙身合修樂空雙運所有祕密與修法，毫無保留完全公開，並將全部喇嘛們所不知道的部分也一併公開。內容比大辣出版社喧騰一時的《西藏慾經》更詳細。並且函蓋藏密的所有祕密及其錯誤的中觀見、如來藏見……等，藏密的所有法義都在書中詳述、分析、辨正。每輯主文三百餘頁 每輯全書約400頁 售價每輯300元

12.**宗門正義**—公案拈提 第六輯 平實導師著 500元
（2007年起，每冊附贈本公司精製公案拈提〈超意境〉CD一片）

13.**心經密意**—心經與解脫道、佛菩提道、祖師公案之關係與密意 平實導師述 300元

14.**宗門密意**—公案拈提 第七輯 平實導師著 500元
（2007年起，每冊附贈本公司精製公案拈提〈超意境〉CD一片）

15.**淨土聖道**—兼評「選擇本願念佛」 正德老師著 200元

16.**起信論講記** 平實導師述著 共六輯 每輯三百餘頁 售價各250元

17.**優婆塞戒經講記** 平實導師述著 共八輯 每輯三百餘頁 售價各250元

18.**真假活佛**—略論附佛外道盧勝彥之邪說（對前岳靈犀網站主張「盧勝彥是證悟者」之修正） 正犀居士（岳靈犀）著 流通價140元

19.**阿含正義**—唯識學探源 平實導師著 共七輯 每輯300元

20.**超意境** CD 以平實導師公案拈提書中超越意境之頌詞，加上曲風優美的旋律，錄成令人嚮往的超意境歌曲，其中包括正覺發願文及平實導師親自譜成的黃梅調歌曲一首。詞曲雋永，殊堪翫味，可供學禪者吟詠，有助於見道。內附設計精美的彩色小冊，解說每一首詞的背景本事。每片 280 元。【每購買公案拈提書籍一冊，即贈送一片。】

21.**菩薩底憂鬱** CD 將菩薩情懷及禪宗公案寫成新詞，並製作成超越意境的優美歌曲。 1.主題曲〈菩薩底憂鬱〉，描述地後菩薩能離三界生死而迴向繼續生在人間，但因尚未斷盡習氣種子而有極深沈之憂鬱，非三賢位菩薩及二乘聖者所知，此憂鬱在七地滿心位方才斷盡；本曲之詞中所說義理極深，昔來所未曾見；此曲係以優美的情歌風格寫詞及作曲，聞者得以激發嚮往諸地菩薩境界之大心，詞、曲都非常優美，難得一見；其中勝妙義理之解說，已印在附贈之彩色小冊中。 2.以各輯公案拈提中直示禪門入處之頌文，作成各種不同曲風之超意境歌曲，值得玩味、參究；聆聽公案拈提之優美歌曲時，請同時閱讀內附之印刷精美說明小冊，可以領會超越三界的證悟境界；未悟者可以因此引發求悟之意向及疑情，眞發菩提心而邁向求悟之途，乃至因此眞實悟入般若，成眞菩薩。 3.正覺總持咒新曲，總持佛法大意；總持咒之義理，已加以解說並印在隨附之小冊中。本 CD 共有十首歌曲，長達 63 分鐘。每盒各附贈二張購書優惠券。每片 280 元。

22.**禪意無限** CD 平實導師以公案拈提書中偈頌寫成不同風格曲子，與他人所寫不同風格曲子共同錄製出版，幫助參禪人進入禪門超越意識之境界。盒中附贈彩色印製的精美解說小冊，以供聆聽時閱讀，令參禪人得以發起參禪之疑情，即有機會證悟本來面目而發起實相智慧，實證大乘菩提般若，能如實證知般若經中的眞實意。本 CD 共有十首歌曲，長達 69 分鐘，每盒各附贈二張購書優惠券。每片 280 元。

23.**我的菩提路**第一輯　釋悟圓、釋善藏等人合著　售價 300 元

24.**我的菩提路**第二輯　郭正益、張志成等人合著　售價 300 元

25.**我的菩提路**第三輯　王美伶等人合著　售價 300 元

26.**我的菩提路**第四輯　陳晏平等人合著　售價 300 元

27.**鈍鳥與靈龜**—考證後代凡夫對大慧宗杲禪師的無根誹謗。

平實導師著 共 458 頁 售價 350 元

28.**維摩詰經講記** 平實導師述 共六輯 每輯三百餘頁 售價各 250 元

29.**真假外道**—破劉東亮、杜大威、釋證嚴常見外道見 正光老師著 200 元

30.**勝鬘經講記**—兼論印順《勝鬘經講記》對於《勝鬘經》之誤解。

平實導師述　共六輯　每輯三百餘頁　售價 250 元

31.**楞嚴經講記** 平實導師述 共 **15** 輯，每輯三百餘頁 售價 300 元

32.**明心與眼見佛性**—駁慧廣〈蕭氏「眼見佛性」與「明心」之非〉文中謬說

正光老師著　共 448 頁　售價 300 元

33.**見性與看話頭** 黃正倖老師 著，本書是禪宗參禪的方法論。

內文 375 頁，全書 416 頁，售價 300 元。

34.**達賴真面目**—玩盡天下女人 白正偉老師 等著 中英對照彩色精裝大本 800 元

35.**喇嘛性世界**—揭開假藏傳佛教譚崔瑜伽的面紗　張善思 等人著　200 元

36.**假藏傳佛教的神話**—性、謊言、喇嘛教　正玄教授編著　200 元

37.**金剛經宗通**　平實導師述　共九輯　每輯售價 250 元。

38.**空行母**—性別、身分定位，以及藏傳佛教。

珍妮·坎貝爾著 呂艾倫 中譯 售價 250 元

39.**末代達賴**—性交教主的悲歌　張善思、呂艾倫、辛燕編著 售價 250 元

40.**霧峰無霧**—給哥哥的信　辨正釋印順對佛法的無量誤解

游宗明 老師著　售價 250 元

41.**第七意識與第八意識？**—穿越時空「超意識」

平實導師述　每冊 300 元

42.**黯淡的達賴**—失去光彩的諾貝爾和平獎

正覺教育基金會編著　每冊 250 元

43.**童女迦葉考**—論呂凱文〈佛教輪迴思想的論述分析〉之謬。

平實導師 著 定價 180 元

44.**人間佛教**—實證者必定不悖三乘菩提

平實導師 述，定價 400 元

45.**實相經宗通**　平實導師述　共八輯　每輯 250 元

46.**真心告訴您(一)**—達賴喇嘛在幹什麼？

正覺教育基金會編著　售價 250 元

47.**中觀金鑑**—詳述應成派中觀的起源與其破法本質

孫正德老師著　分為上、中、下三冊，每冊 250 元

48.**藏傳佛教要義**—《狂密與真密》之簡體字版　平實導師 著 上、下冊

僅在大陸流通　每冊 300 元

49.**法華經講義**　平實導師述　共二十五輯　每輯 300 元

已於 2015/05/31 起開始出版，每二個月出版一輯

50.**西藏「活佛轉世」制度**—附佛、造神、世俗法

許正豐、張正玄老師合著　定價 150 元

51.**廣論三部曲**　郭正益老師著　定價 150 元

52.**真心告訴您(二)**—達賴喇嘛是佛教僧侶嗎？

—補祝達賴喇嘛八十大壽

正覺教育基金會編著　售價 300 元

53.**次法**—實證佛法前應有的條件

張善思居士著　分為上、下二冊，每冊 250 元

54.**涅槃**—解說四種涅槃之實證及內涵　平實導師著 上下冊 各 350 元

預定 2018/09/30 出版上冊，11 月底出版下冊

55.**廣論之平議**—宗喀巴《菩提道次第廣論》之平議　正雄居士著

約二或三輯　俟正覺電子報連載後結集出版　書價未定

56.**末法導護**—對印順法師中心思想之綜合判攝　正慶老師著　書價未定

57.**菩薩學處**—菩薩四攝六度之要義　陸正元老師著　出版日期未定。
58.**八識規矩頌**詳解　○○居士 註解　出版日期另訂　書價未定。
59.**印度佛教史**—法義與考證。依法義史實評論印順《印度佛教思想史、佛教史地考論》之謬說　正偉老師著　出版日期未定　書價未定
60.**中國佛教史**—依中國佛教正法史實而論。 ○○老師 著　書價未定。
61.**中論正義**—釋龍樹菩薩《中論》頌正理。
孫正德老師著　出版日期未定　書價未定
62.**中觀正義**—註解平實導師《中論正義頌》。
○○法師（居士）著　出版日期未定　書價未定
63.**佛藏經講記**　平實導師述　出版日期未定　書價未定
64.**阿含經講記**—將選錄四阿含中數部重要經典全經講解之，講後整理出版。
平實導師述　約二輯　每輯 300 元　出版日期未定
65.**寶積經講記** 平實導師述　每輯三百餘頁 優惠價 300 元 出版日期未定
66.**解深密經講記**　平實導師述 約四輯　將於重講後整理出版
67.**成唯識論略解**　平實導師著　五～六輯　每輯300 元　出版日期未定
68.**修習止觀坐禪法要講記**　平實導師述　每輯三百餘頁
將於正覺寺建成後重講、以講記逐輯出版　出版日期未定
69.**無門關**—《無門關》公案拈提　平實導師著　出版日期未定
70.**中觀再論**—兼述印順《中觀今論》謬誤之平議。 正光老師著 出版日期未定
71.**輪迴與超度**—佛教超度法會之真義。
○○法師（居士）著　出版日期未定　書價未定
72.**《釋摩訶衍論》平議**—對偽稱龍樹所造《釋摩訶衍論》之平議
○○法師（居士）著　出版日期未定　書價未定
73.**正覺發願文**註解—以真實大願為因 得證菩提
正德老師著　出版日期未定　書價未定
74.**正覺總持咒**—佛法之總持　正圜老師著　出版日期未定　書價未定
75.**三自性**—依四食、五蘊、十二因緣、十八界法，說三性三無性。
作者未定　出版日期未定
76.**道品**—從三自性說大小乘三十七道品　作者未定　出版日期未定
77.**大乘緣起觀**—依四聖諦七真如現觀十二緣起 作者未定　出版日期未定
78.**三德**—論解脫德、法身德、般若德。　作者未定　出版日期未定
79.**真假如來藏**—對印順《如來藏之研究》謬說之平議　作者未定 出版日期未定
80.**大乘道次第**　作者未定　出版日期未定　書價未定
81.**四緣**—依如來藏故有四緣。　作者未定　出版日期未定
82.**空之探究**—印順《空之探究》謬誤之平議　作者未定 出版日期未定
83.**十法義**—論阿含經中十法之正義　作者未定　出版日期未定
84.**外道見**—論述外道六十二見　作者未定　出版日期未定

正智出版社有限公司　書籍介紹

禪淨圓融：言淨土諸祖所未曾言，示諸宗祖師所未曾示；禪淨圓融，另闢成佛捷徑，兼顧自力他力，闡釋淨土門之速行易行道，亦同時揭櫫聖教門之速行易行道；令廣大淨土行者得免緩行難證之苦，亦令聖道門行者得以藉著淨土速行道而加快成佛之時劫。乃前無古人之超勝見地，非一般弘揚禪淨法門典籍也，先讀為快。平實導師著　200元。

宗門正眼—公案拈提第一輯：繼承克勤圜悟大師碧巖錄宗旨之禪門鉅作。先則舉示當代大法師之邪說，消弭當代禪門大師鄉愿之心態，摧破當今禪門「世俗禪」之妄談；次則旁通教法，表顯宗門正理；繼以道之次第，消弭古今狂禪；後藉言語及文字機鋒，直示宗門入處。悲智雙運，禪味十足，數百年來難得一睹之禪門鉅著也。平實導師著　500元（原初版書《禪門摩尼寶聚》，改版後補充為五百餘頁新書，總計多達二十四萬字，內容更精彩，並改名為《宗門正眼》，讀者原購初版《禪門摩尼寶聚》皆可寄回本公司免費換新，免附回郵，亦無截止期限）（2007年起，凡購買公案拈提第一輯至第七輯，每購一輯皆贈送本公司精製公案拈提〈超意境〉CD一片，市售價格280元，多購多贈）。

禪—悟前與悟後：本書能建立學人悟道之信心與正確知見，圓滿具足而有次第地詳述禪悟之功夫與禪悟之內容，指陳參禪中細微淆訛之處，能使學人明自真心、見自本性。若未能悟入，亦能以正確知見辨別古今中外一切大師究係真悟？或屬錯悟？便有能力揀擇，捨名師而選明師，後時必有悟道之緣。一旦悟道，遲者七次人天往返，便出三界，速者一生取辦。學人欲求開悟者，不可不讀。　平實導師著。上、下冊共500元，單冊250元。

真實如來藏：如來藏眞實存在，乃宇宙萬有之本體，並非印順法師、達賴喇嘛等人所說之「唯有名相、無此心體」。如來藏是涅槃之本際，是一切有智之人竭盡心智、不斷探索而不能得之生命實相；是古今中外許多大師自以爲悟而當面錯過之生命實相。如來藏即是阿賴耶識，乃是一切有情本自具足、不生不滅之眞實心。當代中外大師於此書出版之前所未能言者，作者於本書中盡情流露、詳細闡釋。眞悟者讀之，必能增益悟境、智慧增上；錯悟者讀之，必能檢討自己之錯誤，免犯大妄語業；未悟者讀之，能知參禪之理路，亦能以之檢查一切名師是否眞悟。此書是一切哲學家、宗教家、學佛者及欲昇華心智之人必讀之鉅著。　平實導師著　售價400元。

宗門法眼—公案拈提第二輯：列舉實例，闡釋土城廣欽老和尚之悟處；並直示這位不識字的老和尚妙智橫生之根由，繼而剖析禪宗歷代大德之開悟公案，解析當代密宗高僧卡盧仁波切之錯悟證據，並例舉當代顯宗高僧、大居士之錯悟證據（凡健在者，爲免影響其名聞利養，皆隱其名）。藉辨正當代名師之邪見，向廣大佛子指陳禪悟之正道，彰顯宗門法眼。悲勇兼出，強捋虎鬚；慈智雙運，巧探驪龍；摩尼寶珠在手，直示宗門入處，禪味十足；若非大悟徹底，不能爲之。禪門精奇人物，允宜人手一冊，供作參究及悟後印證之圭臬。本書於2008年4月改版，增寫爲大約500頁篇幅，以利學人研讀參究時更易悟入宗門正法，以前所購初版首刷及初版二刷舊書，皆可免費換取新書。平實導師著　500元（2007年起，凡購買公案拈提第一輯至第七輯，每購一輯皆贈送本公司精製公案拈提〈超意境〉CD一片，市售價格280元，多購多贈）。

宗門道眼—公案拈提第三輯：繼宗門法眼之後，再以金剛之作略、慈悲之胸懷、犀利之筆觸，舉示寒山、拾得、布袋三大士之悟處，消弭當代錯悟者對於寒山大士……等之誤會及誹謗。　亦舉出民初以來與虛雲和尚齊名之蜀郡鹽亭袁煥仙夫子——南懷瑾老師之師，其「悟處」何在？並蒐羅許多眞悟祖師之證悟公案，顯示禪宗歷代祖師之睿智，指陳部分祖師、奧修及當代顯密大師之謬悟，作爲殷鑑，幫助禪子建立及修正參禪之方向及知見。假使讀者閱此書已，一時尚未能悟，亦可一面加功用行，一面以此宗門道眼辨別眞假善知識，避開錯誤之印證及歧路，可免大妄語業之長劫慘痛果報。欲修禪宗之禪者，務請細讀。平實導師著　售價500元（2007年起，凡購買公案拈提第一輯至第七輯，每購一輯皆贈送本公司精製公案拈提〈超意境〉CD一片，市售價格280元，多購多贈）。

楞伽經詳解

平實居士 著

楞伽經詳解：本經是禪宗見道者印證所悟眞僞之根本經典，亦是禪宗見道者悟後起修之依據經典；故達摩祖師於印證二祖慧可大師之後，將此經典連同佛缽祖衣一併交付二祖，令其依此經典佛示金言、進入修道位，修學一切種智。由此可知此經對於眞悟之人修學佛道，是非常重要之一部經典。此經能破外道邪說，亦破佛門中錯悟名師之謬說，亦破禪宗部分祖師之狂禪：不讀經典、一向主張「一悟即成究竟佛」之謬執。並開示愚夫所行禪、觀察義禪、攀緣如禪、如來禪等差別，令行者對於三乘禪法差異有所分辨；亦糾正禪宗祖師古來對於如來禪之誤解，嗣後可免以訛傳訛之弊。此經亦是法相唯識宗之根本經典，禪者悟後欲修一切種智而入初地者，必須詳讀。　平實導師著，全套共十輯，已全部出版完畢，每輯主文約320頁，每冊約352頁，定價250元。

宗門血脈—公案拈提第四輯：末法怪象—許多修行人自以爲悟，每將無念靈知認作眞實；崇尚二乘法諸師及其徒衆，則將外於如來藏之緣起性空—無因論之無常空、斷滅空、一切法空—錯認爲　佛所說之般若空性。這兩種現象已於當今海峽兩岸及美加地區顯密大師之中普遍存在；人人自以爲悟，心高氣壯，便敢寫書解釋祖師證悟之公案，大多出於意識思惟所得，言不及義，錯誤百出，因此誤導廣大佛子同陷大妄語之地獄業中而不能自知。彼等書中所說之悟處，其實處處違背第一義經典之聖言量。彼等諸人不論是否身披袈裟，都非佛法宗門血脈，或雖有禪宗法脈之傳承，亦只徒具形式；猶如螟蛉，非眞血脈，未悟得根本眞實故。禪子欲知　佛、祖之眞血脈者，請讀此書，便知分曉。平實導師著，主文452頁，全書464頁，定價500元（2007年起，凡購買公案拈提第一輯至第七輯，每購一輯皆贈送本公司精製公案拈提〈超意境〉CD一片，市售價格280元，多購多贈）。

宗通與說通：古今中外，錯誤之人如麻似粟，每以常見外道所說之靈知心，認作眞心；或妄想虛空之勝性能量爲眞如，或錯認物質四大元素藉冥性（靈知心本體）能成就吾人色身及知覺，或認初禪至四禪中之了知心爲不生不滅之涅槃心。此等皆非通宗者之見地。復有錯悟之人一向主張「宗門與教門不相干」，此即尚未通達宗門之人也。其實宗門與教門互通不二，宗門所證者乃是眞如與佛性，教門所說者乃說宗門證悟之眞如佛性，故教門與宗門不二。本書作者以宗教二門互通之見地，細說「宗通與說通」，從初見道至悟後起修之道、細說分明；並將諸宗諸派在整體佛教中之地位與次第，加以明確之教判，學人讀之即可了知佛法之梗概也。欲擇明師學法之前，允宜先讀。平實導師著，主文共381頁，全書392頁，只售成本價300元。

宗門正道—公案拈提第五輯：修學大乘佛法有二果須證—解脫果及大菩提果。二乘人不證大菩提果，唯證解脫果；此果之智慧，名爲聲聞菩提、緣覺菩提。大乘佛子所證二果之菩提果爲佛菩提，故名大菩提果，其慧名爲一切種智—函蓋二乘解脫果。然此大乘二果修證，須經由禪宗之宗門證悟方能相應。而宗門證悟極難，自古已然；其所以難者，咎在古今佛教界普遍存在三種邪見：1.以修定認作佛法，2.以無因論之緣起性空—否定涅槃本際如來藏以後之一切法空作爲佛法，3.以常見外道邪見（離語言妄念之靈知性）作爲佛法。如是邪見，或因自身正見未立所致，或因邪師之邪教導所致，或因無始劫來虛妄熏習所致。若不破除此三種邪見，永劫不悟宗門眞義、不入大乘正道，唯能外門廣修菩薩行。平實導師於此書中，有極爲詳細之說明，有志佛子欲摧邪見、入於內門修菩薩行者，當閱此書。主文共496頁，全書512頁。售價500元（2007年起，凡購買公案拈提第一輯至第七輯，每購一輯皆贈送本公司精製公案拈提〈超意境〉CD一片，市售價格280元，多購多贈）。

狂密與眞密：密教之修學，皆由有相之觀行法門而入，其最終目標仍不離顯教經典所說第一義諦之修證；若離顯教第一義經典、或違背顯教第一義經典，即非佛教。西藏密教之觀行法，如灌頂、觀想、遷識法、寶瓶氣、大聖歡喜雙身修法、喜金剛、無上瑜伽、大樂光明、樂空雙運等，皆是印度教兩性生生不息思想之轉化，自始至終皆以如何能運用交合淫樂之法達到全身受樂爲其中心思想，純屬欲界五欲的貪愛，不能令人超出欲界輪迴，更不能令人斷除我見；何況大乘之明心與見性，更無論矣！故密宗之法絕非佛法也。而其明光大手印、大圓滿法教，又皆同以常見外道所說離語言妄念之無念靈知心錯認爲佛地之眞如，不能直指不生不滅之眞如。西藏密宗所有法王與徒衆，都尚未開頂門眼，不能辨別眞僞，以依人不依法、依密續不依經典故，不肯將其上師喇嘛所說對照第一義經典，純依密續之藏密祖師所說爲準，因此而誇大其證德與證量，動輒謂彼祖師上師爲究竟佛、爲地上菩薩；如今台海兩岸亦有自謂其師證量高於 釋迦文佛者，然觀其師所述，猶未見道，仍在觀行即佛階段，尚未到禪宗相似即佛、分證即佛階位，竟敢標榜爲究竟佛及地上法王，誑惑初機學人。凡此怪象皆是狂密，不同於眞密之修行者。近年狂密盛行，密宗行者被誤導者極衆，動輒自謂已證佛地眞如，自視爲究竟佛，陷於大妄語業中而不知自省，反謗顯宗眞修實證者之證量粗淺；或如義雲高與釋性圓…等人，於報紙上公然誹謗眞實證道者爲「騙子、無道人、人妖、癩蛤蟆…」等，造下誹謗大乘勝義僧之大惡業；或以外道法中有爲有作之甘露、魔術……等法，誑騙初機學人，狂言彼外道法爲眞佛法。如是怪象，在西藏密宗及附藏密之外道中，不一而足，舉之不盡，學人宜應愼思明辨，以免上當後又犯毀破菩薩戒之重罪。密宗學人若欲遠離邪知邪見者，請閱此書，即能了知密宗之邪謬，從此遠離邪見與邪修，轉入眞正之佛道。平實導師著 共四輯 每輯約400頁（主文約340頁）每輯售價300元。

宗門正義—公案拈提第六輯：佛教有六大危機，乃是藏密化、世俗化、膚淺化、學術化、宗門密意失傳、悟後進修諸地之次第混淆；其中尤以宗門密意之失傳，爲當代佛教最大之危機。由宗門密意失傳故，易令 世尊本懷普被錯解，易令 世尊正法被轉易爲外道法，以及加以淺化、世俗化，是故宗門密意之廣泛弘傳與具緣佛弟子，極爲重要。然而欲令宗門密意之廣泛弘傳予具緣之佛弟子者，必須同時配合錯誤知見之解析、普令佛弟子知之，然後輔以公案解析之直示入處，方能令具緣之佛弟子悟入。而此二者，皆須以公案拈提之方式爲之，方易成其功、竟其業，是故平實導師續作宗門正義一書，以利學人。　全書500餘頁，售價500元（2007年起，凡購買公案拈提第一輯至第七輯，每購一輯皆贈送本公司精製公案拈提〈超意境〉CD一片，市售價格280元，多購多贈）。

心經密意—心經與解脫道、佛菩提道、祖師公案之關係與密意。　二乘菩提所證之解脫道，實依第八識心之斷除煩惱障現行而立解脫之名；大乘菩提所證之佛菩提道，實依親證第八識如來藏之涅槃性、清淨自性、及其中道性而立般若之名；禪宗祖師公案所證之眞心，即是此第八識如來藏；是故三乘佛法所修所證之三乘菩提，皆依此如來藏心而立名也。此第八識心，即是《心經》所說之心也。證得此如來藏已，即能漸入大乘佛菩提道，亦可因證知此心而了知二乘無學所不能知之無餘涅槃本際，是故《心經》之密意，與三乘佛菩提之關係極爲密切、不可分割，三乘佛法皆依此心而立名故。今者平實導師以其所證解脫道之無生智及佛菩提之般若種智，將《心經》與解脫道、佛菩提道、祖師公案之關係與密意，以演講之方式，用淺顯之語句和盤托出，發前人所未言，呈三乘菩提之眞義，令人藉此《心經密意》一舉而窺三乘菩提之堂奧，迥異諸方言不及義之說；欲求眞實佛智者、不可不讀！　主文317頁，連同跋文及序文…等共384頁，售價300元。

宗門密意—公案拈提第七輯：佛教之世俗化，將導致學人以信仰作爲學佛，則將以感應及世間法之庇祐，作爲學佛之主要目標，不能了知學佛之主要目標爲親證三乘菩提。大乘菩提則以般若實相智慧爲主要修習目標，以二乘菩提解脫道爲附帶修習之標的；是故學習大乘法者，應以禪宗之證悟爲要務，能親入大乘菩提之實相般若智慧中故，般若實相智慧非二乘聖人所能知故。此書則以台灣世俗化佛教之三大法師，說法似是而非之實例，配合眞悟祖師之公案解析，提示證悟般若之關節，令學人易得悟入。平實導師著，全書五百餘頁，售價500元（2007年起，凡購買公案拈提第一輯至第七輯，每購一輯皆贈送本公司精製公案拈提〈超意境〉CD一片，市售價格280元，多購多贈）。

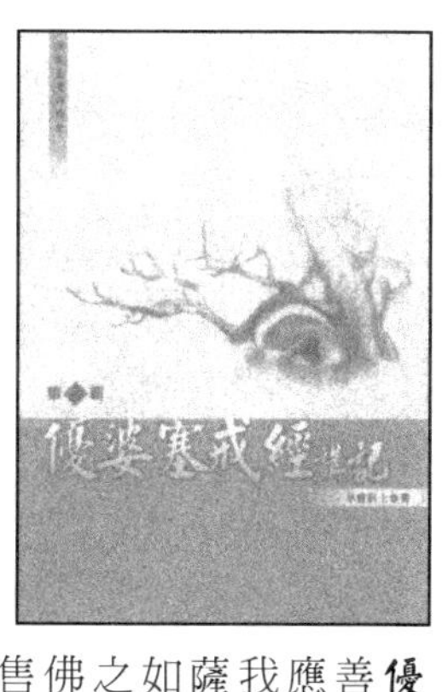

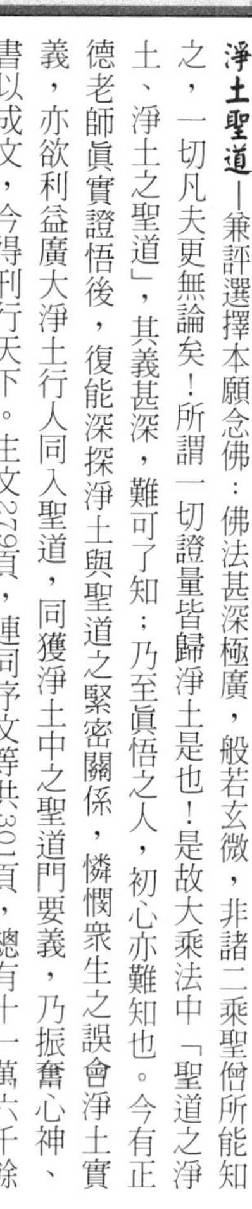

淨土聖道—兼評選擇本願念佛：佛法甚深極廣，般若玄微，非諸二乘聖僧所能知之，一切凡夫更無論矣！所謂一切證量皆歸淨土是也！是故大乘法中「聖道之淨土、淨土之聖道」，其義甚深，難可了知；乃至眞悟之人，初心亦難知也。今有正德老師眞實證悟後，復能深探淨土與聖道之緊密關係，憐憫衆生之誤會淨土實義，亦欲利益廣大淨土行人同入聖道，同獲淨土中之聖道門要義，乃振奮心神、書以成文，今得刊行天下。主文279頁，連同序文等共301頁，總有十一萬六千餘字，正德老師著，成本價200元。

起信論講記：詳解大乘起信論心生滅門與心眞如門之眞實意旨，消除以往大師與學人對起信論所說心生滅門之誤解，由是而得了知眞心如來藏之非常非斷中道正理；亦因此一講解，令此論以往隱晦而被誤解之眞實義，得以如實顯示，令大乘佛菩提道之正理得以顯揚光大；初機學者亦可藉此正論所顯示之法義，對大乘法理生起正信，從此得以眞發菩提心，眞入大乘法中修學，世世常修菩薩正行。平實導師演述，共六輯，都已出版，每輯三百餘頁，售價各250元。

優婆塞戒經講記：本經詳述在家菩薩修學大乘佛法，應如何受持菩薩戒？對人間善行應如何看待？對三寶應如何護持？應如何正確地修集此世後世證法之福德？應如何修集後世「行菩薩道之資糧」？並詳述第一義諦之正義：五蘊非我非異我、自作自受、異作異受、不作不受……等深妙法義，乃是修學大乘佛法、行菩薩行之在家菩薩所應當了知者。出家菩薩今世或未來世登地已，捨報之後多數將如華嚴經中諸大菩薩，以在家菩薩身而修行菩薩行，故亦應以此經所述正理而修之，配合《楞伽經、解深密經、楞嚴經、華嚴經》等道次第正理，方得漸次成就佛道；故此經是一切大乘行者皆應證知之正法。　平實導師講述，每輯三百餘頁，售價各250元；共八輯，已全部出版。

真假活佛—略論附佛外道盧勝彥之邪說：人人身中都有眞活佛，永生不滅而有大神用，但眾生都不了知，所以常被身外的西藏密宗假活佛籠罩欺瞞。本來就眞實存在的眞活佛，才是眞正的密宗無上密！諾那活佛因此而說禪宗是大密宗，但藏密的所有活佛都不知道、也不曾實證自身中的眞活佛。本書詳實宣示眞活佛的道理，舉證盧勝彥的「佛法」不是眞佛法，也顯示盧勝彥是假活佛，直接的闡釋第一義佛法見道的眞實正理。眞佛宗的所有上師與學人們，都應該詳細閱讀，包括盧勝彥個人在內。正犀居士著，優惠價140元。

阿含正義—唯識學探源：廣說四大部《阿含經》諸經中隱說之眞正義理，一一舉示佛陀本懷，令阿含時期初轉法輪根本經典之眞義，如實顯現於佛子眼前。並提示末法大師對於阿含眞義誤解之實例，一一比對之，證實唯識增上慧學確於原始佛法之阿含諸經中已隱覆密意而略說之，證實 世尊確於原始佛法中已曾密意而說第八識如來藏之總相；亦證實 世尊在四阿含中已說此藏識是名色十八界之因、之本—證明如來藏是能生萬法之根本心。佛子可據此修正以往受諸大師（譬如西藏密宗應成派中觀師：印順、昭慧、性廣、大願、達賴、宗喀巴、寂天、月稱、……等人）誤導之邪見，建立正見，轉入正道乃至親證初果而無困難；書中並詳說三果所證的心解脫，以及四果慧解脫的親證，都是如實可行的具體知見與行門。

全書共七輯，已出版完畢。平實導師著，每輯三百餘頁，售價300元。

超意境CD：以平實導師公案拈提書中超越意境之頌詞，加上曲風優美的旋律，錄成令人嚮往的超意境歌曲，其中包括正覺發願文及平實導師親自譜成的黃梅調歌曲一首。詞曲雋永，殊堪翫味，可供學禪者吟詠，有助於見道。內附設計精美的彩色小冊，解說每一首詞的背景本事。每片280元。【每購買公案拈提書籍一冊，即贈送一片。】

我的菩提路第一輯：凡夫及二乘聖人不能實證的佛菩提證悟，末法時代的今天仍然有人能得實證，由正覺同修會釋悟圓、釋善藏法師等二十餘位實證如來藏者所寫的見道報告，已爲當代學人見證宗門正法之絲縷不絕，證明大乘義學的法脈仍然存在，爲末法時代求悟般若之學人照耀出光明的坦途。由二十餘位大乘見道者所繕，敘述各種不同的學法、見道因緣與過程，參禪求悟者必讀。全書三百餘頁，售價300元。

我的菩提路第二輯：由郭正益老師等人合著，書中詳述彼等諸人歷經各處道場學法，一一修學而加以檢擇之不同過程以後，因閱讀正覺同修會、正智出版社書籍而發起抉擇分，轉入正覺同修會中修學；乃至學法及見道之過程，都一一詳述之。其中張志成等人係由前現代禪轉進正覺同修會，張志成原爲現代禪副宗長，以前未閱本會書籍時，曾被人藉其名義著文評論　平實導師（詳見《宗通與說通》辨正及《眼見佛性》書末附錄…等）；後因偶然接觸正覺同修會書籍，深覺以前聽人評論平實導師之語不實，於是投入極多時間閱讀本會書籍、深入思辨，詳細探索中觀與唯識之關聯與異同，認爲正覺之法義方是正法，深覺相應；亦解開多年來對佛法的迷雲，確定應依八識論正理修學方是正法。乃不顧面子，毅然前往正覺同修會面見平實導師懺悔，並正式學法求悟。今已與其同修王美伶（亦爲前現代禪傳法老師），同樣證悟如來藏而證得法界實相，生起實相般若眞智。此書中尚有七年來本會第一位眼見佛性者之見性報告一篇，一同供養大乘佛弟子。全書四百頁，售價300元。

我的菩提路第三輯：由王美伶老師等人合著。自從正覺同修會成立以來，每年夏初、冬初都舉辦精進禪三共修，藉以助益會中同修們得以證悟明心發起般若實相智慧；凡已實證而被平實導師印證者，皆書具見道報告用以證明佛法之眞實可證而非玄學，證明佛法並非純屬思想、理論而無實質，是故每年都能有人證明正覺同修會的「實證佛教」主張並非虛語。特別是眼見佛性一法，自古以來中國禪宗祖師實證者極寡，較之明心開悟的證境更難令人信受；至2017年初，正覺同修會中的證悟明心者已近五百人，然而其中眼見佛性者至今唯十餘人爾，可謂難能可貴，是故明心後欲冀眼見佛性者實屬不易。黃正倖老師是懸絕七年無人見性後的第一人，她於2009年的見性報告刊於本書的第二輯中，爲大衆證明佛性確實可以眼見；其後七年之中求見性者都屬解悟佛性而無人眼見，幸而又經七年後的2016冬初，以及2017夏初的禪三，復有三人眼見佛性，希冀鼓舞四衆佛子求見佛性之大心，今則具載一則於書末，顯示求見佛性之事實經歷，供養現代佛教界欲得見性之四衆弟子。全書四百頁，售價300元，預定2017年6月30日發行。

我的菩提路第四輯：由陳晏平等人著。中國禪宗祖師往往有所謂「見性」之言，所言多屬看見如來藏具有能令人發起成佛之自性，並非《大般涅槃經》中　如來所說之眼見佛性。眼見佛性者，於親見佛性之時，即能於山河大地眼見自己佛性，亦能於他人身上眼見自己佛性及對方之佛性，如是境界無法爲尙未實證者解釋；勉強說之，縱使眞實明心證悟之人聞之，亦只能以自身明心之境界想像之，但不論如何想像多屬非量，能有正確之比量者亦是稀有，故說眼見佛性極爲困難。眼見佛性之人若所見極分明時，在所見佛性之境界下所眼見之山河大地、自己五蘊身心皆是虛幻，自有異於明心者之解脫功德受用，此後永不思證二乘涅槃，必定邁向成佛之道而進入第十住位中，已超第一阿僧祇劫三分有一，可謂之爲超劫精進也。今又有明心之後眼見佛性之人出於人間，將其明心及後來見性之報告，連同其餘證悟明心者之精彩報告一同收錄於此書中，供養眞求佛法實證之四衆佛子。全書380頁，售價300元，預定2018年6月30日發行。

鈍鳥與靈龜：鈍鳥及靈龜二物，被宗門證悟者說爲二種人：前者是精修禪定而無智慧者，也是以定爲禪的愚癡禪人；後者是或有禪定、或無禪定的宗門證悟者，凡已證悟者皆是靈龜。但後來被人虛造事實，用以嘲笑大慧宗杲禪師，說他雖是靈龜，卻不免被天童禪師預記「患背」痛苦而亡：「鈍鳥離巢易，靈龜脫殼難。」藉以貶低大慧宗杲的證量。同時將天童禪師實證如來藏的證量，曲解爲意識境界的離念靈知。自從大慧禪師入滅以後，錯悟凡夫對他的不實毀謗就一直存在著，不曾止息，並且捏造的假事實也隨著年月的增加而越來越多，終至編成「鈍鳥與靈龜」的假公案、假故事。本書是考證大慧與天童之間的不朽情誼，顯現這件假公案的虛妄不實；更見大慧宗杲面對惡勢力時的正直不阿，亦顯示大慧對天童禪師的至情深義，將使後人對大慧宗杲的誣謗至此而止，不再有人誤犯毀謗賢聖的惡業。書中亦舉證宗門的所悟確以第八識如來藏爲標的，詳讀之後必可改正以前被錯悟大師誤導的參禪知見，日後必定有助於實證禪宗的開悟境界，得階大乘眞見道位中，即是實證般若之賢聖。全書459頁，售價350元。

維摩詰經講記：本經係　世尊在世時，由等覺菩薩維摩詰居士藉疾病而演說之大乘菩提無上妙義，所說函蓋甚廣，然極簡略，是故今時諸方大師與學人讀之悉皆錯解，何況能知其中隱含之深妙正義，是故普遍無法爲人解說；若強爲人說，則成依文解義而有諸多過失。今由平實導師公開宣講之後，詳實解釋其中密意，令維摩詰菩薩所說大乘不可思議解脫之深妙正法得以正確宣流於人間，利益當代學人及與諸方大師。書中詳實演述大乘佛法深妙不共二乘之智慧境界，顯示諸法之中絕待之實相境界，建立大乘菩薩妙道於永遠不敗不壞之地，以此成就護法偉功，欲冀永利娑婆人天。已經宣講圓滿整理成書流通，以利諸方大師及諸學人。全書共六輯，每輯三百餘頁，售價各250元。

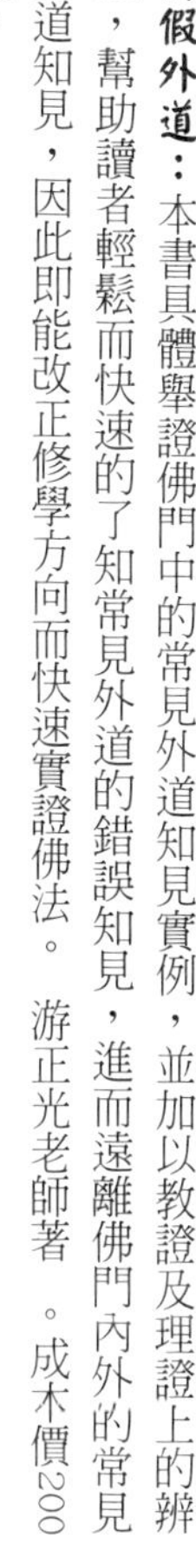

真假外道：本書具體舉證佛門中的常見外道知見實例，並加以教證及理證上的辨正，幫助讀者輕鬆而快速的了知常見外道的錯誤知見，進而遠離佛門內外的常見外道知見，因此即能改正修學方向而快速實證佛法。游正光老師著 。成本價200元。

勝鬘經講記：如來藏爲三乘菩提之所依，若離如來藏心體及其含藏之一切種子，即無三界有情及一切世間法，亦無二乘菩提緣起性空之出世間法；本經詳說無始無明、一念無明皆依如來藏而有之正理，藉著詳解煩惱障與所知障間之關係，令學人深入了知二乘菩提與佛菩提相異之妙理；聞後即可了知佛菩提之特勝處及三乘修道之方向與原理，邁向攝受正法而速成佛道的境界中。平實導師講述，共六輯，每輯三百餘頁，售價各250元。

楞嚴經講記：楞嚴經係密教部之重要經典，亦是顯教中普受重視之經典；經中宣說明心與見性之內涵極爲詳細，將一切法都會歸如來藏及佛性—妙眞如性；亦闡釋佛菩提道修學過程中之種種魔境，以及外道誤會涅槃之狀況，旁及三界世間之起源。然因言句深澀難解，法義亦復深妙寬廣，學人讀之普難通達，是故讀者大多誤會，不能如實理解佛所說之明心與見性內涵，亦因是故多有悟錯之人引爲開悟之證言，成就大妄語罪。今由平實導師詳細講解之後，整理成文，以易讀易懂之語體文刊行天下，以利學人。全書十五輯，全部出版完畢。每輯三百餘頁，售價每輯300元。

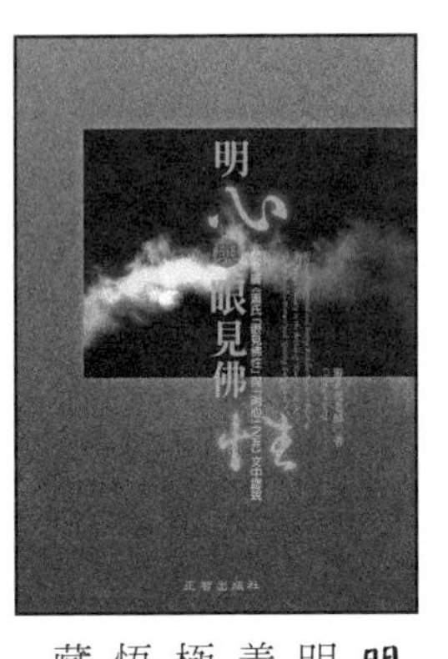

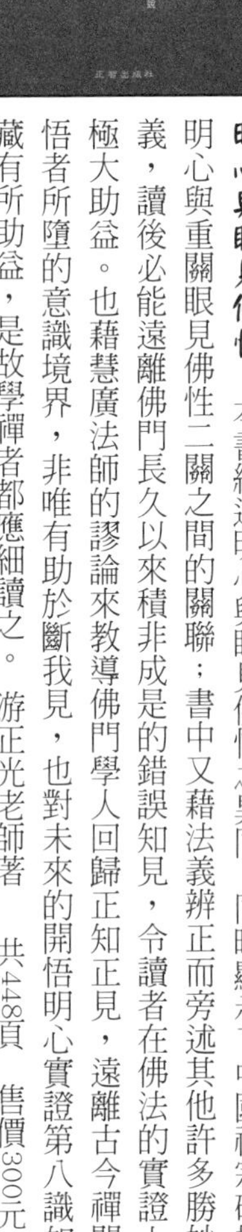

明心與眼見佛性：本書細述明心與眼見佛性之異同，同時顯示了中國禪宗破初參明心與重關眼見佛性二關之間的關聯；書中又藉法義辨正而旁述其他許多勝妙法義，讀後必能遠離佛門長久以來積非成是的錯誤知見，令讀者在佛法的實證上有極大助益。也藉慧廣法師的謬論來教導佛門學人回歸正知正見，遠離古今禪門錯悟者所墮的意識境界，非唯有助於斷我見，也對未來的開悟明心實證第八識如來藏有所助益，是故學禪者都應細讀之。游正光老師著　共448頁　售價300元。

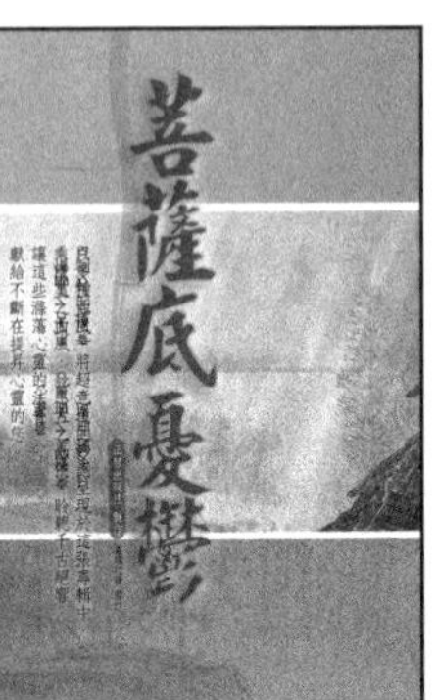

菩薩底憂鬱CD：將菩薩情懷及禪宗公案寫成新詞，並製作成超越意境的優美歌曲。1.主題曲〈菩薩底憂鬱〉，描述地後菩薩能離三界生死而迴向繼續生在人間，但因尚未斷盡習氣種子而有極深沈之憂鬱，非三賢位菩薩及二乘聖者所知，此憂鬱在七地滿心位方才斷盡；本曲之詞中所說義理極深，昔來所未曾見；此曲係以優美的情歌風格寫詞及作曲，聞者得以激發嚮往諸地菩薩境界之大心，詞、曲都非常優美，難得一見；其中勝妙義理之解說，已印在附贈之彩色小冊中。2.以各輯公案拈提中直示禪門入處之頌文，作成各種不同曲風之超意境歌曲，值得玩味、參究；聆聽公案拈提之優美歌曲時，請同時閱讀內附之印刷精美說明小冊，可以領會超越三界的證悟境界；未悟者可以因此引發求悟之意向及疑情，眞發菩提心而邁向求悟之途，乃至因此眞實悟入般若，成眞菩薩。3.正覺總持咒新曲，總持佛法大意；總持咒之義理，已加以解說並印在隨附之小冊中。本CD共有十首歌曲，長達63分鐘，附贈二張購書優惠券。每片280元。

禪意無限CD：平實導師以公案拈提書中偈頌寫成不同風格曲子，與他人所寫不同風格曲子共同錄製出版，幫助參禪人進入禪門超越意識之境界。盒中附贈彩色印製的精美解說小冊，以供聆聽時閱讀，令參禪人得以發起參禪之疑情，即有機會證悟本來面目，實證大乘菩提般若。本CD共有十首歌曲，長達69分鐘，每盒各附贈二張購書優惠券。每片280元。

金剛經宗通：三界唯心，萬法唯識，是成佛之修證內容，是諸地菩薩之所修；般若則是成佛之道（實證三界唯心、萬法唯識）的入門，若未證悟實相般若，即無成佛之可能，必將永在外門廣行菩薩六度，永在凡夫位中。然而實相般若的發起，全賴實證萬法的實相；若欲證知萬法的眞相，則必須探究萬法之所從來，則須實證自心如來—金剛心如來藏，然後現觀這個金剛心的金剛性、眞實性、如如性、清淨性、涅槃性、能生萬法的自性性、本住性，名爲證眞如；進而現觀三界六道唯是此金剛心所成，人間萬法須藉八識心王和合運作方能現起。如是實證《華嚴經》的「三界唯心、萬法唯識」以後，由此等現觀而發起實相般若智慧，繼續進修第十住位的如幻觀、第十行位的陽焰觀、第十迴向位的如夢觀，再生起增上意樂而勇發十無盡願，方能滿足三賢位的實證，轉入初地；自知成佛之道而無偏倚，從此按部就班、次第進修乃至成佛。第八識自心如來是般若智慧之所依，般若智慧的修證則要從實證金剛心自心如來開始；《金剛經》則是解說自心如來之經典，是一切三賢位菩薩所應進修之實相般若經典。這一套書，是將平實導師宣講的《金剛經宗通》內容，整理成文字而流通之；書中所說義理，迥異古今諸家依文解義之說，指出大乘見道方向與理路，有益於禪宗學人求開悟見道，及轉入內門廣修六度萬行。講述完畢後結集出版，總共9輯，每輯約三百餘頁，售價各250元。

空行母—性別、身分定位，以及藏傳佛教：本書作者爲蘇格蘭哲學家，因爲嚮往佛教深妙的哲學內涵，於是進入當年盛行於歐美的假藏傳佛教密宗，擔任卡盧仁波切的翻譯工作多年以後，被邀請成爲卡盧的空行母（又名佛母、明妃），開始了她在密宗裡的實修過程；後來發覺在密宗雙身法中的修行，其實無法使自己成佛，也發覺密宗對女性岐視而處處貶抑，並剝奪女性在雙身法中擔任一半角色時應有的身分定位。當她發覺自己只是雙身法中被喇嘛利用的工具，沒有獲得絲毫應有的尊重與基本定位時，發現了密宗的父權社會控制女性的本質；於是作者傷心地離開了卡盧仁波切與密宗，但是卻被恐嚇不許講出她在密宗裡的經歷，也不許她說出自己對密宗的教義與教制下對女性剝削的本質，否則將被咒殺死亡。後來她去加拿大定居，十餘年後方才擺脫這個恐嚇陰影，下定決心將親身經歷的實情及觀察到的事實寫下來並且出版，公諸於世。出版之後，她被流亡的達賴集團人士大力攻訐，誣指她爲精神狀態失常、說謊……等。但有智之士並未被達賴集團的政治操作及各國政府政治運作吹捧達賴的表相所欺，使她的書銷售無阻而又再版。正智出版社鑑於作者此書是親身經歷的事實，所說具有針對「藏傳佛教」而作學術研究的價值，也有使人認清假藏傳佛教剝削佛母、明妃的男性本位實質，因此洽請作者同意中譯而出版於華人地區。珍妮·坎貝爾女士著，呂艾倫 中譯，每冊250元。

霧峰無霧—給哥哥的信 本書作者藉兄弟之間信件往來論義，略述佛法大義；並以多篇短文辨義，舉出釋印順對佛法的無量誤解證據，並一一給予簡單而清晰的辨正，令人一讀即知。久讀、多讀之後即能認清楚釋印順的六識論見解，與眞實佛法之牴觸是多麼嚴重；於是在久讀、多讀之後，於不知不覺之間提升了對佛法的極深入理解，正知正見就在不知不覺間建立起來了。當三乘佛法的正知見建立起來之後，對於三乘菩提的見道條件便將隨之具足，於是聲聞解脫道的見道也就水到渠成；接著大乘見道的因緣也將次第成熟，未來自然也會有親見大乘菩提之道的因緣，悟入大乘實相般若也將自然成功，自能通達般若系列諸經而成實義菩薩。作者居住於南投縣霧峰鄉，自喻見道之後不復再見霧峰之霧，故鄉原野美景一一明見，於是立此書名爲《霧峰無霧》；讀者若欲撥霧見月，可以此書爲緣。游宗明 老師著 售價250元。

假藏傳佛教的神話—性、謊言、喇嘛教：本書編著者是由一首名叫「阿姊鼓」的歌曲爲緣起，展開了序幕，揭開假藏傳佛教—喇嘛教—的神秘面紗。其重點是蒐集、摘錄網路上質疑「喇嘛教」的帖子，以揭穿「假藏傳佛教的神話」爲主題，串聯成書，並附加彩色插圖以及說明，讓讀者們瞭解西藏密宗及相關人事如何被操作爲「神話」的過程，以及神話背後的眞相。作者：張正玄教授。售價200元。

達賴真面目—玩盡天下女人：假使您不想戴綠帽子，請記得詳細閱讀此書；假使您不想讓好朋友戴綠帽子，請您將此書介紹給您的好朋友。假使您想保護家中的女性，也想要保護好朋友的女眷，請記得將此書送給家中的女性和好友的女眷都來閱讀。本書爲印刷精美的大本彩色中英對照精裝本，爲您揭開達賴喇嘛的眞面目，內容精彩不容錯過，爲利益社會大眾，特別以優惠價格嘉惠所有讀者。編著者：白志偉等。大開版雪銅紙彩色精裝本。售價800元。

童女迦葉考—論呂凱文〈佛教輪迴思想的論述分析〉之謬：童女迦葉是佛世率領五百大比丘遊行於人間的歷史事實，是以童貞行而依止菩薩戒弘化於人間的大菩薩，不依別解脫戒（聲聞戒）來弘化於人間。這是大乘佛教與聲聞佛教同時存在於佛世的歷史明證，證明大乘佛教不是從聲聞法中分裂出來的部派佛教的產物，卻是聲聞佛教分裂出來的部派佛教聲聞凡夫僧所不樂見的史實；於是古今聲聞法中的凡夫都欲加以扭曲而作詭說，更是末法時代高聲大呼「大乘非佛說」的六識論聲聞凡夫極力想要扭曲的佛教史實之一，於是想方設法扭曲迦葉菩薩爲聲聞僧，以及扭曲迦葉童女爲比丘僧等荒謬不實之論著便陸續出現，古時聲聞僧寫作的《分別功德論》是最具體之事例，現代之代表作則是呂凱文先生的〈佛教輪迴思想的論述分析〉論文。鑑於如是假藉學術考證以籠罩大眾之不實謬論，未來仍將繼續造作及流竄於佛教界，繼續扼殺大乘佛教學人法身慧命，必須舉證辨正之，遂成此書。平實導師 著，每冊180元。

末代達賴—性交教主的悲歌：簡介從藏傳僞佛教（喇嘛教）的修行核心—性力派男女雙修，探討達賴喇嘛及藏傳僞佛教的修行內涵。書中引用外國知名學者著作、世界各地新聞報導，包含：歷代達賴喇嘛的祕史、達賴六世修雙身法的事蹟，以及《時輪續》中的性交灌頂儀式……等；達賴喇嘛書中開示的雙修法、達賴喇嘛的黑暗政治手段；達賴喇嘛所領導的寺院爆發喇嘛性侵兒童；新聞報導《西藏生死書》作者索甲仁波切性侵女信徒、澳洲喇嘛秋達公開道歉、美國最大假藏傳佛教組織領導人邱陽創巴仁波切的性氾濫，等等事件背後眞相的揭露。作者：張善思、呂艾倫、辛燕。售價250元。

黯淡的達賴—失去光彩的諾貝爾和平獎：本書舉出很多證據與論述，詳述達賴喇嘛不為世人所知的一面，顯示達賴喇嘛並不是真正的和平使者，而是假借諾貝爾和平獎的光環來欺騙世人；透過本書的說明與舉證，讀者可以更清楚的瞭解，達賴喇嘛是結合暴力、黑暗、淫欲於喇嘛教裡的集團首領，其政治行為與宗教主張，早已讓諾貝爾和平獎的光環染污了。 本書由財團法人正覺教育基金會寫作、編輯，由正覺出版社印行，每冊250元。

第七意識與第八意識？—穿越時空「超意識」：「三界唯心，萬法唯識」是佛教中應該實證的聖教，也是《華嚴經》中明載而可以實證的法界實相。唯心者，三界一切境界、一切諸法唯是一心所成就，即是每一個有情的第八識如來藏，不是意識心。唯識者，即是人類各各都具足的八識心王——眼識、耳鼻舌身意識、意根、阿賴耶識，第八阿賴耶識又名如來藏，人類五陰相應的萬法，莫不由八識心王共同運作而成就，故說萬法唯識。依聖教量及現量、比量，都可以證明意識是二法因緣生，是由第八識藉意根與法塵二法為因緣而出生，又是夜夜斷滅不存之生滅心，即無可能反過來出生第七識意根、第八識如來藏，當知不可能從生滅性的意識心中，細分出恆審思量的第七識意根，更無可能細分出恆而不審的第八識如來藏。本書是將演講內容整理成文字，細說如是內容，並已在〈正覺電子報〉連載完畢，今彙集成書以廣流通，欲幫助佛門有緣人斷除意識我見，跳脫於識陰之外而取證聲聞初果；嗣後修學禪宗時即得不墮外道神我之中，得以求證第八識金剛心而發起般若實智。平實導師 述，每冊300元。

中觀金鑑—詳述應成派中觀的起源與其破法本質：學佛人往往迷於中觀學派之不同學說，被應成派與自續派所迷惑；修學般若中觀二十年後自以為實證般若中觀了，卻仍不曾入門，甫聞實證般若中觀者之所說，則茫無所知，迷惑不解；隨後信心盡失，不知如何實證佛法；凡此，皆因惑於這二派中觀學說所致。自續派中觀所說同於常見，以意識境界立為第八識如來藏之境界，應成派所說則同於斷見，但又同立意識為常住法，故亦具足斷常二見。今者孫正德老師有鑑於此，乃將起源於密宗的應成派中觀學說，追本溯源，詳考其來源之外，亦一一舉證其立論內容，詳加辨正，令密宗雙身法祖師以識陰境界而造之應成派中觀學說本質，詳細呈現於學人眼前，令其維護雙身法之目的無所遁形。若欲遠離密宗此二大派中觀謬說，欲於三乘菩提有所進道者，允宜具足閱讀並細加思惟，反覆讀之以後將可捨棄邪道返歸正道，則於般若之實證即有可能，證後自能現觀如來藏之中道境界而成就中觀。本書分上、中、下三冊，每冊250元，全部出版完畢。

人間佛教—實證者必定不悖三乘菩提：「大乘非佛說」的講法似乎流傳已久，卻只是日本人企圖擺脫中國正統佛教的影響，而在明治維新時期才開始提出來的說法；台灣佛教、大陸佛教的淺學無智之人，由於未曾實證佛法而迷信日本人錯誤的學術考證，錯認爲這些別有用心的日本佛學考證的講法爲天竺佛教的眞實歷史；甚至還有更激進的反對佛教者提出「釋迦牟尼佛並非眞實存在，只是後人捏造的假歷史人物」，竟然也有少數人願意跟著「學術」的假光環而信受不疑，於是開始有一些佛教界人士造作了反對中國佛教而推崇南洋小乘佛教的行爲，使佛教的信仰者難以檢擇，導致一般大陸人士開始轉入基督教的盲目迷信中。在這些佛教及外教人士之中，也就有一分人根據此邪說而大聲主張「大乘非佛說」的謬論，這些人以「人間佛教」的名義來抵制中國正統佛教，公然宣稱中國的大乘佛教是由聲聞部派佛教的凡夫僧所創造出來的。這樣的說法流傳於台灣及大陸佛教界凡夫僧之中已久，卻非眞正的佛教歷史中曾經發生過的事，只是繼承六識論的聲聞法中凡夫僧依自己的意識境界立場，純憑臆想而編造出來的妄想說法，卻已經影響許多無智之凡夫僧俗信受不移。本書則是從佛教的經藏法義實質及實證的現量內涵本質立論，證明大乘佛法本是佛說，是從《阿含正義》尚未說過的不同面向來討論「人間佛教」的議題，證明「大乘眞佛說」。閱讀本書可以斷除六識論邪見，迴入三乘菩提正道發起實證的因緣；也能斷除禪宗學人學禪時普遍存在之錯誤知見，對於建立參禪時的正知見有很深的著墨。 平實導師 述，內文488頁，全書528頁，定價400元。

喇嘛性世界—揭開假藏傳佛教譚崔瑜伽的面紗：這個世界中的喇嘛，號稱來自世外桃源的香格里拉，穿著或紅或黃的喇嘛長袍，散布於我們的身邊傳教灌頂，吸引了無數的人嚮往學習；這些喇嘛虔誠地爲大衆祈福，手中拿著寶杵（金剛）與寶鈴（蓮花），口中唸著咒語：「唵・嘛呢・叭咪・吽……」，咒語的意思是說：「我至誠歸命金剛杵上的寶珠伸向蓮花寶穴之中」！ 「喇嘛性世界」是什麼樣的「世界」呢？ 本書將爲您呈現喇嘛世界的面貌。 當您發現眞相以後，您將會唸：「噢！喇嘛・性・世界，譚崔性交嘛！」 作者：張善思、呂艾倫。售價200元。

見性與看話頭：黃正倖老師的《見性與看話頭》於《正覺電子報》連載完畢，今結集出版。書中詳說禪宗看話頭的詳細方法，並細說看話頭與眼見佛性的關係，以及眼見佛性者求見佛性前必須具備的條件。本書是禪宗實修者追求明心開悟時參禪的方法書，也是求見佛性者作功夫時必讀的方法書，內容兼顧眼見佛性的理論與實修之方法，是依實修之體驗配合理論而詳述，條理分明而且極為詳實、周全、深入。本書內文375頁，全書416頁，售價300元。

實相經宗通：學佛之目的在於實證一切法界背後之實相，禪宗稱之為本來面目或本地風光，佛菩提道中稱之為實相法界；此實相法界即是金剛藏，又名佛法之祕密藏，即是能生有情五陰、十八界及宇宙萬有（山河大地、諸天、三惡道世間）的第八識如來藏，又名阿賴耶識心，即是禪宗祖師所說的真如心，此心即是三界萬有背後的實相。證得此第八識心時，自能瞭解般若諸經中隱說的種種密意，即得發起實相般若——實相智慧。每見學佛人修學佛法二十年後仍對實相般若茫然無知，亦不知如何入門，茫無所趣；更因不知三乘菩提的互異互同，是故越是久學者對佛法越覺茫然，都肇因於尚未瞭解佛法的全貌，亦未瞭解佛法的修證內容即是第八識心所致。本書對於修學佛法者所應實證的實相境界提出明確解析，並提示趣入佛菩提道的入手處，有心親證實相般若的佛法實修者，宜詳讀之，於佛菩提道之實證即有下手處。平實導師述著，共八輯，已全部出版完畢，每輯成本價250元。

真心告訴您（一）——達賴喇嘛在幹什麼？這是一本報導篇章的選集，更是「破邪顯正」的暮鼓晨鐘。「破邪」是戳破假象，說明達賴喇嘛及其所率領的密宗四大派法王、喇嘛們，弘傳的佛法是仿冒的佛法；他們是假藏傳佛教，是坦特羅（譚崔性交）外道法和藏地崇奉鬼神的苯教混合成的「喇嘛教」，推廣的是以所謂「無上瑜伽」的男女雙身法冒充佛法的假佛教，詐財騙色誤導眾生，常常造成信徒家庭破碎、家中兒少失怙的嚴重後果。「顯正」是揭櫫真相，指出真正的藏傳佛教只有一個，就是覺囊巴，傳的是 釋迦牟尼佛演繹的第八識如來藏妙法，稱為他空見大中觀。正覺教育基金會即以此古今輝映的如來藏正法正知見，在真心新聞網中逐次報導出來，將箇中原委「真心告訴您」，如今結集成書，與想要知道密宗真相的您分享。售價250元。

法華經講義：此書為平實導師始從2009/7/21演述至2014/1/14之講經錄音整理所成。世尊一代時教，總分五時三教，即是華嚴時、聲聞緣覺教、般若教、種智唯識教、法華時；依此五時三教區分為藏、通、別、圓四教。本經是最後一時的圓教經典，圓滿收攝一切法教於本經中，是故最後的圓教聖訓中，特地指出無有三乘菩提，其實唯有一佛乘；皆因眾生愚迷故，方便區分為三乘菩提以助眾生證道。世尊於此經中特地說明如來示現於人間的唯一大事因緣，便是為有緣眾生「開、示、悟、入」諸佛的所知所見——第八識如來藏妙真如心，並於諸品中隱說「妙法蓮花」如來藏心的密意。然因此經所說甚深難解，真義隱晦，古來難得有人能窺堂奧；平實導師以知如是密意故，特為末法佛門四眾演述《妙法蓮華經》中各品蘊含之密意，使古來未曾被古德註解出來的「此經」密意，如實顯示於當代學人眼前。乃至〈藥王菩薩本事品〉、〈妙音菩薩品〉、〈觀世音菩薩普門品〉、〈普賢菩薩勸發品〉中的微細密意，亦皆一併詳述之，開前人所未曾言之密意，示前人所未見之妙法。最後乃至以〈法華大意〉而總其成，全經妙旨貫通始終，而依佛旨圓攝於一心如來藏妙心，厥為曠古未有之大說也。平實導師述　已於2015/5/31起開始出版，每二個月出版一輯，共25輯。每輯300元。

西藏「活佛轉世」制度——附佛、造神、世俗法：歷來關於喇嘛教活佛轉世的研究，多針對歷史及文化兩部分，於其所以成立的理論基礎，較少系統化的探討。尤其是此制度是否依據「佛法」而施設？是否合乎佛法真實義？現有的文獻大多含糊其詞，或人云亦云，不曾有明確的闡釋與如實的見解。因此本文先從活佛轉世的由來，探索此制度的起源、背景與功能，並進而從活佛的尋訪與認證之過程，發掘活佛轉世的特徵，以確認「活佛轉世」在佛法中應具足何種果德。定價150元。

真心告訴您(二)——達賴喇嘛是佛教僧侶嗎？補祝達賴喇嘛八十大壽：這是一本針對當今達賴喇嘛所領導的喇嘛教，冒用佛教名相、於師徒間或師兄姊間，實修男女邪淫，而從佛法三乘菩提的現量與聖教量，揭發其謊言與邪術，證明達賴及其喇嘛教是仿冒佛教的外道，是「假藏傳佛教」。藏密四大派教義雖有「八識論」與「六識論」的表面差異，然其實修之內容，皆共許「無上瑜伽」四部灌頂爲究竟「成佛」之法門，也就是共以男女雙修之邪淫法爲「即身成佛」之密要，雖美其名曰「欲貪爲道」之「金剛乘」，並誇稱其成就超越於（應身佛）釋迦牟尼佛所傳之顯教般若乘之上；然詳考其理論，則或以意識離念時之粗細心爲第八識如來藏，或以中脈裡的明點爲第八識如來藏，或如宗喀巴與達賴堅決主張第六意識爲常恆不變之眞心者，分別墮於外道之常見與斷見中；全然違背 佛說能生五蘊之如來藏的實質。售價300元。

涅槃：眞正學佛之人，首要即是見道，由見道故方有涅槃之實證，證涅槃者方能出生死，但涅槃有四種：二乘聖者的有餘涅槃、無餘涅槃，以及大乘聖者的本來自性清淨涅槃、佛地的無住處涅槃。大乘聖者實證本來自性清淨涅槃，入地前再取證二乘涅槃，然後起惑潤生捨離二乘涅槃，繼續進修而在七地心前斷盡三界愛之習氣種子，依七地無生法忍之具足而證得念念入滅盡定；八地後進斷異熟生死，直至妙覺地下生人間成佛，具足四種涅槃，方是眞正成佛。此理古來少人言，以致誤會涅槃正理者比比皆是，今於此書中廣說四種涅槃、如何實證之理、實證前應有之條件，實屬本世紀佛教界極重要之著作，令人對涅槃有正確無訛之認識，然後可以依之實行而得實證。本書共有上下二冊，每冊各四百餘頁，對涅槃詳加解說，每冊各350元。預定2018/9出版上冊，2018/11出版下冊。

修習止觀坐禪法要講記：修學四禪八定之人，往往錯會禪定之修學知見，欲以無止盡之坐禪而證禪定境界，卻不知修除性障之行門才是修證四禪八定不可或缺之要素，故智者大師云「性障初禪」；性障不除，初禪永不現前，云何修證二禪等？ 又：行者學定，若唯知數息，而不解六妙門之方便善巧者，欲求一心入定，未到地定極難可得，智者大師名之爲「事障未來」：障礙未到地定之修證。又禪定之修證，不可違背二乘菩提及第一義法，否則縱使具足四禪八定，亦不能實證涅槃而出三界。此諸知見，智者大師於《修習止觀坐禪法要》中皆有闡釋。作者平實導師以其第一義之見地及禪定之實證證量，曾加以詳細解析。將俟正覺寺竣工啓用後重講，不限制聽講者資格；講後將以語體文整理出版。欲修習世間定及增上定之學者，宜細讀之。平實導師述著。

解深密經講記：本經係 世尊晚年第三轉法輪，宣說地上菩薩所應熏修之唯識正義經典，經中所說義理乃是大乘一切種智增上慧學，以阿陀那識—如來藏—阿賴耶識爲主體。禪宗之證悟者，若欲修證初地無生法忍乃至八地無生法忍者，必須修學《楞伽經、解深密經》所說之八識心王一切種智；此二經所說正法，方是眞正成佛之道；印順法師否定第八識如來藏之後所說萬法緣起性空之法，是以誤會後之二乘解脫道取代大乘眞正成佛之道，尚且不符二乘解脫道正理，亦已墮於斷滅見中，不可謂爲成佛之道也。平實導師曾於本會郭故理事長往生時，於喪宅中從首七開始宣講，於每一七各宣講三小時，至第十七而快速略講圓滿，作爲郭老之往生佛事功德，迴向郭老早證八地、速返娑婆住持正法。茲爲今時後世學人故，將擇期重講《解深密經》，以淺顯之語句講畢後，將會整理成文，用供證悟者進道；亦令諸方未悟者，據此經中佛語正義，修正邪見，依之速能入道。平實導師述著，全書輯數未定，每輯三百餘頁，將於未來重講完畢後逐輯出版。

阿含經講記—小乘解脫道之修證：數百年來，南傳佛法所說證果之不實，所說解脫道之虛妄，所弘解脫道法義之世俗化，皆已少人知之；從南洋傳入台灣與大陸之後，所說法義虛謬之事，亦復少人知之；今時台灣全島印順系統之法師居士，多不知南傳佛法數百年來所說解脫道之義理已然偏斜、已然世俗化、已非眞正之二乘解脫正道，猶極力推崇與弘揚。彼等南傳佛法近代所謂之證果者多非眞實證果者，譬如阿迦曼、葛印卡、帕奧禪師、一行禪師……等人，悉皆未斷我見故。近年更有台灣南部大願法師，高抬南傳佛法之二乘修證行門爲「捷徑究竟解脫之道」者，然而南傳佛法縱使眞修實證，得成阿羅漢，至高唯是二乘菩提解脫之道，絕非究竟解脫，無餘涅槃中之實際尚未得證故，法界之實相尚未了知故，習氣種子待除故，一切種智未實證故，焉得謂爲「究竟解脫」？即使南傳佛法近代眞有實證之阿羅漢，尚且不及三賢位中之七住明心菩薩本來自性清淨涅槃智慧境界，則不能知此賢位菩薩所證之無餘涅槃實際，仍非大乘佛法中之見道者，何況普未實證聲聞果乃至未斷我見之人？謬充證果已屬逾越，更何況是誤會二乘菩提之後，以未斷我見之凡夫知見所說之二乘菩提解脫偏斜法道，焉可高抬爲「究竟解脫」？而且自稱「捷徑之道」？又妄言解脫之道即是成佛之道，完全否定般若實智、否定三乘菩提所依之如來藏心體，此理大大不通也！平實導師爲令修學二乘菩提欲證解脫果者，普得迴入二乘菩提正見、正道中，是故選錄四阿含諸經中，對於二乘解脫道法義有具足圓滿說明之經典，預定未來十年內將會加以詳細講解，令學佛人得以了知二乘解脫道之修證理路與行門，庶免被人誤導之後，未證言證，干犯道禁，成大妄語，欲升反墮。本書首重斷除我見，以助行者斷除我見而實證初果爲著眼之目標，若能根據此書內容，配合平實導師所著《識蘊眞義》《阿含正義》內涵而作實地觀行，實證初果非爲難事，行者可以藉此三書自行確認聲聞初果爲實際可得現觀成就之事。此書中除依二乘經典所說加以宣示外，亦依斷除我見等之證量，及大乘法中道種智之證量，對於意識心之體性加以細述，令諸二乘學人必定得斷我見、常見，免除三縛結之繫縛。次則宣示斷除我執之理，欲令升進而得薄貪瞋痴，乃至斷五下分結…等。平實導師述，共二冊，每冊三百餘頁。每輯300元。

＊喇嘛教修外道雙身法，墮識陰境界，非佛教＊

＊弘揚如來藏他空見的覺囊派才是眞正藏傳佛教＊

總經銷： 飛鴻 國際行銷股份有限公司

231 新北市新店市中正路 501 之 9 號 2 樓

Tel.02－82186688（五線代表號） Fax.02-82186458、82186459

零售：1.**全台連鎖經銷書局：**

三民書局、誠品書局、何嘉仁書店

敦煌書店、紀伊國屋、金石堂書局、建宏書局

諾貝爾圖書城、墊腳石圖書文化廣場

2.**台北市：**佛化人生 **大安區**羅斯福路 3 段 325 號 6 樓之 4　台電大樓對面

3.**新北市：**春大地書店 **蘆洲區**中正路 117 號

4.**桃園市：**御書堂 **龍潭區**中正路 123 號

5.**新竹市：**大學書局 **東區**建功路 10 號

6.**台中市：**瑞成書局 **東區**雙十路 1 段 4 之 33 號

佛教詠春書局 **南屯區**永春東路 884 號

文春書店 **霧峰區**中正路 1087 號

7.**彰化市：**心泉佛教文化中心 南瑤路 286 號

8.**高雄市：**政大書城 **苓雅區**光華路 148-83 號

明儀書局 **三民區**明福街 2 號\

青年書局 **苓雅區**青年一路 141 號

9.**宜蘭市：**金隆書局　中山路 3 段 43 號

10.**台東市：**東普佛教文物流通處 博愛路 282 號

11.**其餘鄉鎮市經銷書局：**請電詢總經銷**飛鴻**公司。

12.**大陸地區請洽：**

香港：樂文書店

旺角店 :香港九龍旺角西洋菜街 62 號 3 樓

電話 : (852) 2390 3723　email: luckwinbooks@gmail.com

銅鑼灣店 :香港銅鑼灣駱克道 506 號 2 樓

電話 : (852) 2881 1150　email: luckwinbs@gmail.com

廈門：廈門外圖臺灣書店有限公司

地址:廈門市思明區湖濱南路809 號 廈門外圖書城3 樓 郵編:361004

電話：0592-5061658（臺灣地區請撥打 86-592-5061658）

E-mail：JKB118＠188.COM

13.**美國：世界日報圖書部：**紐約圖書部　電話 7187468889#6262

洛杉磯圖書部　電話 3232616972#202

14.**國內外地區網路購書：**

正智出版社 書香園地　http://books.enlighten.org.tw/

（書籍簡介、經銷書局可直接聯結下列網路書局購書）

三民 網路書局　http://www.sanmin.com.tw

誠品 網路書局　http://www.eslitebooks.com

博客來 網路書局　http://www.books.com.tw
金石堂 網路書局　http://www.kingstone.com.tw
飛鴻 網路書局　http://fh6688.com.tw

附註：1.請儘量向各經銷書局購買：郵政劃撥需要八天才能寄到（本公司在您劃撥後第四天才能接到劃撥單，次日寄出後第二天您才能收到書籍，此六天中可能會遇到週休二日，是故共需八天才能收到書籍）若想要早日收到書籍者，請劃撥完畢後，將劃撥收據貼在紙上，旁邊寫上您的姓名、住址、郵區、電話、買書詳細內容，直接傳眞到本公司 02-28344822，並來電 02-28316727、28327495 確認是否已收到您的傳眞，即可提前收到書籍。 2.因台灣每月皆有五十餘種宗教類書籍上架，書局書架空間有限，故唯有新書方有機會上架，通常每次只能有一本新書上架；本公司出版新書，大多上架不久便已售出，若書局未再叫貨補充者，書架上即無新書陳列，則請直接向書局櫃台訂購。 3.若書局不便代購時，可於晚上共修時間向正覺同修會各共修處請購（共修時間及地點，詳閱**共修現況表**。每年例行年假期間請勿前往請書，年假期間請見共修現況表）。 4.郵購：郵政劃撥帳號 19068241。 5.正覺同修會會員購書都以八折計價（戶籍台北市者爲一般會員，外縣市爲護持會員）都可獲得優待，欲一次購買全部書籍者，可以考慮入會，節省書費。入會費一千元（第一年初加入時才需要繳），年費二千元。**6.尚未出版之書籍，請勿預先郵寄書款與本公司，謝謝您！** 7.若欲一次購齊本公司書籍，或同時取得正覺同修會贈閱之全部書籍者，請於正覺同修會共修時間，親到各共修處請購及索取；**台北市讀者**請洽：103 台北市承德路三段 267 號 10 樓（捷運淡水線 圓山站旁）請書時間：週一至週五爲 18.00~21.00，第一、三、五週週六爲 10.00~21.00，雙週之週六爲 10.00~18.00 請購處專線電話：25957295-分機 14（於請書時間方有人接聽）。

敬告大陸讀者：

大陸讀者購書、索書捷徑（尚未在大陸出版的書籍，以下二個途徑都可以購得，電子書另包括結緣書籍）：

1.廈門外國圖書公司：廈門市思明區湖濱南路 809 號 廈門外圖書城 3F

郵編：361004　電話：0592-5061658　網址：http://www.xibc.com.cn/

2.電子書：正智出版社有限公司及正覺同修會在台灣印行的各種局版書、結緣書，已有『**正覺電子書**』陸續上線中，提供讀者於手機、平板電腦上購書、下載、閱讀正智出版社、正覺同修會及正覺教育基金會所出版之電子書，詳細訊息敬請參閱『正覺電子書』專頁：http://books.enlighten.org.tw/ebook

關於平實導師的書訊，請上網查閱：

成佛之道　http://www.a202.idv.tw

正智出版社 書香園地　http://books.enlighten.org.tw/

中國網採訪佛教正覺同修會、正覺教育基金會訊息：

http://big5.china.com.cn/gate/big5/fangtan.china.com.cn/2014-06/19/content_32714638.htm

http://pinpai.china.com.cn/

★ 正智出版社有限公司售書之稅後盈餘，全部捐助財團法人正覺寺籌備處、佛教正覺同修會、正覺教育基金會，供作弘法及購建道場之用；懇請諸方大德支持，功德無量。

★ 聲　明 ★

本社於 2015/01/01 開始調整本目錄中部分書籍之售價，以因應各項成本的持續增加。

＊ 喇嘛教修外道雙身法、墮識陰境界，非佛教 ＊

＊ 弘揚如來藏他空見的覺囊派才是真正藏傳佛教 ＊

售後服務—換書啓事(免附回郵)　2017/12/05

《楞伽經詳解》第三輯初版免費調換新書啓事：茲因 平實導師弘法早期尚未回復往世全部證量，有些法義接受他人的說法，寫書當時並未察覺而有二處（同一種法義）跟著誤說，如今發現已將之修正。茲爲顧及讀者權益，已開始免費調換新書；敬請所有讀者將以前所購第三輯（不論第幾刷），攜回或寄回本公司免費換新；郵寄者之回郵由本公司負擔，不需寄來郵票。因此而造成讀者閱讀、以及換書的不便，在此向所有讀者致上萬分的歉意，祈請讀者大眾見諒！

《楞嚴經講記》第 14 輯初版首刷本免費調換新書啓事：本講記第 14 輯出版前因 平實導師諸事繁忙，未將之重新閱讀而只改正校對時發現的錯別字，故未能發覺十年前所說法義有部分錯誤，於第 15 輯付印前重閱時才發覺第 14 輯中有部分錯誤尚未改正。今已重新審閱修改並已重印完成，煩請所有讀者將以前所購第 14 輯初版首刷本，寄回本公司免費換新（初版二刷本無錯誤），本公司將於寄回新書時同時附上您寄書來換新時的郵資，並在此向所有讀者致上最誠懇的歉意。

《心經密意》初版書免費調換二版新書啓事：本書係演講錄音整理成書，講時因時間所限，省略部分段落未講。後於再版時補寫增加 13 頁，維持原價流通之。茲爲顧及初版讀者權益，自 2003/9/30 開始免費調換新書，原有初版一刷、二刷書籍，皆可寄來本公司換書。

《宗門法眼》已經增寫改版爲 464 頁新書，2008 年 6 月中旬出版。讀者原有初版之第一刷、第二刷書本，都可以寄回本公司免費調換改版新書。改版後之公案及錯悟事例維持不變，但將內容加以增說，較改版前更具有廣度與深度，將更能助益讀者參究實相。

換書者**免附回郵**，亦無截止期限；舊書請寄：111 台北郵政 73-151 號信箱 或 103 台北市承德路三段 267 號 10 樓 正智出版社有限公司。舊書若有塗鴨、殘缺、破損者，仍可換取新書；但缺頁之舊書至少應仍有五分之三頁數，方可換書。所有讀者不必顧念本公司是否有盈餘之問題，都請踴躍寄來換書；本公司成立之目的不是營利，只要能眞實利益學人，即已達到成立及運作之目的。若以郵寄方式換書者，免附回郵；並於寄回新書時，由本公司附上您寄來書籍時耗用的郵資。造成您不便之處，再次致上萬分的歉意。

正智出版社有限公司 啓

換書及道歉公告

《法華經講義》第十三輯，因謄稿、印製等相關人員作業疏失，導致該書中的經文及內文用字將「**親近**」誤植成「清淨」。茲爲顧及讀者權益，自 2017/8/30 開始免費調換新書；敬請所有讀者將以前所購第十三輯初版首刷及二刷本，攜回或寄回本社免費換新，或請自行更正其中的錯誤之處；郵寄者之回郵由本社負擔，不需寄來郵票。同時對因此而造成讀者閱讀、以及換書的困擾及不便，在此向所有讀者致上最誠懇的歉意，祈請讀者大眾見諒！錯誤更正說明如下：

一、第 256 頁第 10 行~第 14 行：【就是先要具備「**法親近處**」、「**眾生親近處**」；法**親近**處就是在實相之法有所實證，如果在實相法上有所實證，他在二乘菩提中自然也能有所實證，以這個作爲第一個**親近**處——第一個基礎。然後還要有第二個基礎，就是瞭解應該如何善待眾生；對於眾生不要有排斥或者是貪取之心，平等觀待而攝受、親近一切有情。以這兩個**親近**處作爲基礎，來實行其他三個安樂行法。】。

二、第 268 頁第 13 行：【具足了那兩個「**親近處**」，使你能夠在末法時代，如實而圓滿的演述《法華經》時，那麼你作這個夢，它就是如理作意的，完全符合邏輯去完成這個過程，就表示你那個晚上，在那短短的一場夢中，已經度了不少眾生了。】

正智出版社有限公司 敬啓

國家圖書館出版品預行編目資料

起信論講記／平實導師講述--初版--壹
北市：正智，2004〔民93-〕
面；　　公分
ISBN 957-28743-5-7（第1輯；平裝）
ISBN 957-28743-6-5（第2輯；平裝）
ISBN 957-28743-7-3（第3輯；平裝）
ISBN 957-28743-9-X（第4輯；平裝）
ISBN 986-81358-0-X（第5輯；平裝）
ISBN 986-81358-1-8（第6輯；平裝）
1. 論藏

222.3　　　　93010953

起信論講記——第二輯

著述者：平實導師
音文轉換：正覺同修會編譯組
校對：章乃鈞　陳介源
出版者：正智出版社有限公司
電話：○二 28327495　28316727（白天）
傳真：○二 28344822
111台北郵政 73-151 號信箱
郵政劃撥帳號：一九○六八二四一
正覺講堂：總機○二 25957295（夜間）
總經銷：飛鴻國際行銷股份有限公司
231 新北市新店區中正路 501-9 號 2 樓
電話：○二 82186688（五線代表號）
傳真：○二 82186458　82186459
初版：公元二○○四年九月底　二千冊
初版七刷：公元二○一八年六月　二千冊
定價：二五○元